R&B

JEFFREY STEINGARTEN

Der Mann, der alles isst
Zweiter Gang

Aus dem Amerikanischen
von Fritz Schneider

ROGNER & BERNHARD
BEI ZWEITAUSENDEINS

1. Auflage, Februar 2006.

Ausgewählte Texte aus folgenden Originalausgaben:
»The Man Who Ate Everything«, erschienen 1997 bei Alfred A. Knopf, a division of Random House, Inc., New York. Copyright © 1997 by Jeffrey Steingarten.
»It Must've Been Something I Ate«, erschienen 2002 bei Alfred A. Knopf, a division of Random House, Inc., New York. Copyright © 2002 by Jeffrey Steingarten.

»Im Häppchenhimmel«, erschienen in *Vogue* August 2002. »Gefundene Eier«, erschienen in *Vogue*, Mai 2003. »Der Junge, der ein Soufflé aß«, erschienen in *Vogue*, Dezember 2003. »Schwein gehabt! «, erschienen in *Vogue*, Februar 2004.

This translation published by arrangement with Alfred A. Knopf, a division of Random House, Inc.

ISBN-10: 3-8077-1014-0
ISBN-13: 978-3-8077-1014-3
www.rogner-bernhard.de

Lektorat: Yamin von Rauch, Berlin.
Umschlag: Philippa Walz und Andreas Opiolka, Stuttgart
Satz und Herstellung: Dieter Kohler GmbH, Nördlingen.
Schrift: Bodoni Old Face.
Druck und Einband: Kösel GmbH, Altusried.
Printed in Germany.

Dieses Buch gibt es nur bei Zweitausendeins im Versand, Postfach, D-60381 Frankfurt am Main, Telefon 069-420 8000, Fax 069-415 003.
Internet www.Zweitausendeins.de, E-Mail Service@Zweitausendeins.de.
Oder in den Zweitausendeins-Läden in Berlin, Düsseldorf, Frankfurt am Main, Freiburg, 2× in Hamburg, in Hannover, Köln, Mannheim, München, Nürnberg, Stuttgart.

In der Schweiz über buch 2000,
Postfach 89, CH-8910 Affoltern a. A.

Inhalt

Wie wir heute essen

Unter Experten kennt man es als den Calamari-Index oder C.I., und dieser misst präzise, wie weit wir Amerikaner es als essende Nation in den letzten dreißig Jahren gebracht haben. Während der 1960er Jahre und auch fast die gesamten 1970er Jahre hindurch zählten die Vereinigten Staaten in Sachen Calamari-Verzehr weltweit zu den Schlusslichtern (während sich dieses Meeresgetier auf Zypern, in Japan, Korea, Spanien, Griechenland und Italien höchster Wertschätzung erfreute). Die meisten Amerikaner hätten einen Tintenfisch nicht einmal mit der Kneifzange angefasst. Konnte man sich etwas Ekelhafteres vorstellen? Ich gebe zu, mein eigener Persönlicher Calamari-Index oder P.C.I. war ebenfalls erbärmlich.

Doch dann, zur Mitte der 1980er Jahre, schnellte der C.I. mit einem Mal in die Höhe. Calamari begannen an jeder Straßenecke Amerikas aufzutauchen – und wenig später folgte dann roher Fisch. Heute gibt es bei uns kaum noch ein Restaurant, das keine gebratenen, gewürzten, knusprigen und von einem entsprechenden Dip begleiteten Calamari als Vorspeise anbietet. Wir lieben es, auf vielen, kleinen, krossen Tentakeln herumzukauen. Wir delektieren uns daran, die verschlungenen Stränge winziger Saugnäpfe in unseren Mund gleiten zu sehen. Ich habe kürzlich sogar Insekten gegessen, doch darauf werde ich später zu sprechen kommen.

Mittels einer grafischen Darstellung der Menge von Calamari, die der Durchschnittsamerikaner, Mann, Frau und Kind, jährlich konsumiert, gewinnt man einen einfachen, aber verlässlichen Indikator dafür, wie gründlich wir unsere tief verwurzelte Aversion gegen manche Nahrungsmittel überwunden haben und diese sogar zu schätzen gelernt haben, sei es durch gesellschaftlichen Anpassungsdruck oder weil wir uns tatsächlich geöffnet und als menschliche Wesen weiterentwickelt haben. Der Genauigkeit halber sollten wir das Ganze jedoch als Cephalopoden-Index oder C.I. bezeichnen, denn die offiziellen Statistiken der Food and Agriculture Organization (FAO) der Vereinten Nationen subsumieren den Tintenfisch gemeinsam mit dem Kalmar und dem Oktopus unter dem Oberbegriff *Cephalopoden*. Laut FAO stieg der Cephalopoden-Verzehr in den USA von den frühen 1960er Jahren bis heute um das sage und schreibe 184fache!

Kann es einen besseren Beweis für die universelle Wahrheit geben, der zufolge kein Nahrungsmittel von Natur aus abstoßend ist? Kinder macht der Anblick oder der Geruch von vergammeltem und vor Maden wimmelndem Fleisch nicht das Mindeste aus. Es gibt weltweit zweiundvierzig Kulturen, auf deren Speiseplan Ratten stehen. Und heute ist die Kreatur, die früher nur Alpträume hervorrief und den amerikanischen Schlafzyklus gehörig durcheinanderbrachte, bei uns im wahrsten Sinne in aller Munde.

Welche göttliche oder kosmische Kraft mag diese Veränderung bewirkt haben? Ich behaupte hier in aller Bescheidenheit, dass dies in nicht unerheblichem Maße auch mein Verdienst ist, ein Resultat meines unnachgiebigen internationalen Kreuzzugs mit dem Ziel, Menschen zu bekehren (und notfalls auch zu demütigen), die an eingebildeten Allergien, angeblichen Unverträglichkeiten, ernährungswissenschaftlichem Unfug und provinziellen Vorlieben festhalten. Ich räume ein, dies klingt ein bisschen überheblich, und im Kapitel »Taro! Taro! Taro!« können Sie nachlesen, wie mir meine kulinarische Risikobereitschaft einmal fast zum Verhängnis wurde, aber wie heißt es doch so schön? Wer nicht wagt, der nicht gewinnt!

Wie ich in der Einleitung zu meinem ersten Buch geschrieben habe, empfand ich bei meiner Berufung zum Food-Kritiker der *Vogue* die moralische Verpflichtung, alle psychologischen und kulturellen Vorurteile und Hemmungen abzustreifen, die mich daran gehindert hätten, zu einem perfekten Omnivoren zu werden, zu einem durch und durch objektiven Kritiker. Sechs heldenhafte Monate später hatte ich dieses Ziel erreicht, allerdings mit zwei Ausnahmen. Zum einen war es mir nicht gelungen, meinen Widerwillen gegen die in indischen Restaurants aufgetischten Desserts zu überwinden; doch da ich diesen noch einmal eine, wie ich finde, faire Chance gegeben hatte, sehe ich mich nicht dazu veranlasst, mir etwas vorzuwerfen, das andere als ein kolossales persönliches Scheitern betrachten könnten. Und zum anderen hatte ich mir angesichts drängenderer Vorhaben vorübergehend eine Auszeit in Sachen Insekten genommen.

Obwohl Insekten knusprig, nahrhaft, proteinreich, preiswert und leicht zuzubereiten sind, machen die meisten Menschen, die ich in Nordeuropa und Nordamerika (mit Ausnahme Mexikos) kenne, einen großen Bogen um sie. Anderswo hegen die Leute eine ausgesprochene Vorliebe für Heuschrecken, Grashüpfer, Grillen, Termiten, Schmetterlinge, Käfer und die Larven und Puppen von großen Motten. Wie Teresa Yturbide in *Presencia de la comida prehispánica* berichtet, fanden die spanischen Konquistadoren nach ihrer Ankunft in Amerika heraus, dass die Maya und Azteken gebratene Maiswürmer, mit gegrillten Toritos (Avocadokäfer) gefüllte Tacos und die in Agaven lebenden und sich dort vermehrenden roten und weißen Würmer genossen (um ihr Fett zu erhalten, wurden die roten zunächst bei niedriger Hitze gebraten, dann mit gerösteten Tomatillos und Chilischoten zerstoßen und als Beilage zu Tortillas aus blauem Mais verzehrt). Außerdem aßen sie noch Wasserwanzen, Holzlarven, grüne Würmer, die Puppen und Eier großer Faltenwespen, Honigameisen, Weinrebenwürmer, Ameiseneier, Salbeiwürmer und sonnengetrocknete Chiawürmer, die so lang sind wie eine menschliche Hand und an ihrem Kopf Tentakel haben.

Ich gestehe, dass ich gegenüber Insekten eine beklemmende Ambivalenz verspüre. Meine Fortschritte, auch auf diesem Gebiet zu einem vollkommenen Omnivoren zu werden, sind langsam, aber stetig gewesen. Ich begann in Tijuana, in dem berühmten Restaurant Cien Años. Es war nicht die Jahreszeit für Moskitokaviar und die meisten anderen mexikanischen Insektenspezialitäten, doch wir konnten dort frittierte Grillen bestellen, zu denen eine Schüssel mit grüner Salsa und ein Körbchen voll weicher, warmer Blaumaistortillas à la Puebla serviert wurden. Wir formten Tacos, indem wir die Tortillas mit der Salsa bestrichen und dann um die Grillen wickelten, und es mundete uns vortrefflich. Die kleinen Dinger schmeckten süß und nussig, und wie bei anderen Insekten, die ich probiert habe, hatte das Frittieren ihre glibberige Körperflüssigkeit eliminiert, wodurch sie so zart und knusprig geworden waren, dass man meinen konnte, es handelte sich um köstliche Pepitas, also gesalzene und geröstete Kürbiskerne.

Trotzdem konnte ich nicht vergessen, dass ich mit Insekten gefüllte Tacos verspeiste. Ich malte mir ständig aus, die Grillen würden wieder zum Leben erwachen und aus der Tortilla herauskrabbeln, erst auf den roten Teppich meiner Zunge und dann meine Kehle hinunter. Auf einem pittoresken überdachten Markt in Chiang Mai, Thailand, ging ich die Sache schon wesentlich entspannter an. Natürlich schlug ich die extragroßen, in Teig gebackenen Flugkakerlaken aus, doch ich goutierte die frittierten, etwa zweieinhalb Zentimeter langen, spindelförmigen gelben Bambuswürmer. Diese hatten weder Beine noch Gesichter – ein entscheidender Vorteil für Neulinge in Sachen Insekten-Cuisine. Für einen Baht oder zwei erstand ich eine ganze Tüte davon und verspeiste sie wie Fritos. Ich liebe beinahe alles, was aus der Fritteuse kommt, aber Fritos mag ich ganz besonders. Mein zweiter Abstecher nach Chiang Mai bescherte mir dann den endgültigen Durchbruch – in meinem ersten Buch, in dem schlicht, aber eloquent übertitelten Kapitel »Thailand«, können Sie nachlesen, wie es mir gelang, meine Insektenphobie weitgehend abzulegen.

Doch all diese Erörterungen zum Thema Insekten sind im Grunde nebensächlich. Die meisten Autoren, die über das Verspeisen von Insekten schreiben, tun dies allein wegen des Schockeffekts, und obwohl auch ich eine ausgeprägte Sensationslust habe, lenkt uns dies lediglich von den fundamentalen Lektionen ab, die wir aus unserem Leben als Omnivoren und aus unserer Verantwortung als Säugetiere lernen müssen.

Im gesamten Naturreich ernähren allein die Säugetiere oder, genauer gesagt, die weiblichen Säugetiere ihre Jungen, indem sie einen Teil ihres eigenen Körpers weggeben. Für uns ist Essen nicht einfach nur Nahrungsaufnahme. Unsere Einstellung zum Essen spiegelt die Gefühle wider, die wir zu Müttern und leiblicher Labung haben, zum Geben und Teilen, zu Tradition und Gemeinschaft – und zu der Frage, ob uns die Natur wohl oder feindlich gesonnen ist. Manche Menschen haben eine positive Grundeinstellung, andere eine negative. Zu welcher Kategorie gehören Sie? Nun, da gibt es einen einfachen Test. Lesen Sie die beiden folgenden Aussagen und wählen Sie dann diejenige aus, die, Hand aufs Herz, am ehesten von Ihnen stammen könnte.

1. »Ich fühle mich heute morgen schrecklich, meine Haut ist von Pusteln übersät, und ich kann kaum geradeaus sehen. Das muss an etwas liegen, das ich gegessen habe.«

2. »Ich fühle mich heute kerngesund, meine Sinne sind hellwach, und ich könnte die gesamte Menschheit umarmen. Das muss an etwas liegen, das ich gegessen habe.«

Sollten Sie eher zur ersten Aussage neigen, so gehören Sie wahrscheinlich zu den bedauernswerten Zeitgenossen, die eine paranoide Einstellung gegenüber dem Universum und noch einen sehr, sehr weiten Weg vor sich haben. Das ist jedoch nicht allein Ihre Schuld. Die Welt ist noch immer zu einem großen Teil so beschaffen, dass sie uns Angst vor dem Essen einjagt. Studiert man die Zeitungen, so könnte man meinen, Essen sei die Todesursache Nummer eins. Das stimmt aber nicht.

Niemand würde eine laxe Einstellung gegenüber Salmonellen oder anderen Bakterien empfehlen. Ich habe bislang nur zwei Mal rohes Hühnchen gegessen, und zwar in Japan, mit Erdnusssauce, weil es dort jeder so machte. Doch es ist nach wie vor eine Tatsache, dass Lebensmittelvergiftungen es nur mit Ach und Krach in die Top 20 der Todesursachen schaffen – bei uns gibt es drei Mal so viele Morde, sechs Mal so viele Selbstmorde und zwanzig Mal so viele tödliche Verkehrsunfälle.

Daher glaubte ich meinen Augen nicht zu trauen, als kürzlich mehrere große Zeitungen die brandaktuelle Nachricht brachten, dass die Amerikaner pro Jahr statistisch 76 Millionen durch Lebensmittel übertragene Krankheiten erleiden, darunter 325 000 Krankenhauseinweisungen und 5000 Todesfälle! Sogar die chinesische Nachrichtenagentur Xinhua berichtete davon. »5000 Amerikaner sterben!«, feixten sie. Okay, vielleicht feixten sie nicht, aber die amerikanischen Medien hatten dem Feind garantiert Anlass zu klammheimlicher Freude gegeben.

Sind diese Zahlen möglicherweise erfunden? Keineswegs! Aber sie waren bereits über ein Jahr alt, als sie von den Zeitungen aufgegriffen wurden; sie stammten aus einer im Herbst 1999 erschienenen Ausgabe von *Emerging Infectious Diseases*, einem weit verbreiteten, von der nationalen Seuchenbehörde CDC* herausgegebenen Fachjournal. Alte Zahlen gehören nicht in die Schlagzeilen auf der Titelseite – man könnte dies als durch Nachrichten über-

* CDC: Centers for Disease Control and Prevention, eine dem U. S. Public Health Service und somit dem Department of Health and Human Services, also dem Gesundheitsministerium, unterstellte Behörde zur Bekämpfung und Prävention ansteckender Krankheiten. (A. d. Ü.)

tragene Krankheiten bezeichnen. Warum wollten uns die Zeitungen und die Food and Drug Administration* in Angst und Schrecken versetzen? *Cui bono?*

Die wahre Neuigkeit bestand darin, dass die Zahl der auf Lebensmittel zurückgeführten Todesfälle nur halb so hoch war wie ursprünglich angenommen. Die Schlagzeilen hätten also lauten müssen: »Nur 50 Prozent der bislang befürchteten amerikanischen Lebensmitteltoten tatsächlich tot!« Eine andere, etwa zur gleichen Zeit veröffentlichte CDC-Publikation trug den Titel: »Erfolge im Bereich der öffentlichen Gesundheitsvorsorge 1990–1999: Sicherere und gesündere Lebensmittel«. Daran dürfte sich Xinhua die Zähne ausbeißen!

Wie das gegenwärtig grassierende Faible für die Familie der Cephalopoden beweist, ist das Herummäkeln an ungewöhnlichem Essen bei uns zunehmend aus der Mode gekommen. Wir haben gelernt, den Warnungen der Ernährungswissenschaftler mit Skepsis zu begegnen. Heute wissen wir, dass Salz tatsächlich nur für acht (oder weniger) Prozent der Bevölkerung schädlich ist. Vieles von dem, was uns die Regierung 1988 im *Surgeon General's Report on Nutrition and Health* weismachen wollte, ist inzwischen widerlegt worden, und die Ernährungswissenschaftler, die diese Märchen verbreitet haben, stehen nun dumm da. Heute wissen wir: Der ausgiebige Verzehr von nichttierischen Fetten hat keine negativen gesundheitlichen Folgen (und ist wahrscheinlich gesünder als eine kohlenhydratreiche Ernährung); wer pfundweise Obst und Gemüse vertilgt, der verringert damit keineswegs sein Darmkrebs-

* Food and Drug Administration (FDA): US-Behörde zur Überwachung von Arznei- und Lebensmitteln. (A. d. Ü.)

risiko, und wer Alkohol trinkt, der beugt tatsächlich einem Herzinfarkt vor; niemand ist so allergisch gegen Laktose, dass er kein Glas Milch verträgt; nur zwei Prozent von uns leiden an echten Lebensmittelallergien, und Schokolade könnte sogar heilende Eigenschaften haben (vielleicht aber auch nicht; im Kapitel »Schokoladenträume« gehe ich dieser verwirrenden Materie auf den Grund). Das essende Publikum hat sich inzwischen spürbar entspannt. Dies beweisen nicht nur die statistischen Erhebungen der National Restaurant Association, sondern auch die Tatsache, dass der S.I. in den Keller gesackt ist. Dahinter verbirgt sich der SnackWell's-Index, der unseren Pro-Kopf-Verzehr von (zwar fettfreien, aber dennoch dickmachenden) SnackWell's-Cookies misst und somit die Tendenz von uns Amerikanern, zu einer Nation von ernährungswissenschaftlichen Einfaltspinseln zu werden beziehungsweise eine solche zu bleiben. Die SnackWell-Blase platzte einige Jahre bevor die Börsenkurse den Bach hinunter gingen – bis dahin waren wir eine von einem lächerlichen Gegenmittel besessene Nation gewesen.

Doch die Einflüsse von aufs Essen bezogenen Phobien und Vorurteilen wirken weiterhin nach. Hier ist meine derzeitige Theorie. Es gibt keine Gesellschaft, die zur Völlerei ermuntert, und eine solche Gesellschaft hat es auch noch nie gegeben. Noch bis vor kurzem verfügten nur wenige Menschen über genügend Geld, um überhaupt der Völlerei frönen zu können. Und diejenigen, die über genügend Geld verfügten, wurden daran gehindert – durch Gesetz, Religion, Sitte und Moral oder einfach Nahrungsmittelknappheit. Heute sind alle diese Korrektive weggefallen. Wir drohen alle Amok zu laufen. Wir benötigen verzweifelt etwas, das uns in die Schranken weist. Und deshalb haben wir die Ernährungsmoden und -psychosen der letzten zwanzig Jahre ersonnen. Kann es ein Zufall sein, dass 1982 in den USA nicht nur jene erstaunliche Verdreifachung des Cephalopoden-Verzehrs zu verzeichnen war, sondern auch die erste Titelgeschichte mit einer ernährungswissenschaftlichen Horrormeldung, an die ich mich erinnern kann, die (nach meinem Empfinden) infame Titelgeschichte des Magazins *Time,* »Salz: der neue Übeltäter?«? Natürlich nicht. Es gibt keine Zufälle.

Man kann nur beten, dass uns diese Einsicht endlich befreien wird.

Eine junge Frau, die ich einmal bei einer Party kennen lernte, sagte zu mir: »Ich weiß, wer Sie sind. Sie sind doch dieser Mann, der aus Spaß über das Thema Essen schreibt.«

Ich hatte völlig vergessen, dass es dafür auch noch andere Gründe geben konnte.

Brotarbeit

> Warum zählet ihr Geld dar für das,
> was kein Brot ist …?
> … esset das Gute, so wird eure Seele
> am Fetten ihre Lust haben.
>
> *Jesaja 55:2*

Die Welt ist in zwei Lager geteilt: diejenigen, die glücklich und zufrieden von Brot allein leben können, und diejenigen, die außerdem noch Gemüse, Fleisch und Molkereiprodukte benötigen. Jesaja und ich gehören zur ersten Kategorie. Brot ist das einzige mir bekannte Nahrungsmittel, das in buchstäblich jeder Hinsicht zu befriedigen vermag. Es labt den Körper, es betört die Sinne, es erfreut die Seele und es regt den Geist an. Ein Klacks Butter kann freilich nicht schaden.

Jesaja mag ein erstklassiger Prophet gewesen sein, doch ein ausgewiesener Ernährungswissenschaftler war er nicht. Ein guter Laib Brot wird Ihre Seele nicht »am Fetten Lust haben« lassen. Brot enthält kaum Fett oder Zucker, dafür aber jede Menge Proteine und komplexe Kohlenhydrate, denn es wird aus drei elementaren Zutaten hergestellt: Mehl, Wasser und Salz. Sollten Sie sich fragen, warum ich die Hefe weggelassen habe, so haben Sie bereits die Pointe dieser Geschichte entdeckt.

Bislang habe ich einmal jährlich einen schweren Backanfall erlitten, doch diese Episoden erscheinen mir nun wie ein Auftakt, ein reines Vorgeplänkel, eine Trockenübung für den diesjährigen Angriff auf den Gipfel: *le pain au levain naturel,* Natursauerteigbrot. Ich bediene mich hier einer Fremdsprache, denn bei dieser Art von Brot denkt man automatisch an den Pariser Bäcker Lionel Poilâne und seinen antiken Holzfeuerofen in der Rue du Cherche-Midi 8, die berühmteste Bäckerei der Welt. Passiert beim Backen kein Malheur, dann ist Poilânes *pain au levain* der Inbegriff eines guten Brotlaibs: außen eine dicke, knusprige Kruste, innen eine weiche, feuchte und luftige Krume; das uralte, erdige Aroma von geröstetem Weizen und intensiver Gärung sowie ein weites Spektrum von flüchtigeren Geschmackseindrücken – geröstete Nüsse, Buttertoffee, Dörrbirnen, grasige Wiesen –, die nicht vom Mehl, vom Wasser oder vom Salz ausgehen, sondern von irgendeiner mysteriöseren Quelle. Dies sei das wahre Landbrot, schreibt Poilâne, das zeitlose Brot. Dies ist das Brot, das ich andauernd essen könnte – was ich tatsächlich auch des Öfteren tue. Dies ist das Brot, das ich gerade esse, während ich mit der anderen Hand zu tippen versuche.

Pain au levain war das erste Sauerteigbrot und wurde wahrscheinlich vor sechstausend Jahren in Ägypten entdeckt. In seinem Standardwerk *La boulangerie moderne* behauptet Professor Raymond Calvel, diese Pionierleistung sei »*chez les Hébreux au temps de Moïse*« erfolgt, also zu der Zeit, als *les Hébreux* für *les Égyptiens* als Sklaven schuften mussten. Ich würde seiner Darstellung gern Glauben schenken, halte sie aber für unwahrscheinlich. Mein eigenes *pain au levain*-Abenteuer begann erst in sehr viel jüngerer Zeit.

Samstag, 7. Oktober 1989. Ich habe einen meterhohen Stapel Fachliteratur zusammengetragen: Bücher und Zeitschriftenartikel, allgemein verständliche, aber auch wissenschaftliche, auf Englisch oder auf Französisch, sowie Übersetzungen aus dem Deutschen, darunter dreißig Rezepte, um einen Vorteig oder, wie die Franzosen es nennen, *le chef* herzustellen. Dabei handelt es sich um eine kleine Teigmenge, in der Hefepilze und Milchsäurebakterien in fröhlicher Symbiose leben und dabei Gase, Alkohole und Säuren produzieren, die diesem Brot seinen komplexen Geschmack und seine weiche Konsistenz verleihen.

Die handelsübliche Hefe wird gezüchtet, um Wolken von Kohlendioxid zu erzeugen, ein Gas, das den Teig in null Komma nichts aufgehen lässt, allerdings auf Kosten der Aromabestandteile. Die Herstellung Ihres ersten Laibs *pain au levain naturel* kann alles in allem sechs Tage beanspruchen. Danach wird jeder neue Schub Brot mit einer beim vorigen Backen aufgesparten Portion des aufgegangenen Teigs gesäuert. Verglichen mit Brot, bei dem die handelsübliche Hefe verwendet wird, ist *pain au levain* unberechenbar, langsam und dem Einfluss des Wetters, der Mehlbeschaffenheit, der Temperatur und der Jahreszeiten unterworfen. »Mit natürlicher Hefe herumzuhantieren ist, als spiele man mit Dynamit«, warnte mich der technische Direktor eines großen amerikanischen Mühlenbetriebs.

Das Kochbuch *Chez Panisse Cooking* (Random House) enthält ein leicht verständliches, detailliertes Rezept von Steve Sullivan, dem Besitzer der Acme Bread Company in Berkeley, Kalifornien, der selber ein formidabler Bäcker ist; um seinen Vorteig zum Gären zu bringen, benutzt er Weintrauben aus biodynamischem Anbau. Ich bin ein Glückspilz, denn die Weintraubenernte im Staat New York hat soeben begonnen. Ich bestelle mehrere vorzügliche Mehle bei Giusto's Speciality Foods in San Francisco, dem

Unternehmen, das auch Acme mit Mehl beliefert, und als diese bei mir eingetroffen sind, gehe ich um die Ecke zum Union Square Greenmarket, erstehe ein paar ungespritzte Concord-Weintrauben, umwickle sie mit einem Mulltuch, tauche das Ganze in einen dünnflüssigen Teig aus Mehl und Wasser, quetsche die Weintrauben, bis ihre Schalen aufplatzen, stelle die Schüssel in die Nähe einer Zündflamme meines Herdes und verreise dann übers Wochenende.

Zwei Tage später. Was für eine Schweinerei! Meine Mixtur aus Mehl und Weintrauben ist übergeflossen, hat sich zischend und schäumend über die gesamte Herdoberfläche ausgebreitet und die kleinen Löcher in den Gasbrennern verklebt, aus denen einmal Flammen hervorzüngelten. Ich beginne noch einmal von vorn. Dieses aggressive, in einer harmlos anmutenden Schüssel voll Mehl und Weintrauben verborgene Leben hat etwas Beängstigendes, und nachts liege ich wach im Bett und frage mich, wo es wohl herkommen mag. Habe ich schon die seit langem von mir gehegte Überzeugung erwähnt, dass, sollte der Planet Erde jemals von Außerirdischen erobert werden, diese in Gestalt von mikroskopisch kleinen Lebewesen erscheinen werden?

Je nachdem, wo man sich informiert, stammten die Hefepilze und Bakterien auf meinem Herd entweder von den Weintrauben selbst oder von dem biodynamischen Weizenmehl, mit dem ich sie vermischt habe, oder aus der Luft um mich herum, in der es vor Mikroben jeder erdenklichen Sorte nur so wimmelt. Mein Computer hat 236 wissenschaftliche Abhandlungen zum Thema Natursauerteigbrot gespeichert, doch eine definitive Antwort bleiben sie allesamt schuldig – in Sauerteigkulturen sind nicht weniger als neunundfünfzig verschiedene Spezies von Hefepilzen und 238 Bakterienarten festgestellt worden. Aber ich muss unbedingt die Wahrheit wissen! Sollten die Hefepilze auf den Weizenkörnern leben, so würden sie ein Montana-Idaho-Landbrot entstehen lassen, denn dort, sagt Al Giusto, werde sein Weizen angebaut. Und sollten sie von den Weintrauben stammen, so wäre das Resultat ein Upstate-New-York-Landbrot. Ich will aber ein *Manhattan*-Landbrot backen, mit Hefepilz- und Bakterienkulturen, die nur hier wachsen und gedeihen. Ich beantrage bei der *Vogue*-Redaktion finanzielle Mittel für DNA-Analysen und Gas-Chromatografien all meiner Brote und Vorteige. Bis heute habe ich noch keine Antwort erhalten. Vielleicht morgen.

Samstag, 14. Oktober. Ich habe mit meinem Weintraubenvorteig mehrere Brotlaibe produziert (die ersten waren leicht purpurrot gefärbt, und alle waren sie fest und sauer), muss mein Projekt jedoch in ein paar Tagen abbrechen, wenn ich New York verlasse, um von Berufs wegen drei Wochen lang in Paris zu speisen. Außerdem hege ich ein tiefes Misstrauen gegen Hefepilze, die auf Weintrauben leben. Sie scheinen eher Wein zu mögen als Weizen. Ich werde nach Hefepilzen Ausschau halten, die Brot genauso sehr mögen wie ich.

Montag, 2. April 1990. In der im August 1989 erschienenen Ausgabe seines unentbehrlichen Mitteilungsblatts *Simple Cooking* druckt John Thorne ein Rezept für *pain au* *levain* ab, das auf den Methoden basieren soll, die auch Poilâne anwendet. Ich möchte jedoch warten, bis ich Poilânes Taschenbuch-Ratgeber *Faire son pain* in die Hand bekommen habe, um sein Originalrezept nachzulesen. Meine Freundin Miriam will sich in Paris nach einem Exemplar für mich umschauen.

In der Zwischenzeit begnüge ich mich mit *The Laurel's Kitchen Bread Book* (Random House) und dessen Rezept für *desem* (das flämische Wort für *levain*), das äußerste Sorgfalt verlangt, denn dabei sollen sich nur solche Hefepilze entwickeln, die auf steinvermahlenem Weizenvollkornmehl leben. Man muss erst kürzlich gemahlenes biodynamisches Mehl verwenden, denn nur dann sind die Mikroben noch gesund und munter; bis der Teig aufgeht, muss alles unter einer Temperatur von 16 °C gehalten werden, um das Wachstum säureproduzierender Bakterien zu unterbinden, die bei höheren Temperaturen gedeihen; außerdem muss alles versiegelt werden, um zu verhindern, dass sich in der Luft schwebende Hefesporen auf dem Teig niederlassen. Ich rufe bei Giusto's an und ordere einen Sack Weizenvollkornmehl, das mir, sofort nachdem es gemahlen wurde, per Express zugestellt werden soll. Anschließend spaziere ich durchs Haus, um die Temperatur zu testen. Brot-Autoren, die auf dem Land leben, erzählen einem immer wieder, der ideale Platz, um diesen oder jenen Teig aufgehen zu lassen, sei die knarzende Holztreppe, die in den Rübenkeller führe. Wissen diese Leute denn nicht, dass die meisten von uns in Etagenwohnungen leben? Am Ende gelingt es mir, eine Zone von 13 °C zu erzeugen, indem ich einen Vierundzwanzig-Liter-Suppentopf neben meinem Schreibtisch auf einen Pappkarton setze und die Klimaanlage auf »Turbofreeze« stelle. Jetzt fehlt nur noch das Mehl.

11. April. Mein frisch gemahlenes Weizenvollkornmehl hat sich über die gesamte Ladefläche des UPS-Lieferwagens verteilt – irgendwo auf dem Weg von Kalifornien nach New York muss der Sack aufgeplatzt sein. Der UPS-Mann rutscht und schliddert von einer Seite seines Wagens zur anderen. Ich rufe bei Giusto's an und bestelle einen weiteren Sack.

Ende April. Das Mehl ist eingetroffen. Draußen herrscht mildes Frühlingswetter, doch ich sitze im Wintermantel an meinem Schreibtisch, damit sich *Laurel's Kitchen desem* wohl fühlen kann. Meine Frau hat einen Schnupfen bekommen.

Anfang Mai. Wir haben uns beide eine schwere Erkältung zugezogen, mit Fieber und allem Drum und Dran. Der *desem*-Vorteig riecht fantastisch, ein frischer, fruchtiger Duft, so ganz anders als alles, was ich jemals gebacken habe, und das Brot ist grob und weizenwürzig, voll komplexer Aromen. Doch wie bei allen Vollkornbroten überdeckt der starke Geschmack des ungeschälten Getreides die feineren Geschmacksnuancen, auf die es mir ankommt. Schon vor langer Zeit bin ich zu der Überzeugung gelangt, dass das einzige Brot, das seinen Namen verdient, aus reinem Weizenmehl besteht; kleinere Mengen von Gerste, Weizenvollkorn oder Roggen können wegen ihres Geschmacks oder ihrer Farbe hinzugefügt werden. John Thorne schreibt, dass »Vollkornbrote … ob sie nun aus

Weizen, Roggen, Hafer oder einem anderen Getreide bestehen, sich etwas von jener Hartnäckigkeit bewahrt haben, mit der sich das Korn dagegen sträubt, verdaut zu werden. Sie sind eine Art aufgelockerter Haferschleim, der sättigt, aber letztlich unbefriedigend bleibt.« Lebte Jesaja heute noch, so würde er dem sicher zustimmen.

Freitag, 1. Juni, später Vormittag. *Faire son pain* ist aus Paris eingetroffen. Arbeitsgang eins: Erschaffen Sie eine Schüssel voll Leben! Poilânes Anweisungen verlangen, dass man eine kleine Portion Teig herstellt, aus einem Neuntel der gesamten Mehl- und Wassermenge, die man zu verwenden gedenkt, und dass man diese anschließend bedeckt und zwei bis drei Tage stehen lässt, wobei die natürlichen Hefepilze und Bakterien zum Leben erwachen und sich in Form einer aktiven Kultur vermehren. Dies wird der *chef* sein.

Bäcker wiegen alles, weil ein Quantum Mehl in einem Messbecher, je nachdem, wie dicht man es hineinfüllt, ein größeres oder kleineres Volumen aufweisen kann, und Teige können kompakt oder luftig-locker sein; es ist allein ihr Gewicht, auf das es ankommt. Ich entstaube meine elektronische Küchenwaage und stelle ihre Skala auf Gramm ein. Poilâne sagt, dass alle Zutaten während sämtlicher Zubereitungsstadien bei einer Temperatur zwischen 22 und 24 °C gehalten werden müssen – eine angenehme, moderate Zimmertemperatur. Jetzt kann ich die Klimaanlage ausschalten.

Ich wiege zweiundvierzig Gramm Wasser und siebenundsechzig Gramm ungebleichtes Weizenmehl ab, etwa eine halbe Tasse, schütte beides in eine große Schüssel und zermansche es mit den Fingern meiner rechten Hand, bis sich der Teig zu einer Kugel geformt hat. Poilâne möchte, dass man die linke Hand sauber hält, um den Teig mit der Klinge eines scharfen Schälmessers von der rechten Hand schaben zu können – was nur so lange albern klingt, bis man es einmal mit anderen Methoden versucht hat. Ein Autor, der Poilânes Buch offensichtlich nicht gelesen hat, empfiehlt allen Ernstes, die Griffe der Wasserhähne mit Plastiktüten zu umwickeln, denn auf diese Weise werde verhindert, dass die Griffe sich nicht mehr bewegen lassen, sobald der Teig von den Händen an ihnen festgetrocknet ist. Eine Hand sauber zu halten, scheint mir die bessere Methode zu sein.

Ich knete den *chef* mit zusätzlichem Mehl zwei Minuten auf meiner hölzernen Arbeitsplatte durch, befördere ihn in eine rustikale braune Steingutschüssel, decke die Schüssel mit einem sauberen, feuchten Küchenhandtuch ab, fixiere das Handtuch mit einem Gummiband und widme mich anderen wichtigen Dingen. Diese Nonchalance hält etwa fünf Minuten lang an, doch dann flitze ich zurück in die Küche und linse unter das Handtuch, um zu sehen, ob bereits etwas passiert ist. Zwanzig Kontrollblicke und etliche zerrissene Gummibänder später schabe ich den *chef* in eine klare Glasschüssel. Dieses Gefäß erinnert nun zwar nicht mehr an das Ambiente eines französischen Bauernhauses, doch es erleichtert eine obsessive Beobachtung ungemein.

Ich spüle meine rustikale Schüssel mit heißem Wasser aus und lerne eine Lektion fürs Leben: Mit Mehl oder Teig bedeckte Küchenutensilien lassen sich problemlos mit *kaltem* Wasser abwaschen; heißes Wasser hingegen bewirkt, dass die Stärke und das Gluten an allem festkleben, sogar aneinander. Ist der Teig fest angetrocknet, so muss man die Küchenutensilien in kaltem Wasser *einweichen*. Lassen Sie sie lange genug im Wasser liegen, wird Ihre Frau davon möglicherweise so angewidert sein, dass sie die Sachen selber sauber macht. Tun Sie dies allerdings zu oft, wird Ihr Haussegen auf unbestimmte Zeit schief hängen.

Wo die Seitenwand der Glasschüssel auf deren Basis trifft, wölbt sie sich aus und wirkt wie ein Vergrößerungsglas. Den Rest des Tages verbringe ich damit, alle drei Minuten nachzuschauen, ob der *chef* winzige Blasen zu werfen beginnt.

Samstag, 2. Juni, sofort nach dem Aufwachen. In nur vierundzwanzig Stunden ist das Küchenhandtuch trocken und steif geworden. Der Teig hat sich dunkel gefärbt und ist von einer Kruste überzogen. Außerdem weist er zwei bläuliche Schimmelflecken auf. Dies ist nicht die Lebensform, die ich mir vorgestellt habe!

Ich bereite den Morgenkaffee zu und beginne noch einmal von vorn. Diesmal verwende ich in Flaschen abgefülltes Quellwasser. Das New Yorker Leitungswasser mag zu den wohlschmeckendsten des Landes zählen, doch chloriertes Wasser jedweder Art kann das Wachstum der Hefepilze beeinträchtigen. Und Wochen später, als ich die nötige Sensibilität für die feinen Geschmacksunterschiede zwischen meinen Broten entwickelt habe, merke ich, dass man Dinge wie Chlor aus der Kruste, wo sich die Aromen zu konzentrieren pflegen, herausschmecken kann. Destilliertem Wasser fehlen die Alkalien und Mineralien, die Wasser gut schmecken lassen und denen man nachsagt, sie sorgten nicht nur für ein gesundes Aufgehen des Teiges, sondern auch für eine goldene Kruste. Also ist Quellwasser die Lösung.

Statt Poilânes reinem Weizenmehl wiege ich etwas steinvermahlenes biodynamisches Weizenvollkornmehl ab – steinvermahlen, weil ich der irrigen Annahme bin, dass das metallene Mahlwerk der großen kommerziellen Mühlen das Mehl auf Temperaturen erhitzt, die den natürlichen Hefepilzen und Bakterien den Garaus bereiten können; biodynamisch, weil Pestizide und Fungizide den Mikroben das Lebenslicht ausblasen; und Vollkorn, weil ich vermute, dass die Hefepilze, sollten sie tatsächlich auf dem Weizenkorn leben, sich am ehesten auf dessen äußerer Kleieschicht befinden werden. Statt des farbenfrohen, hübschen Küchenhandtuchs nehme ich diesmal ein Stück Frischhaltefolie – was womöglich verhindert, dass sich ein oder zwei freundliche, in der Luft herumschwirrende Mikroben auf dem *chef* niederlassen, aber so wird der Teig nicht verkrusten können.

Sonntag, 3. Juni. Ist das eine Blase in meinem *chef* oder bloß eine Schliere im Schüsselglas? Der *chef* riecht weiterhin nur nach nassem Weizenvollkornmehl.

Montag, 4. Juni. Der *chef* ist aufgegangen und verströmt einen strengen, säuerlichen Geruch, irgendwo zwischen Bier und Jogurt! Ich empfinde einen gewissen Vaterstolz.

Dienstag, 5. Juni. Keine weitere Veränderung. Sollte ich gescheitert sein? Ist mein *chef* vielleicht gestorben? Doch jetzt ist der Zeitpunkt für Poilânes Arbeitsgang zwei gekommen: Die ursprünglichen Mengen von Mehl und Wasser werden verdoppelt, und der *chef* soll sich nun zu etwas entwickeln, das Poilâne als den *levain* bezeichnet, indem man das Gemisch zwischen vierundzwanzig und achtundvierzig Stunden ungestört vor sich hin gären lässt.

Mittwoch, 6. Juni, ein strahlender Morgen. Das Ding lebt! Ich glaube, es versucht, mit mir zu kommunizieren. In nur vierundzwanzig Stunden ist der *levain* bis zum Schüsselrand emporgestiegen und drückt von unten gegen die Frischhaltefolie. Große Blasen präsentieren sich stolz durch das Schüsselglas. Es steht außer Zweifel, was sich hier offenbart: das Universum in einem Weizenkorn!

Bei Arbeitsgang drei wird der *levain* zu zwei Pfund Brotteig erweitert, indem man ihn mit 252 Gramm Wasser vermischt und nach und nach 400 Gramm Mehl und 15 Gramm Salz einarbeitet, wobei sich sein Gewicht wiederum verdreifacht. Das Wasser verbindet die beiden wesentlichen Proteintypen im Mehl, Glutenin und Gliadin, und das Resultat ist Gluten – jene zähflüssige, elastische Substanz, die das Gemisch klebrig und klumpig macht.

Da offenkundig eine fröhliche Gärung stattfindet, wechsele ich nun zu Giusto's weißem, biodynamischem, ungebleichtem Weizenmehl. Jetzt beginnt das Kneten, das alles in allem zwanzig Minuten beansprucht. Dabei drücke ich den Teig mit dem Handballen von mir weg, klappe ihn dann wieder zu mir zurück, drehe ihn um 45° und wiederhole diese Prozedur ad infinitum. Diese Bewegung lockert den Teig nicht nur auf, sondern sorgt auch dafür, dass sich die Proteinmoleküle lösen und nebeneinander anordnen, wobei sie sich zu einem Netz aus Gluten verbinden. Der

Teig wird glatt und geschmeidig; da die Hefepilze Kohlendioxid freisetzen, dehnt sich der Teig um die Gasblasen herum aus und schwillt an, anstatt in sich zusammenzufallen und die Gase entweichen zu lassen.

Zwanzig Minuten Teig zu kneten, ist jedoch eine echte Tortur. Meine Einstellung ist nicht die eines passionierten, traditionsbewussten Handwerkers. Das Kneten per Hand bringe den Bäcker in Kontakt mit seinem lebenden Teig, heißt es, und es übertrage ihm die Verantwortung für sein Brot. Fortan werde ich auf meine KitchenAid-K5A-Hochleistungsküchenmaschine zurückgreifen, die über einen Knethaken verfügt. Dieser trommelt und wirbelt den Teig zwar nur durch, anstatt ihn zu kneten, doch das Resultat ist durchaus akzeptabel, vor allem dann, wenn ich zum Schluss übernehme und den Teig noch ein paar Minuten per Hand durchknete.

Poilâne empfiehlt, den Teig sechs bis zwölf Stunden gehen zu lassen – wobei sich dieser nicht, wie bei Hefeteig sonst üblich, auf das Doppelte oder Dreifache seiner ursprünglichen Größe ausdehnt, sondern nur um relativ bescheidene dreißig Prozent.

Sieben Uhr abends, am selbigen Tag. Durch das Schüsselglas sieht es so aus, als habe sich der Teig genug ausgedehnt. Obwohl er womöglich nicht im erforderlichen Ausmaß aufgegangen ist, bin ich wild entschlossen, ihn noch heute abend zu backen, nachdem ich ihn ein allerletztes Mal habe gehen lassen.

Da Poilâne sich nur vage dazu äußert, wie ein runder Brotlaib zu formen sei, halte ich mich an die Standardprozedur, wobei ich den Teig flach drücke, mit der glatten, gewölbten Seite nach unten, und ihn dann zu einem festen, kugelförmigen Klumpen rolle und ausdehne. Ich habe bei French Baking Machines in New Jersey einen *banneton* erstanden – einen mit Leinen ausgekleideten Weidenkorb, in dem Profis ihre Brote aufgehen lassen –, um mein Provisorium, eine mit einem Küchenhandtuch ausgekleidete Zwei-Liter-Schüssel, zu ersetzen. Ich mehle den Korb großzügig ein und lasse den Laib hineinsinken, mit der glatten Seite nach unten. Um eine feuchte Umgebung ohne Zugluft zu schaffen, verfrachte ich das komplette Ding in einen großen Frischhaltebeutel, den ich vorher aufpuste und hinterher fest zuknote. Ich werde meinen Laib noch bis Mitternacht gehen lassen.

Einen Teil des Abends verbringe ich in einem Zustand ungläubigen Staunens. Das erste Wunder besteht für mich darin, dass eine Hand voll Weizenmehl buchstäblich alles enthält, was man zur Herstellung des befriedigendsten und fundamentalsten aller Nahrungsmittel benötigt. Dann staune ich eine Zeit lang über die Hefe. Wie kommt es, dass die sich vom Weizen ernährenden Hefepilze keine toxischen Substanzen, sondern ein harmloses Gärgas und überaus ansprechende Aromen produzieren? Und warum scheint natürliche Hefe am besten bei Zimmertemperatur zu gedeihen? Es gab schon Hefe, lange bevor es Zimmer gab. Ist dies ein Zufall oder gehört es vielleicht zum Masterplan irgendeines höheren Wesens?

Zu guter Letzt staune ich über die Rolle, die das Salz spielt. Fast alle Rezepte verlangen ein Quantum Salz, das zwei Prozent der Teigmenge entspricht – nimmt man deutlich mehr, so tötet man die Hefepilze und Bakterien; nimmt man deutlich weniger, so werden die Hefepilze hemmungslos wachsen und sich dabei kräftemäßig zu schnell verausgaben. Salz verstärkt gleichzeitig das Gluten und hält es in der ätzenden Säureumgebung des *pain au levain* elastisch; außerdem trägt es dazu bei, dass das Brot aufgeht. Ist es reiner Zufall, dass der chemisch ideale Salzanteil im menschlichen Organismus genau der Menge entspricht, die Brot am besten schmecken lässt?

Mitternacht. Der Laib hat sich kaum verändert, und ich beginne mir Sorgen zu machen. Ich gebe ihm sicherheitshalber noch zwei weitere Stunden. Meine Frau ist inzwischen zu Bett gegangen. Sie betrachtet das Ganze als einen gefährlichen Präzendenzfall. Doch es sollen noch einige Wochen vergehen, bis mein zwanghaftes Backen unsere Ehe zu zerstören droht.

Zwei Uhr morgens. Durch den aufgepusteten Frischhaltebeutel kann ich erkennen, dass der Laib etwa um die Hälfte aufgegangen ist. Ich habe den Backofen auf 260 °C vorgeheizt, mit einer massiven, vierzig mal vierzig Zentimeter großen Terrakotta-Platte auf dem Ofenboden, auf der sich wiederum eine Superstone-Backglocke befindet. Diese von Sassafras Enterprises hergestellte, aus einem unglasierten Keramikteller sowie einem kuppelförmigen Deckel bestehende Vorrichtung erzeugt so etwas wie die gleichmäßige, durchdringende, dampfende Hitze eines Ziegelsteinofens. Die darunter befindliche Platte steigert die im Ofen angestaute Hitze und verhindert außerdem, dass das Brot an seiner Unterseite anbrennt. Elizabeth Davids *English Bread and Yeast Cookery* (Viking) enthält ein Foto von einer praktisch identischen Backglocke aus dem Jahre 500 v. Chr., die bei den Ausgrabungen der Agora in Athen gefunden wurde.

Ich kippe den *banneton* über dem heißen Teller der Backglocke um und schlitze dann mit einer Rasierklinge ein schachbrettartiges Muster in die Oberseite des Laibs – um zu verhindern, dass eine vorzeitig hart werdende Kruste das Aufgehen des Teigs hemmt –, gieße eine viertel Tasse warmes Wasser über den Laib, um für zusätzlichen Dampf zu sorgen (eine, wie ich finde, beängstigende, aber nützliche Prozedur, die ich dem *The Laurel's Kitchen Bread Book* entnommen habe), sprenkle aus Dekorationsgründen etwas Mehl auf den Laib und bedecke ihn dann mit dem vorgeheizten Glockendeckel.

Halb drei. Ich reduziere die Temperatur auf 200 °C und entferne den Deckel, um das Brot bräunen zu lassen. Es ist nicht so stark aufgegangen, wie ich es mir erhofft habe, und die feinen Schlitze an seiner Oberseite haben sich in tiefe Furchen verwandelt.

Drei Uhr. Es ist vollbracht! Mein erstes *pain au levain!* Als ich mit dem Zeigefinger auf die Unterseite des Laibs klopfe, klingt es hohl – ein Zeichen dafür, dass die Stärke genügend Wasser aufgenommen hat, wodurch sich ihre vormals harten Kristalle in eine weiche, sich bis ins Innerste des Brotlaibs erstreckende gelatinöse Substanz verwandelt haben, und dass das übrige Wasser weitgehend verdampft ist.

Wie ich nicht bloß aus Büchern, sondern auch aus eigener Erfahrung weiß, lässt der Geschmack eines frisch aus dem Ofen gekommenen Brotes noch einiges zu wünschen übrig. Komplexe Aromen entwickeln sich erst beim Abkühlen, und wer sein Brot warm verzehren möchte, der sollte es lieber hinterher aufbacken oder toasten.

Fünf nach drei. Nur dieses eine Mal werde ich gegen diese goldene Regel verstoßen und mir eine Scheibe von dem heißen Brot abschneiden. Die Kruste ist knusprig und zart; Geruch und Geschmack sind komplex und nussig, wenngleich auch etwas fade. Doch mein Brot ist eindeutig zu sauer, und seine Krume ist fest und grau. Trotzdem bin ich nicht enttäuscht. Butter verbessert die Sache, so wie alles im Leben, abgesehen von Ihrer Gesundheit, und ich weiß, der Geschmack wird sich am Vormittag verbessert haben. Was dann auch tatsächlich der Fall ist.

Drei Uhr zwanzig. Mitten im Einschlummern bleibt mir plötzlich das Herz stehen. Ein Mordsschrecken fährt mir in die Glieder. Ich habe doch glatt vergessen, etwas von dem Teig aufzuheben, als *chef* für den nächsten Laib – denn das ist ja gerade der Witz am *pain au levain!* Jetzt muss ich morgen früh wieder bei null anfangen.

Drei Uhr einundzwanzig. Ich kann nicht einschlafen. Ich schleppe mich in die Küche und rühre einen neuen *chef* zusammen. Diesmal dauert es zwei Minuten, und ich bin mir sicher, er wird perfekt funktionieren. Ich genehmige mir ein weiteres Stück Brot und schlafe zufrieden ein. Am Morgen beschwert sich meine Frau über Krümel auf dem Kopfkissen.

Donnerstag, 21. Juni. Mit meinem neuen *chef* backe ich so schnell, wie ich kann: bislang sechs Laibe – sechs Generationen – in ununterbrochener Folge! Mit jedem neuen Backen ist der *chef* kraftvoller und sein Aroma intensiver, aber weniger säuerlich geworden. Meine Frau findet, meine Backaktivitäten hätten uns daran gehindert, die sonnigen Sommerwochenenden draußen in der freien Natur zu verbringen. Sie sagt, es sei so, als habe man ein Hundebaby ohne das Hundebaby. Sie möchte schon seit Urzeiten ein Hundebaby haben.

Außerdem stört sie sich daran, dass alle Oberflächen in unserer Wohnung mit einer feinen Schicht von Giusto's Brotmehl überzogen sind. Doch sie spricht erst dann ein Machtwort, als ich drauf und dran bin, zwei Eintrittskarten für das Madonna-Konzert auszuschlagen, weil ich befürchte, ich könnte wegen Madonna das erste Aufgehen verpassen. Also friere ich den Teig über Nacht ein, wie ich es schon mit anderen Broten gemacht habe, und ich finde, der Geschmack hat nicht darunter gelitten. Ganz im Gegenteil. Doch mein Brot ist immer noch zu fest, und ich habe keinen Schimmer, was ich dagegen tun könnte.

Dienstag, 31. Juli. Ich muss mir wohl oder übel den Rat von Experten einholen. Noel Comess hat vor vier Jahren, mit achtundzwanzig, den Posten des Küchenchefs im Quilted Giraffe aufgegeben, um in einer stillgelegten Eiscremefabrik in Queens die Tom Cat Bakery zu eröffnen, und sein rundes Sauerteigbrot ist das beste der Stadt. Er erlaubt mir, ihm dort einen Abend lang über die Schulter zu schauen. Seine Raumtemperatur ist mit 29 °C um einiges höher als die von Poilâne, und der Anteil von altem aufgegangenem Teig an neuem ist bei ihm in jedem Stadium geringer, als ich es gelernt habe. Ich sehe ihm dabei zu, wie er mehrere Brotlaibe formt, und erfahre, dass das brachiale Flachdrücken des Teigs das Letzte ist, was ein naturgesäuertes Brot braucht – die Gasblasen sind unsere Freunde. Wir vertiefen uns in seine Bücher. Noel backt leidenschaftlich gern Brot und liebt den ununterbrochenen, sich ständig selbst erneuernden Prozess des *pain au levain*, bei dem nichts vergeudet wird.

Wieder bei mir zu Hause forme ich meine Brotlaibe nun behutsamer und finde heraus, dass sie beim Backen höher werden und eine vielfältigere Konsistenz entwickeln. Doch sie sehen noch immer wie mein Brot aus, nicht wie das von Noel. Eine höhere Aufgehtemperatur hilft manchmal, jedoch nicht immer. Und mein *chef* ist für die Teigmengen, die Noel verwendet, schlicht und einfach zu schwach.

Ich wende mich an Michael London. Von 1977 bis 1986 unterhielten er und seine Frau Wendy in Saratoga Springs, New York, eine Patisserie namens Mrs. London's Bake Shop – Craig Clairborne, der Food-Kritiker der *New York Times*, stellte ihre Kreationen einmal auf eine Stufe mit denen von Wittamer in Brüssel und von Peltier in Paris –, und heute betreiben die beiden, aus der behelfsmäßigen Küche ihres aus dem frühen neunzehnten Jahrhundert stammenden Ziegelstein-Farmhauses im nahegelegenen Greenwich, das Rock Hill Bakehouse, wo sie drei Mal wöchtlich backen. Ich weiß nicht mehr, wie oft ich in aller Herrgottsfrühe hinunter zu Balducci's oder hinüber zum Greenmarket gehastet bin, um noch einen Riesenlaib von Michaels Farm Bread zu ergattern, bevor es ausverkauft war.

Ein kleines, heftig schlingerndes und völlig überheiztes Flugzeug bringt mich in den Norden des Bundesstaats

New York. Ich habe meinen letzten Laib Brot und einen Frischhaltebeutel mit etwa 120 Gramm meines *chef* dabei. Die Leute von Avis weigern sich, mir ein Auto zu vermieten – unter dem fadenscheinigen Vorwand, mein Führerschein sei abgelaufen. Wer hat schon die Zeit, seinen Führerschein verlängern zu lassen, frage ich sie, wenn der Teig, während man vor dem Schalter der Zulassungsstelle Schlange steht, womöglich zu lange aufgeht und dann hinterher im Ofen in sich zusammensackt? Ich beiße bei ihnen auf Granit, doch eine einstündige Taxifahrt läuft finanziell fast auf das Gleiche hinaus wie die Wucherpreise, die Avis für gewöhnlich verlangt. Am späten Nachmittag treffe ich auf der Farm der Londons ein.

Michael und Wendy nehmen das von mir mitgebrachte Brot unter die Lupe. Dann essen wir es mit der Butter von ihrer Kuh. Ihre siebenjährige Tochter Sophie, ein blondes, aufgewecktes Kind, mag mein Brot.

Ich beobachte Michael dabei, wie er seinen *levain* herstellt, und er demonstriert mir, wie ich meinen Vorteig verstärken kann. Da man den Teig von einem Stadium zum nächsten aufbaut, sollten der *chef*, der *levain* und der Teig stets auf dem Höhepunkt ihrer Aktivität verwendet werden. Wir schlafen ein paar Stunden, stehen um ein Uhr morgens auf, stellen eine Tonne Teig her, schlafen bis fünf, denn dann treffen Michaels vier Helfer ein, und gemeinsam formen wir die Laibe für das anschließende Backen.

Michael erweitert die 120 Gramm meines verstärkten Vorteigs zu einem *levain* – und dann zu zwanzig Pfund Teig. Er backt damit etliche Laibe. Diese sehen hinterher genauso aus wie Michaels andere Brote und überhaupt nicht mehr wie meine. Offensichtlich liegt das Geheimnis in den Händen des Bäckers, in seiner Kunstfertigkeit und Intuition, nicht bloß in der bakteriellen Zusammensetzung der Luft, im Mehl oder in den Weintrauben. Ein sündhaft teurer, professioneller französischer Backofen kann vermutlich auch nicht schaden.

Donnerstag, 6. September. Meine Backaktivitäten sind inzwischen weniger hektisch geworden. Ich backe jetzt zwei Mal wöchentlich, und meine Frau fiebert dem Endprodukt stets entgegen. Mein *chef* ist glücklich, stark und aromatisch. Der UPS-Mann hat sich daran gewöhnt, alle ein oder zwei Wochen Fünfzig-Pfund-Säcke von Giusto's stemmen zu müssen, und mit dem Staubsauger habe ich fast das gesamte biodynamische Weizenmehl aus meiner Computertastatur entfernen können. In der Regel ist mein Brot mehr als passabel, und hin und wieder ist es dermaßen gut, dass meine Frau und ich nichts anderes essen.

Überlebensrezepte

Vor Jahren las ich einmal irgendwo, die mit Abstand preiswerteste Kost, die einen am Leben erhalte, bestehe aus Erdnussbutter, Weizenvollkornbrot, fettarmer Trockenmilch und Vitamintabletten. Da ich dies unbedingt ausprobieren wollte, eilte ich zum nächsten Supermarkt, kehrte von dort mit Überlebensvorräten für eine Woche nach Hause zurück und machte mich, mit Taschenrechner und Buttermesser bewaffnet, unverzüglich ans Werk. Zwei gehäufte Esslöffel Erdnussbutter, auf eine Scheibe Brot gestrichen und mit einem halben Glas in Wasser aufgelöster Trockenmilch hinuntergespült, summierten sich zu 272 Kalorien, darunter 13,6 Gramm Protein, 15,3 Gramm Fett sowie reichlich Ballaststoffe und komplexe Kohlenhydrate. Konsumierte ich täglich acht Erdnussbutter-Sandwiches und vier Gläser kalter, schäumender Milch, so würde ich damit 2200 Kalorien zu mir nehmen und wesentlich mehr als die sechzig Gramm Protein, die ein Erwachsener benötigt – und die Vitamintablette würde sich um alles andere kümmern.

Meine neue Kost bestand zu fünfzig Prozent aus Fett, doch vor fünfundzwanzig Jahren zerbrachen sich die Ernährungswissenschaftler ihren Kopf über dringlichere Probleme als den möglichen Zusammenhang zwischen Fettkonsum und chronischen Krankheiten. Sie beschäftigten sich mit den verheerenden Auswirkungen von Unterernährung und Armut, mit Vitamin- und Proteinmangel sowie den Mindestkosten des lebensnotwendigen Nahrungsmittelbedarfs oder, anders formuliert, der elementaren Existenzsicherung. Ich habe gestern beim U. S. Department of Agriculture angerufen. Dort beschäftigt sich niemand mehr mit Fragen der elementaren Existenzsicherung.

Ich bekenne offen und freiheraus, dass die elementare Existenzsicherung auch für mich kein Problem mehr darstellt. Vermutlich könnte ich noch ein Jahrzehnt oder länger von den Fettpolstern leben, die ich mir im Laufe der Zeit angefuttert habe. Und auch in der Vergangenheit, als ich nicht gerade auf Rosen gebettet und, was Garderobe, Haushaltsgeräte und Sportausrüstung betraf, gezwungen war, ein Leben am Rande des Existenzminimums zu fristen, bin ich immer bereit gewesen, mehr Geld für Essen auszugeben als meine Mitmenschen. Ich rief beim Bureau of Labor Statistics an. Der amerikanische Durchschnittshaushalt gibt jährlich insgesamt 30478 Dollar aus, davon kümmerliche 8,4 Prozent für zu Hause konsumiertes Essen sowie 5,4 Prozent für Restaurantbesuche. Ich hingegen habe, seit ich erwachsen bin, zwischen dreißig und 100 Prozent meines Einkommens für Essen ausgegeben – mit Ausnahme jener wenigen glückseligen Tage, als ich diese wunderbare Erdnussbutter-Diät ausprobierte.

Eines Tages fiel mir beinahe eine Schüssel mit Austernfarce aus der Hand, als ich voll Unglauben und Entsetzen las, die amerikanische Durchschnittsfamilie habe 1991 pro Person lediglich 2,59 Dollar für ihr Thanksgiving-Dinner ausgegeben, weniger als im Vorjahr, wo es noch 2,89 Dollar gewesen waren – ein unleugbares Indiz für den Verfall der Familie und der nationalen Werte unter zwei aufeinander folgenden republikanischen Regierungen. Ich muss gestehen, dass ich nicht wirklich las, die amerikanische Durchschnittsfamilie habe für ihr Thanksgiving-Dinner lediglich 2,59 Dollar pro Person ausgegeben. Das ist bloß das, was mich eine Pressemitteilung der National Turkey Federation glauben machen wollte. Eigentlich besagte diese Pressemitteilung, dass ein komplettes, für zehn Personen kalkuliertes Thanksgiving-Dinner nicht mehr als 2,59 Dollar pro Teilnehmer kosten *müsse*, berücksichtige man, wie preiswert Truthahnfleisch sei. Und das ist nicht gelogen. Ich rief beim Department of Agriculture an. Truthahn ist die billigste Form von tierischem Protein, die man überall problemlos kaufen kann – oder zumindest war es das im Juni 1991. 100 Gramm mageres, zubereitetes Truthahnfleisch kosteten fünfzig Cent, während man für 100 Gramm zubereitetes T-Bone-Steak 2,74 Dollar hinblättern musste. Das Protein in Bohnen ist noch viel billiger, doch die 1991 vom USDA herausgegebene Liste mit »Fleischalternativen« lässt Bohnen unberücksichtigt. Es klingt unglaublich, aber keiner, weder die offizielle Statistik noch irgendjemand sonst, kann mir sagen, wieviel die amerikanische Durchschnittsfamilie *tatsächlich* für ihr Thanksgiving-Dinner ausgegeben hat. Und Sie können mir glauben, ich habe wirklich überall angerufen.

Die offizielle Statistik sagt, dass der amerikanische Durchschnittshaushalt aus 1,6 Erwachsenen, 0,7 Kindern und 0,3 Senioren besteht (was insgesamt 2,6 Personen ergibt), die jährlich gemeinsam 4271 Dollar für Essen ausgeben, sowohl innerhalb wie außerhalb des Hauses. Dies wiederum beziffert sich auf 4,50 Dollar pro Person und Tag – oder auf 1,50 Dollar pro Mahlzeit. Mein Unglauben angesichts dieser Zahlen kann nicht ausschließlich auf mein gefräßiges Naturell zurückgeführt werden. Franzosen und Japaner geben ohne mit der Wimper zu zucken das Doppelte für ihr vorzügliches Essen aus. Wir hingegen, das reichste Land der Welt, knausern, wenn es um unser leibliches Wohl geht. Unter den reichen Nationen geben nur die Briten weniger für Essen aus. Ich finde, das spricht Bände.

Es scheint offensichtlich, dass die einzige Möglichkeit, lediglich 4,50 Dollar täglich für Essen auszugeben, darin besteht, praktisch jede Mahlzeit zu Hause einzunehmen. Um diese Hypothese zu überprüfen, holte ich meine 1993er Ausgabe des *Zagat New York City Restaurant Survey* hervor, strich die zehn billigsten Restaurants an und aß mich dann durch sie hindurch. Sollten Sie noch nie in der am Broadway 160, knapp zwei Blocks nördlich der Trinity Church gelegenen Wall-Street-Filiale von McDonald's gespeist haben, so machen Sie sich auf eine angenehme Überraschung gefasst. Es handelt sich um einen luftigen, zwei Stockwerke hohen Raum mit Marmortischen, einem elektronischen Börsenticker, einem Pianisten an einem Stutzflügel aus Ebenholz, einem Türsteher und einer Hostess in einem flotten lavendelfarbenen Kostüm. Die hintere Hälfte des Erdgeschosses besteht aus dem üblichen McDonald's-Verkaufstresen samt Küche, und Speisekarte und Preise entsprachen genau dem, was man sich so vorstellt. Trotzdem kostete meine Mahlzeit – dezent gewürzte Mighty Wings, eine Portion exzellenter French fries, eine Diät-Coke – inklusive Steuer 5,34 Dollar, was die 4,50 Dollar, die dem Durchschnittsamerikaner als tägliches Nahrungsmittelbudget zur Verfügung stehen, deutlich überstieg. Vermutlich hätte ich auch weniger üppig tafeln und dort den ganzen Tag verweilen können, so wie einige andere Restaurantgäste, bei denen es sich augenscheinlich um Obdachlose handelte. Unsere zweisprachige (Englisch-Spanisch) Hostess geleitete sie zu einer warmen Nische im oberen Stockwerk, wo das Personal sie weniger behelligen würde, und dann genossen wir alle gemeinsam, unter den Goldenen Bögen, die witzige Interpretation von »There Will Never Be Another You«, die der Pianist zum Besten gab.

Drei der billigsten New Yorker Restaurants tragen den Namen Original California Taqueria; alle befinden sich in Brooklyn Heights oder Park Slope, und zwei davon scheinen sogar denselben Besitzer zu haben. Die U-Bahn-Linie F brachte uns fast bis vor die Tür der Original California Taqueria in Seventh Avenue 341 in Park Slope, wo uns nicht nur eine frische und pikante Version der Küche von East Los Angeles erwartete, sondern auch ein ansprechendes und freundliches Ambiente sowie ein kühn gepinseltes Wandgemälde, auf dem paradoxerweise auch die Golden Gate Bridge zu sehen war. Wir überschritten das 4,50-Dollar-Limit pro Person lediglich um zwölf Cent – die drei Dollar für Hin- und Rückfahrt nicht eingerechnet. Die *tostada* meiner Frau mochte als Tagesration nicht ganz ausreichen, doch mein üppiges *plattio*, das aus einem Rindfleisch-Taco, Guacamole, Bohnen und Reis bestand, machte das mehr als wieder wett. In all den Restaurants, die ich im Verlauf dieser Testreihe besuchte, bekam ich für mein limitiertes Budget nur in der Original California Taqueria eine annähernd ausgeglichene Kost auf den Teller. Um diesen Erfolg und den für uns ungewohnten Abstecher nach Brooklyn zu feiern, bestiegen wir wieder die Linie F und fuhren bis zu deren Endstation in Coney Island, wo sich, nahe der traurigen Ruinen des Luna Park und dessen berühmtem Parachute Jump, noch immer das Totonno Pizzeria Napolitano befindet, historisch gesehen eines der wichtigsten Restaurants von Amerika. (Das Totonno, mit seinem Kohleofen und seinen dick mit Farbe bekleisterten Wänden und Deckenplatten aus Pressblech, wurde 1924 eröffnet und ist somit die zweitälteste noch bestehende Pizzeria in den Vereinigten Staaten). Obwohl der *Zagat* das Totonno ungerechterweise bloß auf Platz sechsunddreißig der Restaurants mit dem günstigsten Preis-Leistungs-Verhältnis einstuft, kostete uns dort eine kleine Pizza mit einer bemerkenswerten Kruste und mit nichts weiter belegt als handgemachtem Mozzarella und einer Sauce aus importierten Dosentomaten – alles nach dem unveränderten Originalrezept des Restaurantgründers –, nur etwas mehr als unser komplettes Neun-Dollar-Budget für den darauffolgenden Tag.

Im Gray's Papaya und im Papaya King kann der Kunde mühelos unter der 4,50-Dollar-Grenze bleiben, indem er zwei erstklassige Rindfleisch-Frankfurter bestellt (siebzig Cent pro Stück im Gray's, etwas mehr im Papaya King) oder eine Hähnchen-*Fajita* (nur im Papaya King) und dazu ein großes Glas frischen Ananassaft (1,75 Dollar). Um mir eine ausgeglichenere Kost zu genehmigen, pilgerte ich zu Amir's Falafel nahe dem Campus der Columbia University und zum Cupcake Café in der Ninth Avenue. Da mir das Essen in beiden Etablissements vortrefflich mundete, schaffte ich es leider nicht, unter der 4,50-Dollar-Grenze zu bleiben. Beim nächsten Mal werde ich mich zu beherrschen versuchen. Doch der Besuch der zehn billigsten Restaurants von New York City bestätigte letztlich nur, dass es extrem schwierig ist, mit dem durchschnittlichen amerikanischen Verköstigungsbudget von täglich 4,50 Dollar essen zu gehen. Und legt man dabei Wert auf eine gesunde, ausgewogene Kost, so kann man die eigene Küche im Grunde nicht verlassen.

Die legendäre Köchin und Kochbuchautorin M. F. K. Fisher publizierte 1942 ein Werk mit dem Titel *How to Cook a Wolf* (North Point Press), um den Amerikanern in Zeiten des Mangels und der Rationierung zu einer angemessenen Ernährung zu verhelfen. In dem Kapitel »Wie man sich am Leben erhält« wandte Fisher sich an ihre weniger gut betuchten Leser und verriet ihnen ein Rezept für etwas, das sie »Sludge« nannte, einen Brei aus Getreide, Hackfleisch und Gemüse, den sie als eine »zweckmäßige Antwort auf das drängende Problem, sich auf bestmögliche Weise für möglichst wenig Geld ernähren zu können« pries. Ich hatte dieses Rezept schon immer ausprobieren wollen.

»Das Erste, was Sie tun sollten, wenn Sie absolut kein Geld haben, ist, sich etwas zu borgen«, beginnt sie. »Fünfzig Cent dürften genug sein und für mindestens drei Tage oder sogar eine ganze Woche reichen, je nachdem, wie anspruchsvoll Ihr Geschmack ist. [Im Folgenden bedient sich Fisher einer ziemlich nebulösen Diktion, die es ungemein erschwert, ihr Rezept heute nachzukochen.] Kaufen Sie für etwa fünfzehn Cent Rindergehacktes bei einem Schlachter von guter Reputation. … Kaufen Sie für etwa zehn Cent gemahlene Vollkornflocken. Fast jedes große Lebensmittelgeschäft hat diese im Sortiment. Sie sind von bräunlicher Farbe, haben eine grobmehlige Konsistenz und duften angenehm nach Nüssen und Stärke. Geben Sie das übrige Geld für Gemüse aus. … Besorgen Sie sich ein Bund Mohrrüben, zwei Zwiebeln, etwas Sellerie und … einen kleinen Kopf Weißkohl. Sie raspeln das Gemüse in einen Topf und geben das zerbröselte Hackfleisch dazu. Dann bedecken Sie das Ganze mit so viel Wasser, dass es eher zu viel zu sein scheint.«

Dieses Gemisch lässt man eine Stunde vor sich hin köcheln. Dann fügt man das Getreide hinzu und kocht alles noch einmal zwei Stunden bei niedriger Temperatur. Am besten schmecke es, schreibt Fisher, wenn man die festgewordene Masse wie »Scrapple«* zubereite.

»Mary Frances Kennedy Fisher, ich verfluche dich!«, murmelte ich vor mich hin, als ich den Supermarkt nach den Zutaten für ihr Rezept durchstöberte. »Warum hast du die Mengen nicht in Gramm oder Tassen angegeben?« Ich hatte bereits beim Commerce Department angerufen. Zwischen 1942 und 1992 ist der allgemeine Verbraucherpreisindex auf das 8,8-fache gestiegen, während die Lebensmittelpreise im gleichen Zeitraum auf das 9,5fache gestiegen sind. Ich hätte die 1942 üblichen Preise für Hackfleisch, Sellerie und Zwiebeln ohne weiteres recherchieren können, doch welche Art von Vollkorn Fisher gemeint haben mochte, hätte ich nie und nimmer herausgefunden. Also zuckte ich mit den Achseln, multiplizierte ihre Angaben einfach mit 9,5 und füllte meinen Einkaufswagen mit Rindergehacktem im Wert von 1,43 Dollar (370 Gramm, zum »Super-Sonderangebotspreis«), Weizenvoll-

*Scrapple: Ein den Pennsylvania-Deutschen zugeschriebenes deftiges Gericht aus Fleischstückchen, die, mit Maismehl, Buchweizen und Kräutern vermengt, etwa eine Stunde geschmort werden. Dann lässt man die Mischung in einer Kuchenform erkalten, schneidet sie in Scheiben und brät diese in der Pfanne. (A. d. Ü.)

kornflocken im Wert von neunzig Cent (ein knappes halbes Pfund) sowie Zwiebeln, Sellerie, Mohrrüben und Weißkohl im Wert von 2,37 Dollar, etwa jeweils ein Pfund. Es mag unglaublich klingen, aber der Sellerie kostete fast genauso viel wie das Rindfleisch!

Zuerst briet ich das Hackfleisch an. Dann zerraspelte ich das Gemüse in meiner Küchenmaschine und fügte, um der Sache etwas mehr Pep zu verleihen, noch ein wenig Tomatenmark sowie Salz und Pfeffer hinzu. Nachdem ich mir vergeblich das Gehirn zermartert hatte, um zu ergründen, was Fisher mit »das Ganze mit so viel Wasser bedecken, dass es eher zu viel zu sein scheint« gemeint haben könnte, bedeckte ich das Ganze mit zu viel Wasser und ließ es dann fünf Stunden einkochen. Der fertige Sludge hatte eine appetitlich braune Farbe und roch unauffällig (mehr Zwiebeln und Tomaten hätten gewiss nicht schaden können). Ich ließ ihn in einer großen Kastenbackform abkühlen und fest werden. Das Rezept ergab zehn großzügig bemessene Halbpfundportionen (die Portionsgröße bestimmte ich), die ich mir während der folgenden vier Tage zu Gemüte führte: eine zum Lunch, eine zum Abendessen und eine halbe Portion zum Frühstück. Die Gesamtkosten beliefen sich auf 5,25 Dollar, inklusive Tomatenmark, Salz und Pfeffer – also 1,31 Dollar pro Tag. Zählt man die dreißig Cent für den Frühstückskaffee und ein Gläschen Orangensaft hinzu, so beliefen sich die täglichen Kosten meiner elementaren Existenzsicherung auf 1,61 Dollar. Vergleichen Sie das einmal mit den 1,70 Dollar pro Tag für acht Erdnussbutter-Sandwiches und vier Gläser mit in Wasser aufgelöster Trockenmilch – und dazu kommen ja noch die zwanzig Cent für eine Deluxe-Vitamintablette!

Ob Sludge oder Erdnussbutter-Sandwiches mit in Wasser aufgelöster Trockenmilch eine ausgewogene Ernährung darstellen, vermag ich nicht zu beurteilen. Aber nach nur einem Tag der Existenzsicherung mit Sludge war ich dieser Kost bereits überdrüssig. Meine Gesundheit litt freilich kein bisschen darunter. Ich sollte allerdings nicht verschweigen, dass Fishers Sludge jedesmal völlig zu Brei zerlief, sobald ich ihn, wie von ihr empfohlen, in reichlich Butter anzubraten versuchte – die einzige Zubereitungsmethode, die ihn für mich genießbar machte.

Ich spielte eine Zeit lang mit dem Gedanken, meine Existenzsicherungsprobleme dadurch zu lösen, dass ich in Zukunft all meine Einkäufe bei Gourmet Garage tätigte, einem neu eröffneten Laden in der Wooster Street 47 im New Yorker Viertel SoHo. Dann betrat ich das Gourmet Garage zum ersten Mal. Die Sonderangebote waren der schiere Wahnsinn! *Pied de mouton*-Pilze und Pfifferlinge wurden dort für sage und schreibe 8,50 Dollar pro Pfund verramscht – um die Hälfte billiger als anderswo. Eli Zabars zweipfündiger Manor House Loaf, ein Premium-Brot, das der Bäcker selbst im E. A.T. an der Madison Avenue für fünf Dollar verkauft, ging für nur 3,95 Dollar über den Ladentisch, und Freilandhühner kosteten bloß 2,85 Dollar pro Pfund.

Als ich auf ein Regal voller Fünf-Kilo-Säcke mit Basmati-Reis stieß, erinnerte ich mich wieder an einen etliche Monate zurückliegenden Abend in einem maurischen Garten irgendwo in Südspanien. An meiner Seite befand sich die wunderschöne indische Schauspielerin und Food-Autorin Madhur Jaffrey. Die Luft war erfüllt vom Duft des nachtblütigen Jasmin. Ich lehnte mich zu Madhur hinüber und flüsterte ihr ins Ohr: »Welche Sorte Basmati-Reis können Sie mir empfehlen?«

»Tilda«, antwortete sie. Und nun, Monate später, wie durch eine göttliche Fügung, entdecke ich im Gourmet Garage *Tilda* – zum Schnäppchenpreis von nur zwei Dollar pro Pfund!

Doch so sehr ich auch herumrechne, ich kann nicht viele *pieds de mouton* oder Pfifferlinge in meiner Billig-Kost unterbringen. Und selbst bei zwei Dollar pro Pfund ist der Basmati-Reis noch vier Mal teurer als der normale amerikanische Langkornreis im A&P-Supermarkt bei mir um die Ecke. Aber sollte sich mein Interesse an der elementaren Existenzsicherung eines Tages abgekühlt haben, werde ich stündlich im Gourmet Garage einkaufen gehen.

Das U. S. Department of Agriculture publiziert allmonatlich eine Zusammenstellung von lebensnotwendigen Nahrungsmitteln, den so genannten Thrifty Food Plan, also einen »Speiseplan für den kleinen Geldbeutel«. Dazu ermittelt es die monatlichen Kosten der elementaren Existenzsicherung, und anhand dieser Berechnungen legt es dann fest, wie viele Lebensmittelmarken an arme Familien ausgegeben werden, damit diese gemäß dem Thrifty Food Plan kochen und essen können. (So jedenfalls lautet die Theorie; Organisationen, die die Interessen der Armen vertreten, behaupten, die ausgegebenen Lebensmittelmarken reichten nicht aus, um sich gemäß dem Thrifty Food Plan ernähren zu können.) Im vergangenen Oktober beliefen sich die vom USDA ermittelten wöchentlichen Lebensmittelkosten für eine zweiköpfige Familie auf 49,40 Dollar und für eine vierköpfige Familie auf 82,50 Dollar. Bei einer zweiköpfigen Familie läuft dies pro Person auf 3,53 Dollar täglich hinaus. Was mich daran verblüfft, ist die Tatsache, dass der Durchschnittsamerikaner mit seinem täglichen Essensbudget von 4,50 Dollar nur etwa fünfundzwanzig Prozent mehr ausgibt als jemand, der seine elementare Existenzsicherung mit Lebensmittelmarken bestreiten muss.

Ich beschloss, mich eine Woche lang an den Thrifty Food Plan zu halten, und ging mit der vom USDA herausgegebenen Broschüre *Thrifty Meals for Two: Making Food Dollars Count* in den Supermarkt; ich studierte diese, während ich die Gänge entlangspazierte. Ich werde mich hier nicht dazu äußern, ob oder wie oft ich während der folgenden Tage schummelte. Empfänger von Lebensmittelmarken haben keine Wahl.

Am Tag eins gestattete mir der Thrifty Food Plan ein Frühstück, das aus Toast, Milch, Getreideflocken und einer Orange bestand. Dies stärkte mich für einen langen Vormittag des Planens und Kochens. Viele der Gerichte in *Thrifty Meals for Two* sind die Basis anderer in *Thrifty Meals for Two* aufgelisteter Gerichte, und deshalb ist eine sorgfältige und langfristige Planung unabdingbar. Ich begann damit, dass ich sechs Tassen »Biscuit Mix« herstellte (eine hausgemachte Form von Bisquick, aus der dann später nicht nur »Drop Biscuits« – Plätzchen – entstehen sollten, sondern auch ein »Peanut Butter Snack Loaf«) sowie fünf Tassen »Pudding Mix« (Zucker, Stärkemehl und fettarme Trockenmilch, die ich später mit Kakaopulver und Wasser verrühren würde, um einen »Chocolate Pudding« zu machen). Dann begann ich mit den Vorbereitungen für das Mittagessen: Ich schmorte drei Truthahnkeulen mit etwas Wasser in einem bedeckten Topf, entfernte anschließend Knochen und Haut, bereitete aus der Kochflüssigkeit eine Sauce zu, legte fünfundachtzig Gramm Fleisch für das Mittagessen beiseite (glücklicherweise besitze ich eine teure elektronische Küchenwaage) und hob den Rest für die Tage zwei und drei auf. Danach backte ich eine Kartoffel, dünstete etwas Grünkohl, machte »Drop Biscuits« aus meinem »Biscuit Mix« sowie einen wirklich schauderhaften Schokoladenpudding aus meinem »Pudding Mix« und verputzte alles bis auf den Schokoladenpudding. Zum Abendessen hatte ich einen Bacon-Cheeseburger und eine enttäuschende Banane. Doch nur eine Stunde später kam ja die Zeit für den Snack: Erdnussbutter auf Toast. Ich konnte kaum den nächsten Morgen erwarten.

Das Frühstück am Tag zwei war opulent – ein Rührei, ein paar Scheiben Speck, zwei Scheiben Toast und ein halbes Glas Grapefruitsaft. Zum Mittagessen gab es das Truthahnfleisch vom Vortag in einem Kartoffelsalat sowie ein Salatblatt mit weiteren »Drop Biscuits«. Das Abendessen bestand aus einem »Bean Tamale Pie«, weiteren Salatblättern, Crackers und dem bereits erwähnten »Peanut Butter Snack Loaf«. Dazu verrührt man Erdnussbutter, Zucker und ein Ei mit etwas »Biscuit Mix«, backt das Ganze vierzig Minuten in einer Kastenform und verzehrt es dann peu à peu während der folgenden drei Tage, nicht ohne Genuss, muss ich gestehen. Zur Snack-Zeit gab es kalte Getreideflocken. Ich mag meine Cornflakes mit viel Milch und Zucker.

Das Hauptgericht von Tag drei war »Turkey Spanish Rice« (dabei wurde das Truthahnfleisch vom Montag aufgebraucht), weiterer Grünkohl sowie eine Scheibe des »Peanut Butter Snack Loaf« vom Vortag, der, als Toast, am Tag vier aufgebraucht werden sollte. Mein »Biscuit Mix«

ging allmählich zur Neige, und ich beschloss, noch mehr davon zu machen.

Und in diesem Stil ging es weiter. Oder es wäre so weitergegangen, hätte ich nicht einige Wochen zuvor eine Einladung zu einer Verkostung von frisch aus dem Périgord eingeflogenen schwarzen Trüffeln angenommen, die zur Abendessenszeit von Tag vier stattfand. Den Rest von Tag vier verbrachte ich damit, weitere mir noch bevorstehende Gerichte aus *Thrifty Meals for Two* auszuprobieren: »Roast Pork with Gravy«, »Pork and Cabbage Soup« (beides aus ein und demselben Stück Schweinefleisch), ein »Barbecue Beef Sandwich«, »Stove-Top Beans« (in der Pfanne geschmorte Bohnen, ein Gericht, das ich ohne Weiteres wieder kochen würde) und einen »Bread Pudding«.

Am Tag fünf brach ich mein Thrifty-Food-Plan-Experiment ab – es hatte mir den Spaß am Essen doch ziemlich verdorben. Außerdem sind vier Tage ja fast eine Woche. Die meisten Rezepte waren nicht unbedingt schlecht, doch das Schwergewicht lag zu sehr auf jenen schwach gewürzten, pseudo-ausländischen Gerichten, die Ernährungswissenschaftler so sehr mögen und denen ich rein gar nichts abgewinnen kann. In fast jedes Gericht hatten sich hinterhältigerweise grüne Paprikaschoten eingeschmuggelt. Die Rezepte summierten sich zu einem lückenlosen Katalog der von der modernen Ernährungswissenschaft verbreiteten Mythen: Salz, Speiseöl und mitunter auch Zucker wurden auf lächerlich kleine Mengen reduziert; vom Truthahn landete genau das in der Mülltonne, was das Beste an ihm ist, seine Haut; Butter wurde völlig eliminiert (obwohl die in Margarine enthaltenen ungesättigten Fettsäuren fast genauso schädlich sind wie gesättigtes Fett); und Milch gab es ausschließlich in der fettreduzierten Trockenversion, die den »Bread Pudding« grau und wässrig werden ließ. Die Planung als solche war allerdings clever: das Kaufen und Kochen von großen Mengen, die Verwendung der Reste von anderen Gerichten und der völlige Verzicht auf vorgekochte Produkte oder Fertignahrung. Wer arm genug für Lebensmittelmarken ist, so scheint man zu glauben, hat alle Zeit der Welt und kann daher bei der Nahrungszubereitung ganz von vorn anfangen.

Doch außer dem ständigen und nagenden Hungergefühl, das er mir bescherte, birgt der Thrifty Food Plan noch ein gravierenderes Problem, das von den Regeln herrührt, nach denen er erstellt wird. Ich rief beim USDA an und erfuhr dort, dass das Computerprogramm, mit dem der Thrifty Food Plan entworfen wird, darauf abzielt, eine Reihe von ernährungswissenschaftlichen und ökonomischen Vorgaben zu erfüllen und *dabei so wenig wie möglich von den gegenwärtigen Essgewohnheiten amerikanischer Familien abzuweichen.* Das Resultat ist eine exzessive Überbetonung von Fleisch – selbst bei einem Tagesbudget von 3,53 Dollar – und eine Vernachlässigung von Getreide und Gemüse, die nahrhafter, aber wesentlich billiger sind. Somit versagte der Thrifty Food Plan bei der Beantwortung der Frage, die mich nach wie vor fasziniert: Was ist die absolut preiswerteste Überlebensnahrung, und lässt sich diese in etwas Schmackhaftes verwandeln?

Die Lösung dieses Problems schien ein Kinderspiel zu sein. Alles, was man dazu brauchte, war eine Liste sämtlicher Nahrungsmittel – also insgesamt fünf- bis zehntausend –, ernährungswissenschaftliche Informationen über jedes dieser Nahrungsmittel und dessen Kosten, einen

PC mit einem Statistikprogramm und jemanden, der die beiden ersten Dinge in das dritte eintippte. Das mathematische Problem bezeichnet man für gewöhnlich als lineare Programmierung, und um es zu lösen, wendet man in der Regel die so genannte Simplex-Methode an, die mir jemand vor langer, langer Zeit während meines Magisterstudiums beizubringen versucht hat. Sie bitten Ihren Computer einfach, eine Gruppe von Lebensmitteln zusammenzustellen, die gemeinsam Ihren ernährungswissenschaftlichen Anforderungskatalog erfüllen, und dabei gleichzeitig die Gesamtkosten auf das absolute Minimum zu reduzieren. Das ist etwa so wie die Simultangleichungen, die wir auf der High School zu lösen gelernt haben, nur viel, viel komplizierter. Doch mit einem PC sollte dieses Problem im Handumdrehen zu lösen sein. Ich nahm mir vor, meine Lösung als »Simplex-Überlebenskost« patentieren zu lassen.

Ich zog los und kaufte mir für 39,95 Dollar ein Computer-Programm namens *Health and Diet Pro,* das ich auf meiner Festplatte installierte. Obwohl das dazugehörige Handbuch in einem unverständlichen Kauderwelsch abgefasst ist, scheint der Zweck von *Health and Diet Pro* darin zu bestehen, Ihnen dabei zu helfen, den Überblick über die unterschiedlichen, von Ihnen aufgenommenen Nährstoffe und Gifte zu behalten, gesünder zu kochen und speziell auf Sie zugeschnittene Fitness- und Diätprogramme zu entwerfen – lauter Dinge, die mich zu Tode langweilen. Was mich interessierte, war die irgendwo im Innern des Programms schlummernde Liste mit dreitausend Nahrungsmitteln und den ernährungswissenschaftlichen Informationen zu jedem davon. Könnte ich die jeweiligen Einzelhandelspreise einprogrammieren und die Software anschließend so manipulieren, dass sie das Problem meiner elementaren Existenzsicherung löste?

Ich denke, die Antwort lautet nein. Ich plagte mich einen Abend lang damit herum, doch ohne den geringsten Erfolg. Ich muss zugeben, es war Tag zwei des Thrifty Food Plan, und der »Bean Tamale Pie« hatte meiner Konzentrationsfähigkeit einen schweren Schlag versetzt und mich missmutig gestimmt. Vielleicht hätte ich nach den schwarzen Trüffeln ja mehr Glück gehabt.

Ich vertiefte mich in die technische Fachliteratur. Im Jahre 1945 ersann der inzwischen verstorbene Wirtschaftswissenschaftler und spätere Nobelpreisträger George J. Stigler die, wie er es nannte, erste mathematisch fundierte Überlebensnahrung für einen erwachsenen Mann, auf Basis der Lebensmittelpreise vom August 1939. Sie bestand aus 370 Pfund Weizenmehl, siebenundfünfzig Büchsen Kondensmilch, 111 Pfund Weißkohl, dreiundzwanzig Pfund Spinat und 285 Pfund getrockneten weißen Bohnen. Die jährlichen Gesamtkosten für diese Zutaten beliefen sich auf 39,93 Dollar. Heute entspräche dies etwa 460 Dollar – oder 1,26 Dollar pro Tag. Im August 1944 hatten sich die relativen Lebensmittelpreise geändert, und das Gleiche galt für Stiglers Idealnahrung. Die Kondensmilch und die Trockenbohnen waren verschwunden und durch 134 Pfund Pfannkuchenteig sowie fünfundzwanzig Pfund Schweineleber ersetzt worden.

Ich brauchte nicht lange, um herauszufinden, dass eine Jahreskost aus Kohlbrot, Schweineleberpfannkuchen und einem gelegentlichen Klacks Spinat irgendwie nicht die Lösung war, nach der ich gesucht hatte. Eine ähnliche Untersuchung aus dem Jahr 1981 behagte mir da schon eher. Jerry Foytik von der University of California in Davis orientierte sich an Stiglers methodischem Grundansatz, erweiterte diesen jedoch um sechzig Regeln, um Vielfalt und Schmackhaftigkeit zu gewährleisten. Seine Idealnahrung bestand aus sechzehn Nahrungsmitteln, deren monatliche Kosten für eine vierköpfige Familie heute etwa 238 Dollar betragen würden – also nur zwei Drittel der Kosten des Thrifty Food Plan.

Auf eine Tagesration für ein Paar wie meine Frau und ich heruntergerechnet, besteht Foytiks ideale Überlebenskost aus drei Gläsern Magermilch, 115 Gramm Hähnchenfleisch, fünfundachtzig Gramm Hamburger oder anderem Fleisch, etwas mehr als einem Ei, einem viertel Pfund Trockenbohnen, einem großen Glas aufgetauten Orangensaft, einem halben Pfund Obst, einem knappen halben Pfund Gemüse, jeweils einem halben Pfund Kartoffeln und Zerealien (zum Beispiel Reis), einem Pfund Brot, einem viertel Pfund anderer Backwaren, fast sechs Esslöffeln Speiseöl oder Butter sowie fünfundsechzig Gramm Zucker und Süßigkeiten. Selbst zu den horrenden Preisen meines Supermarkts in Greenwich Village kostet das Ganze für zwei Personen lächerliche fünf Dollar pro Tag.

Jetzt liegt es an Ihnen und mir, etwas wirklich Schmackhaftes aus unserer »Simplex-Überlebenskost« zu machen. Nur zur Ihrer Erinnerung: Dies ist theoretisch die preiswerteste Ernährung, mit der Sie sich Leben und Gesundheit erhalten können. Selbst wenn wir noch einen Esslöffel Zucker, eine Tasse Kaffee und etwas Olivenöl hinzufügten, um uns ein gewisses Savoir-vivre zu gönnen, dürften wir das USDA und dessen Thrifty Food Plan spielend in die Tasche stecken.

Die fleischlastige amerikanische Kost – selbst in der abgespeckten Version des Thrifty Food Plan – scheint nicht in der Lage zu sein, die elementare Existenzsicherung auf eine schmackhafte Weise zu gewährleisten. Die französische und die italienische Landküche hingegen strotzen vor Rezepten, die hervorragend zu unserer »Simplex-Überlebenskost« passen würden. Selbst moderne französische Küchenchefs verstehen sich instinktiv darauf, aus billigsten Zutaten die raffiniertesten Speisen zu zaubern. Ich rief Daniel Boulud an, den ehemaligen Küchenchef des Le Cirque in New York City und jetzigen Besitzer des brandneuen Restaurants Daniel, und bat ihn, einen Blick in das Manuskript seines demnächst erscheinenden Kochbuchs zu werfen und mir ein paar seiner billigsten Gerichte zu nennen. Boulud zierte sich nicht lange und verriet mir das folgende Suppenrezept, das auf frappierende Weise mit unserer »Simplex-Überlebenskost« korrespondiert.

Rezept **Mangold-Bohnen-Suppe mit Ricotta-Toast**

Leicht abgewandelte Version eines Rezepts aus *Cooking with Daniel Boulud* (Random House)

1 Esslöffel ungesalzene Butter – 8 Cent

2 Scheiben magerer Schweinespeck, jeweils 1/2 Zentimeter dick und quer in 1/2 Zentimeter breite Streifen geschnitten – 41 Cent

1 mittelgroße Zwiebel, geschält und fein gewürfelt, etwa 1/2 Tasse – 46 Cent

1/2 Pfund weiße Champignons, nur die Köpfe, geputzt und

in ½ Zentimeter breite Würfel geschnitten, etwa 1 Tasse – 1,43 Dollar

1 Knoblauchzehe, geschält und fein gewürfelt – 4 Cent

½ Teelöffel Muskat, und noch etwas mehr für die Toastbrotscheiben – 10 Cent

2 Liter hausgemachte Hühnerbrühe (in einem 6-Liter-Suppentopf 2 Pfund Hühnerhälse und -bürzel mit Zwiebel-, Sellerie- und Mohrrübenwürfeln anschmoren und mit 10 Tassen Wasser bedecken; mit Petersilie, ½ Teelöffel Salz und ein paar Pfefferkörnern 2 bis 3 Stunden bei niedriger Temperatur kochen lassen) – 1,60 Dollar

1 Tasse getrocknete weiße Bohnen oder Cannellini-Bohnen, über Nacht in kaltem Wasser eingeweicht – 34 Cent

1 Pfund Mangold, nur die Blätter, gewaschen und grob gehackt – 1,49 Dollar

Salz und frisch gemahlener Pfeffer – 10 Cent

½ Pfund Ricotta-Käse – 50 Cent

4 dünne Scheiben Landbrot – 30 Cent

1 Esslöffel geriebener Parmesankäse – 19 Cent

Die Butter in einem 4-Liter-Kochtopf bei mittlerer Hitze schmelzen und den Speck ringsum anbräunen. Die Hälfte des Fetts abgießen, Zwiebel, Pilze, Knoblauch und den ½ Teelöffel Muskat hinzufügen und alles auf kleiner Flamme etwa 5 bis 8 Minuten schmoren, bis das Gemüse weich ist; unterdessen die Hühnerbrühe in einem anderen Topf aufwärmen und diese, sobald das Gemüse gar ist, zusammen mit den eingeweichten Bohnen hinzufügen. Das Ganze zum Kochen bringen und 35 bis 40 Minuten köcheln lassen, bis die Bohnen zart, aber nicht breiig sind. Den Mangold, den ½ Teelöffel Salz (oder weniger, sollten Speck und Brühe besonders salzig sein) und 1 Prise Pfeffer hinzufügen; noch einmal 15 Minuten köcheln lassen. Abschmecken und gegebenenfalls nachwürzen. Warm stellen.

Den Ricotta auf die Brotscheiben streichen und mit Parmesan und Muskat bestreuen; im Backofen toasten, bis sie goldbraun sind. Die Suppe in große Suppenteller füllen und mit jeweils einem Ricotta-Toast belegen. Mit weiterem getoasteten Landbrot ergibt dies ein komplettes Abendessen für 4 Personen – für 1,76 Dollar pro Person.

Rezept Duftreis mit Lamm und Linsen

Linsen und Reis, gemeinsam verzehrt, sind eine ideale und dazu noch äußerst preiswerte Proteinquelle. Ich habe inzwischen herausgefunden, dass man in vielen Bio-Läden (und in der als Little India bekannten Ecke von Manhattan) herrlich duftenden Basmati-Reis einer niedrigeren Handelsklasse bekommt – für lediglich 1,20 Dollar pro Pfund. Die Weltmeister im Reiskochen sind, so weit ich weiß, die Perser, und deshalb habe ich mir gestern Abend aus Najmieh Batmanglijs vorzüglichem Kochbuch *New Food of Life* (Mage Publishers) ein klassisches persisches Rezept für Basmati-Reis und Linsen herausgesucht, die darin angegebenen Mengen von Lammfleisch, Datteln und Butter halbiert, den Safran komplett gestrichen (die vier teuersten Zutaten) und ein fürstliches Mahl für 6 Personen zubereitet – für 1,49 Dollar pro Person.

3 Tassen langkörniger weißer Basmati-Reis (ein gutes Pfund) – 1,20 Dollar

Salz – 3 Cent
2 mittelgroße Zwiebeln (insgesamt 1 Pfund), geschält und in dünne Streifen geschnitten – 89 Cent
4 Esslöffel Speiseöl – 36 Cent
1 Pfund Lammschulter, entbeint und in etwa 5 Zentimeter dicke Stücke geschnitten – 2,59 Dollar
Frisch gemahlener schwarzer Pfeffer – 2 Cent
¼ Teelöffel Kurkuma – 3 Cent
½ Teelöffel gemahlener Zimt – 7 Cent
1 ½ Teelöffel fertige persische Gewürzmischung (oder jeweils ½ Teelöffel gemahlener Zimt und gemahlener Kardamom sowie ¼ Teelöffel gemahlener Kreuzkümmel) – 24 Cent
2 Tassen Wasser
1 ½ Tassen Linsen – 58 Cent
1 Tasse weiße Rosinen – 88 Cent
1 Tasse (ca. 120 Gramm) entsteinte Datteln, gehackt – 1,25 Dollar
¼ Pfund Butter – 67 Cent
2 Esslöffel Jogurt – 14 Cent

Den Reis gründlich in warmem Wasser waschen, insgesamt fünf Mal, dabei bei jedem Waschgang das Wasser erneuern, und ihn dann mindestens 2 Stunden in 8 Tassen Wasser mit 2 Esslöffeln Salz einweichen.

Die Hälfte der Zwiebeln in 2 Esslöffeln Öl bei mittlerer Hitze etwa 10 Minuten sautieren, bis sie weich und goldbraun sind. Das Lammfleisch hinzugeben; das Ganze mit ½ Teelöffel Salz, einer kräftigen Prise Pfeffer, dem Kurkuma, dem Zimt sowie ½ Teelöffel der persischen Gewürzmischung würzen und dann weitere 5 Minuten sautieren. 2 Tassen Wasser hinzufügen, den Topf abdecken und alles

2½ bis 3 Stunden vor sich hin köcheln lassen, bis das Fleisch butterweich ist. Beiseite stellen.

In einem Topf die Linsen mit 3 Tassen Wasser und ½ Teelöffel Salz vermischen, zum Kochen bringen und 10 Minuten bei niedriger Temperatur dünsten; das Ganze in einen Seiher geben und abtropfen lassen.

In einer Bratpfanne die restlichen Zwiebelscheiben in 2 Esslöffeln Öl bei mittlerer Temperatur sautieren, bis sie weich und goldbraun sind; die Rosinen und Datteln unterrühren, und alles weitere 2 Minuten garen lassen. Beiseite stellen.

Den Reis ankochen: 2 Liter Wasser mit 2 Esslöffeln Salz in einem 4-Liter-Topf (möglichst mit Antihaftbeschichtung) zum Kochen bringen, den eingeweichten Reis hinzugeben und 3 bis 5 Minuten kochen lassen und dabei hin und wieder umrühren, bis die Körner gerade »al dente« sind. Das Kochwasser abgießen und den Reis mit mehreren Tassen warmem Wasser abspülen.

Im selben Topf die Butter schmelzen. Anschließend die Hälfte davon in eine kleine Schüssel umfüllen und beiseite stellen. 2 Tassen gekochten Reis in einer Schüssel mit dem Jogurt vermengen und in dem Topf auf der geschmolzenen Butter verstreichen. Eine Schicht Linsen auf den Reis schütten, darüber eine Schicht Rosinen, Datteln und Zwiebeln, und anschließend wieder eine Schicht Reis. Auf diese Weise fortfahren, bis alle Zutaten aufgebraucht sind, und dabei die einzelnen Schichten mit der restlichen persischen Gewürzmischung besprenkeln. Den Reis auflockern, wenn man ihn hinzufügt. Den Durchmesser von Schicht zu Schicht verringern, so dass sich die Zutaten in dem Topf zu einer Pyramide aufhäufen.

Den Topf abdecken und das Ganze 10 Minuten bei mittlerer Hitze dünsten, damit der Reis am Topfboden eine delikate Kruste bilden kann. Den Deckel abnehmen und die beiseite gestellte geschmolzene Butter über den Reis gießen, ein Küchenhandtuch über den Topf spannen, den Deckel darauf setzen, und alles bei niedriger Temperatur noch einmal 50 Minuten dünsten. Den Topf von der Feuerstelle nehmen, aber bedeckt lassen, und ihn 5 Minuten auf ein feuchtes, kaltes Küchenhandtuch stellen (damit sich später die Kruste besser vom Topfboden lösen lässt). Dann den Deckel abnehmen und den Topfinhalt tassenweise auf eine Servierplatte häufen, so dass sich der Reis und die anderen Zutaten zu einer lockeren Pyramide auftürmen. Wenn nur noch die Kruste auf dem Topfboden übrig ist, diese mit Messer und Küchenspachtel vorsichtig ablösen und in ein oder zwei Stücken (wenn alles glatt geht) auf einer separaten Platte servieren. Vor dem Servieren das Lammragout kreisförmig um die Reis-Linsen-Pyramide verteilen.

Ein gesunder Appetit?

Ich widmete mich gerade einem knusprigen Entenbraten und einer Flasche rotem Bandol, als meine Freundin Michele anrief, um mich davon in Kenntnis zu setzen, dass ein ausgeprägtes Interesse an gutem Essen von einer Läsion in der rechten Vorderhälfte des Gehirns herrühren könnte. *Meines* Gehirns!

Michele bezog sich auf eine Untersuchung in einer kürzlich erschienenen Ausgabe der renommierten Fachzeitschrift *Neurology*, und sie überbrachte mir diese Neuigkeit ohne Tränen des Bedauerns oder des Mitleids. Es war ihr jüngster Schachzug in einem Krieg, der seit nunmehr zehn oder fünfzehn Jahren zwischen uns beiden tobt. Michele geißelt erbarmunslos meine, wie sie es nennt, Obsession für gutes Essen. Darauf pflege ich ihr zu antworten, es sei nur die Schwäche ihres eigenen Sinnesapparats, die sie daran hindere, die feinen Unterschiede zwischen den Dingen zu registrieren, die sie esse. Doch diesmal hatte Michele mich kalt erwischt.

Mir verging buchstäblich der Appetit – wie sich zeigen sollte, nicht zum letzten Mal in dieser traurigen und vertrackten Geschichte. Ich erhob mich unverzüglich vom Tisch, wusch mir die Hände, schlug den Begriff Läsion nach und erfuhr, dass mein Gehirn »entweder von einer Schädigung, einer Verletzung oder einer lokalen, pathologischen Veränderung in einem Körperorgan oder -gewebe« affiziert sein könnte. Vorsichtig betastete ich meine

Kopfhaut an der Stelle, unter der ich den vorderen Bereich meiner rechten Gehirnhälfte vermutete.

Ich vergeudete keine Zeit und begab mich in die medizinische Bibliothek, wo ich mir eine Kopie des von Michele zitierten Artikels beschaffte: »Das ›Gourmand-Syndrom‹: Übermäßige Esslust in Verbindung mit Läsionen des rechten Vorderhirns« von Dr. med. Marianne Regard aus Zürich und Dr. med. Theodor Landis aus Genf. Und darin stieß ich auf die schreckliche, möglicherweise auch mein Gehirn betreffende Wahrheit, die freilich nicht so eindeutig und simpel war, wie ich anfangs vermutet hatte.

Die beiden Autoren waren auf dieses neue Syndrom gestoßen, als sie einen Fall untersuchten, der meinem auf frappierende Weise glich. Ein erfolgreicher Schweizer Politjournalist hatte einen Schlaganfall erlitten. Obwohl er vorher dem Essen gegenüber indifferent und mit den Kochkünsten seiner Frau vollauf zufrieden gewesen war und auch nur etwas mehr wog, als er sollte, veränderte sich all dies plötzlich. Als er im Krankenhaus lag und sich von seinem Schlaganfall erholte, musste er unentwegt ans Essen denken, an »gute Wurst mit Rösti oder eine Portion Spaghetti Bolognese, ein Risotto oder ein paniertes Schweinskotelett, hübsch garniert, oder eine Scheibe Rehbraten in Sahnesauce …«. Nach vier Monaten war er wieder arbeitsfähig, doch statt über Politik zu schreiben, überzeugte er seine Zeitung davon, ihn fortan über gastronomische Themen schreiben zu lassen, was er dann auch mit großem Erfolg tat. Die Doktoren Landis und Regard haben zwar übersehen, dass es »Spaghetti Bolognese« nicht gibt, denn Spaghetti stammen aus Süditalien, während die Pasta in Bologna aus reinem Weizenmehl und

Eiern hergestellt wird, doch ansonsten ist der Fall überzeugend.

Ich bin Anwalt gewesen, bis ich vor neun Jahren den großen Sprung in die Gastrokritik wagte. In meinem Fall hatte es keinen Schlaganfall gegeben und auch keine Hirnverletzung. Oder vielleicht doch? Allein schon der Gedanke daran beunruhigte mich. Sollte ich in der Schweiz anrufen? Wie immer war meine Frau ein wahrer Born des Trostes. »Lieber nicht«, gluckste sie. »Vermutlich finden die eine Läsion vom Kaliber einer weißen Trüffel!«

Die Doktoren Regard und Landis nennen eine ganze Reihe von Essstörungen, die auf Hirnverletzungen zurückzuführen sind. Manche Fälle von Anorexie und Hyperorexie (der ärztliche Fachterminus für Fresssucht) sind in Verbindung gebracht worden mit Tumoren, die den ventrimedialen Hypothalamus befallen, was für mich definitiv wie ein Teil des Gehirns klingt, oder auch, in einem geringeren Ausmaß, mit der temporalen Cortex. Selbst wenn Essprobleme wie Anorexie und Bulimie rein psychische Ursachen zu haben scheinen, können dabei auch physische Veränderungen im Gehirn eine Rolle spielen, insbesondere Veränderungen, die die Neurotransmittersysteme sowie den Serotonin- und Noradrenalinspiegel betreffen. Und sich auf die Neurotransmittersysteme auswirkende Gehirnläsionen sind auch für andere Suchtkrankheiten oder obsessiv-zwanghafte Verhaltensweisen verantwortlich gemacht worden, zum Beispiel pathologische Spielsucht, Kleptomanie und dergleichen. Und dann ist da noch die Krankheit Pikazismus, bei der die Patienten »ein abnormes Verlangen nach ausgefallenen oder untauglichen Nahrungsmitteln« an den Tag legen, »wie etwa der Verzehr von Eis, Lehm, Wäschestärke, Kopfsalat oder Zigarettenasche«. Selbst angesichts einer drohenden persönlichen Tragödie war ich froh, endlich einen eindeutigen wissenschaftlichen Beweis dafür gefunden zu haben, dass Kopfsalat ein untaugliches Nahrungsmittel ist und dass ein Verlangen nach Kopfsalat auf ein krankes Gehirn schließen lässt.

Doch bis die Doktoren Regard und Landis auf den Plan traten, war noch niemand auf die Idee gekommen, den exzessiven Gourmandismus mit einer Fehlfunktion der kleinen grauen Zellen in Verbindung zu bringen. Nachdem sie den Schweizer Politjournalisten und noch einen ähnlichen Fall entdeckt hatten, beschlossen Regard und Landis, jeden Patienten zu testen, der während eines Zeitraums von drei Jahren wegen einer Gehirnläsion in die neuropsychologische Abteilung der Züricher Universitätsklinik überwiesen wurde, wo sie beide arbeiteten. Von 723 getesteten Patienten offenbarten sechsunddreißig alle Anzeichen des Gourmand-Syndroms, das die Doktoren als ein kürzlich erworbenes, hartnäckiges Verlangen nach – und den leidenschaftlichen Verzehr von – qualitativ hochwertigem Essen definierten, eine Krankheit, die ungefähr zu dem Zeitpunkt ausbrach, als der Patient eine Verletzung, einen Tumor oder eine Blutung davongetragen hatte; mit einer Ausnahme wurde diese Läsion bei allen Patienten im vorderen Bereich der rechten Gehirnhälfte lokalisiert. Die meisten von ihnen hatten auch Schwierigkeiten, sich einfache geometrische Figuren merken zu können, ein Unvermögen, das für gewöhnlich ebenfalls auf eine Verletzung der rechten Gehirnhälfte zurückgeführt wird. Die Autoren betrachteten dies als einen stichhaltigen Beweis dafür, dass sie den

Sitz eines ganzen Spektrums von Suchtkrankheiten entdeckt hatten.

Mindestens zwei Dinge daran irritierten mich. Zum einen bestehen Regard und Landis darauf, den Gourmandismus als ein »Impulskontrollproblem« zu charakterisieren. Doch für mich ist er gerade das Gegenteil. Jemand, der im Verlauf eines Nachmittags zehn Tüten Kartoffelchips oder Kekse verputzt, hat ein Impulskontrollproblem. Aber jemand wie ich, der den Nachmittag – oder eine ganze Woche von Nachmittagen – damit verbringt, ein perfektes Dinner aus gegrillten Spare ribs oder geschmorter Foie gras zu planen, hat seine Impulse zweifellos unter Kontrolle. Wir passionierten Esser erheben und adeln den animalischen Fresstrieb zu einer sublimen Aktivität, zu einer Kunstform, zur Kunst des Essens. Und manche von uns erschaffen dabei sogar etwas, das man vielleicht als Literatur bezeichnen könnte. Wir verwandeln das, was Tiere tun, in etwas, das Engel täten, würden sie Nahrung zu sich nehmen, obgleich ich bezweifle, dass sie dies tun, jedenfalls nicht in ihrer offiziellen Funktion. Dies ist das, was Freud Sublimierung genannt hat – die höchste Form der Triebkontrolle. Ja, Herr Doktor, ich bekenne mich schuldig, eine Obsession für alles Schöne zu haben, mag es nun essbar sein oder nicht. Ich bin schuldig im Sinne der Anklage!

Und wenn wir das Essen einmal in eine Kunst verwandelt haben und wir sehen, dass es gut ist, so praktizieren wir diese Kunst so oft wie möglich. Und sollte mich jemand zufällig bei etwas scheinbar so Profanem wie dem hektischen Herumfingern an der Zellophanhülle einer Familienpackung Mini-Milky-Way-Schokoriegel beobachten, so handelt es sich dabei ebenfalls um die Kunst des Essens. Ist Kunst denn nicht mehr oder weniger das, was der Künstler tut?

Mein zweites Problem: Haben alle passionierten Freunde von gutem Essen einen Sprung in der Schüssel? Oder die Hälfte von uns? Oder zehn Prozent? Die Doktoren Regard und Landis äußern sich nicht zu dieser Frage. Und ist die Wahrscheinlichkeit einer Gehirnläsion bei einem Gourmand höher als bei Otto Normalverbraucher? Die Autoren sagen lediglich, dass »leidenschaftliches Essen nur dann eine diagnostische Signifikanz hat, wenn es bei vorher ›normalen‹ Essern auftaucht und mit anderen organischen Verhaltensänderungen einhergeht«. Daraus würde folgen, dass mit meinem Gehirn alles in Ordnung ist und immer in Ordnung war, wenn ich mein Leben lang ein abnormer, obsessiver, extremer Esser gewesen bin. Aber wäre mir das Essen früher einmal gleichgültig gewesen und verbrachte ich nun Stunden und Tage mit imaginären oder tatsächlichen Tafelfreuden, dann hatte ich ein echtes Problem. Ich versuchte mich daran zu erinnern, ob ich jemals ein normaler Esser gewesen war.

Der dichte Nebel der Verwirrung drang in sämtliche Windungen meines armen Gehirns vor. Nur ein gründlicher Check-up durch die Doktoren Regard und Landis würde mir endgültig Klarheit verschaffen können. Mit ein paar Pfund reifem Sommerobst und einer französischen Käseplatte nahm ich neben dem Telefon Platz und begann in der Schweiz anzurufen. Binnen fünfzehn Minuten hatte ich Regards Telefonnummer in Zürich und die von Landis in Genf herausgefunden. Ich rief zuerst bei Landis an, denn ich hatte keine Lust auf die Krankenhausküche im deutschsprachigen Teil der Schweiz. Was ich erfuhr, gefiel mir überhaupt nicht. Landis, seines Zeichens Professor und Chefarzt der überaus renommierten neurologischen Abteilung des Hôpital Cantonal, Universitaires de Genève, befand sich gerade in seinem Augusturlaub und wurde erst in gut zwei Wochen zurückerwartet! Regard war ebenfalls unerreichbar, doch ihr Sommerurlaub war so gut wie vorbei, und drei Tage später erreichte ich sie in der Züricher Universitätsklinik. Es bedurfte weiterer sieben Tage mit obsessiven und hartnäckigen Telefonanrufen meinerseits, bis Regard sich schließlich dazu breitschlagen ließ, die letzte Woche von Landis' Urlaub zu unterbrechen, den er zu Hause verbrachte, während er in der Umgebung von Genf die Kunst des Drachenfliegens erlernte.

Landis wollte mich dazu überreden, meine CT – die Abkürzung für Computer- beziehungsweise Kernspintomographie – in New York oder Boston machen zu lassen, doch ich hatte eine bessere Idee: Ich würde nach Paris fliegen, dort das eine oder andere wichtige Essen nachholen, auf seinen Anruf warten, dass alles vorbereitet sei, mit dem Hochgeschwindigkeitszug TGV nach Genf brausen, Dr. Landis in Marc Veyrats nahe der Schweizer Grenze gelegener Auberge de l'Erdian, einem der besten Restaurants Frankreichs, zum Essen einladen – und mich dann seinen Tests unterziehen. Landis willigte ein, nicht zuletzt, wie ich glaube, wegen des von mir in Aussicht gestellten Schlemmermahls. Und ich musste auch nicht in Paris herumlungern. Er würde alles vorbereiten. In ein paar Tagen, sobald er seinen Drachenfliegerkursus absolviert hatte, würde ich direkt nach Genf fliegen und mich in der langen Schlange vor seinem modernsten CT-Gerät vordrängeln dürfen, als wäre ich ein arabischer Prinz mit einem gravierenden, keinen Aufschub duldenden medizinischen Problem.

Und dann, gleich dort am Telefon, begann Dr. Landis mit dem neurologischen Interview, machte eine, wie es wohl heißt, Anamnese und befragte mich in aller Ausführlichkeit nach Vorfällen in meinem Leben, die zu einer Gehirnläsion geführt haben könnten, sowie nach etwaigen Veränderungen in meinen Essgewohnheiten. Die Stimmung zwischen uns wurde nüchtern und sachlich, einmal abgesehen von dem Moment, wo ich Landis fragte, ob er jemals das Syndrom untersucht habe, das zweiundfünfzigjährige Neurologen glauben macht, sie könnten fliegen.

Eine Woche später hielt mein Taxi vor dem Hôpital Cantonal, Universitaires de Genève, und man führte mich unverzüglich nach oben in Theodore Landis' Dienstsuite. Landis entsprach bis aufs i-Tüpfelchen dem Bild, das ich mir von einem Schweizer Neurologen gemacht hatte – groß, gut aussehend, hager, mit schütterem Haar, markanten, intelligenten Gesichtszügen und einer ruhigen, einfühlsamen Ausstrahlung. Da es bereits Nachmittag war, und das CT-Gerät erst wieder am nächsten Morgen um Viertel nach acht zur Verfügung stand, hakte Landis die anderen, für seine Diagnose unerlässlichen Punkte ab. Nachdem er sich noch einmal kurz meine Anamnese vorgenommen hatte, musste ich einen Teil seiner üblichen neuropsychologischen Examination absolvieren – die volle Prüfung kann zweieinhalb Stunden in Anspruch nehmen. Er bat mich, eine Liste von zehn Wörtern zu memorieren und aufzusagen: einmal, sofort nachdem er sie mir vorgelesen hatte, und dann etwas später ein weiteres Mal.

Ich musste mir eine komplexe, aus vielen Geraden und ein oder zwei Kurven bestehende Figur einprägen und dann aus dem Kopf nachzeichnen. Und drei Minuten lang alle mit »S« beginnenden Wörter herunterrasseln, die mir einfielen. Lauter so Sachen.

Bei diesen Tests schnitt ich, offen gestanden, hervorragend ab, bis wir zum Einprägen und Reproduzieren einer Reihe von geometrischen Figuren gelangten. Landis zeigte mir zehn Karten, auf die jeweils eine einfache Zeichnung gedruckt war: zwei kurze parallele Linien oder ein Dreieck, das in seiner Mitte entweder einen großen Punkt oder einen kleinen Kreis aufwies – ich erinnere mich nicht mehr daran, was von beidem es war. Anschließend musste ich sie alle aus dem Kopf nachzeichnen. Nachdem ich vier zusammenbekommen hatte, konnte ich mich plötzlich an nichts mehr erinnern. Landis meinte, ich solle mir Zeit lassen. Doch mein Gedächtnis ließ mich schnöde im Stich. Oha!, sagte ich zu mir selbst, denn mir fiel wieder ein, was Landis und Regard über das Gourmand-Syndrom geschrieben hatten: »Die hervorstechendsten kognitiven Symptome waren räumlich-visuelle Dysfunktionen.« Oha!, muss Landis zu sich selbst gesagt haben, auf Französisch. Und dann unterhielten wir uns ein oder zwei Minuten darüber. Ich glaube, er benutzte den Begriff Defizit oder Beeinträchtigung – ich erinnere mich nicht mehr daran, welcher von beiden es war.

Nach einer Tasse des, wie Landis meinte, besten Krankenhauskaffees der gesamten Schweiz – ein Urteil, dem ich mangels Vergleichsbasis nicht widersprechen kann – gingen wir in den EEG(Elektroenzephalogramm)-Raum. Man stülpte mir eine feste, rote, elastische Stoffkappe über das

Kopfhaar, und dann wurden mir einundzwanzig elektrische, mit einem klebrigen Schleim bestrichene Nadeln durch in der Kappe befindliche weiße Löcher brachial in die Kopfhaut gedrückt. Wenig später zuckten einundzwanzig kleine Schreibfedern auf einem sich unter ihnen abspulenden langen Streifen Milimeterpapier hin und her und zeichneten meine Hirnwellen auf. Alles war völlig normal, außer dass meine Haare von diesem Schleim verklebt waren. Und ich hatte sie erst zwei Stunden zuvor gewaschen!

Anschließend begaben wir uns wieder in Landis' Sprechzimmer, zu einer längeren und sehr gründlichen Untersuchung meiner neurologischen Symptome, Reflexe und Reaktionen – das Spektrum erstreckte sich vom guten, alten Kniesehnenreflex bis zu fast schon unheimlichen Dingen wie einem leichten Kinnzittern, das sich bei mir einstellte, als Landis mit den Fingernägeln über meinen Handteller strich. Kein Grund zur Besorgnis, sagte er, trotz dieser oder jener im Grenzbereich zwischen normal und pathologisch angesiedelten Reaktion meinerseits. Es war fast sieben Uhr abends, als Landis mit mir fertig war. Ich musste unentwegt daran denken, wie schlecht ich bei diesem Gedächtnistest mit den Dreiecken, Kreisen und Quadraten abgeschnitten hatte.

Eine Stunde später holte mich Landis in seinem alten weißen BMW ab, und dann fuhren wir durch die idyllischen Berge und Täler der Voralpen zu der vierzig Kilometer entfernten, am Lac d'Annecy gelegenen Auberge de l'Eridan, wo Chef Marc Veyrat eine der originellsten Küchen Frankreichs betreibt. Die folgenden sechs Stunden waren ein Beweis – als ob es eines solchen Beweises überhaupt noch bedarf – für die transformierende und betörende Kraft von vorzüglichem Essen.

Jeder Bissen aus Veyrats Küche ist eine Hommage an die dortige Region – Haut-Savoie und der Jura. In seinem Restaurant gab es sechzig Sorten Käse, die allesamt aus der Gegend stammen, und eine ellenlange Liste köstlicher, ebenfalls einheimischer Weine (und einen außergewöhnlich jungen Sommelier namens Bruno) sowie einen riesigen Holzkarren mit feinen traditionellen und modernen Brotsorten von Bäckern aus der näheren Umgebung. Und jedes Gericht, sei es der Fisch aus dem See oder das Geflügel von nahe gelegenen Bauernhöfen – buchstäblich alles, von der Foie gras bis hin zu den Sorbets –, wurde mit den wild wachsenden Kräutern, Gewürzen, Wurzeln und Pilzen der Region abgeschmeckt. Bruno und andere junge Mitglieder des Personals stehen um sechs Uhr morgens auf und erklimmen die Berge, um die Wildpflanzen zu pflücken, die der Chef tagsüber in der Küche benötigt. Jahrelang hatte ich einen Bogen um die Auberge de l'Eridan gemacht, da ich befürchtete, das Essen dort könnte zu manieriert und extravagant sein. Ich hatte mich gründlich geirrt! Veyrats große Leistung besteht darin, dass die von ihm zubereiteten Speisen trotz ihres ungewöhnlichen und provokativen Geschmacks und Aromas stets deftig, einfach und zutiefst befriedigend sind.

Landis erzählte mir, dass er vorher noch nie auf einem solchen Niveau getafelt hätte, und ich gestand ihm, dass ich nur hin und wieder dermaßen interessant und gut essen würde. Konnte es sein, dass Landis gerade dabei war, die positiven Seiten des Gourmand-Syndroms zu entdecken? Würde er nun vielleicht zugeben, dass seine Formulierung »übermäßiges Interesse an gutem Essen« ein Widerspruch in sich war, ein beunruhigendes Symptom seiner eigenen Weigerung, sich vorbehaltlos der Esslust hinzugeben?

Wir beendeten unser Festmahl um halb drei Uhr morgens, und gut eine Stunde später trafen wir wieder in Genf ein. Bis zu meiner CT waren es nur noch vier Stunden.

Pünktlich auf die Minute befand ich mich in Rückenlage und voll angekleidet auf einem Schiebetisch, und nachdem mir der CT-Techniker einen offenen Zylinder über den Kopf gestülpt und zwei Polster über meinen Ohren angebracht hatte, ließ er mich durch eine kreisförmige Öffnung in der Wand gleiten. Während der nächsten halben Stunde gab es vier Phasen der Bilderzeugung – oder Akquisitionen, wie der Fachterminus lautet, wenn ich mich nicht irre –, die jeweils zwischen vier und acht Minuten dauerten und von einer Serie laut hallender Donnergeräusche begleitet wurden. Die Akquisition, die mir am allerwenigsten behagte, klang so, als parkte direkt neben meinem Schiebetisch ein New Yorker Müllwagen.

Vor meinem Flug nach Genf hatte ich mich ein bisschen über Computertomographien kundig gemacht. Das Gerät sendet eine Kombination aus elektromagnetischer Energie und Röntgenstrahlen in einen bestimmten Körperteil. Dies bewirkt, dass die Wasserstoffkerne im flüssigen Teil des Gewebes hin und her schnellen, was wiederum eigene Röntgenstrahlen erzeugt. Diese werden von einer Antenne aufgefangen, in einen Computer gefüttert und dann in ein Bild verwandelt. »Das Verfahren soll keine Risiken für den Patienten bergen«, las ich. Das klingt nicht wirklich überzeugend, oder? Und so lag ich dort eine halbe Stunde in diesem Gerät, versuchte zu spüren, wie meine Wasserstoffkerne hin und her und vor und zurück schnellten, und fragte mich, ob ich wohl jemals wieder derselbe sein würde.

Und dann war es vorbei. Sie zogen mich und den Tisch aus dem Gerät, entfernten die Polster von meinen Ohren, hoben den Zylinder von meinem Kopf und führten mich in ein verdunkeltes Nachbarzimmer voll flimmernder Computermonitore und davor sitzender Leute. Da waren Landis und Dr. Jacqueline Delavelle, eine Expertin in Sachen Bilderzeugung, die darauf warteten, dass die Daten von meiner CT durch einen Zentralcomputer liefen und dann auf ihren Monitoren auftauchten. Landis und ich waren bestens gelaunt. Wir scherzten darüber, ob der Computer wohl auch einen Kater entdecken könne, und wie schön es doch wäre, vom Gourmand-Syndrom befallen zu sein, wenn man rein zufällig in der Nähe des Lac d'Annecy wohnte. Und dann erschienen – in Form visueller Scheiben – nach und nach die Schnitte durch mein Gehirn, insgesamt 152. Es gab drei Sets davon. Der erste begann unter meiner Schädeldecke und bewegte sich, jeweils um einen Millimeter, bis zu meinem Kinn hinunter; der zweite begann an einem meiner Ohren und wanderte in jeweils fünf Millimeter dicken Scheiben durch das Zentrum meines Gehirns bis zum anderen Ohr hinüber; und der dritte begann an meinem Hinterkopf und bewegte sich, Scheibe um Scheibe, bis nach vorne zu meiner Nase. Das Herumalbern hörte auf, denn nun konzentrierten wir uns auf den Bildschirm.

»Da«, sagte Landis und deutete auf eine bestimmte Stelle. »Ja«, pflichtete Delavelle ihm bei. Auf einer der

Scheiben schien meine rechte Gehirnhälfte ein wenig von der Schädeldecke weggeschrumpft zu sein, und dadurch war möglicherweise eine kleine Einbuchtung aus vernarbtem Gewebe entstanden. Und auf einer anderen Scheibe schienen die Ventrikel – die miteinander verbundenen, Wasser enthaltenden Hohlräume des Gehirns – etwas größer zu sein, als man hätte erwarten dürfen, und zwar hauptsächlich auf der rechten Seite. »Hmm? Gourmand-Syndrom?«, fragte sich Landis laut.

Mir zitterten die Knie, als wir wieder in Landis' Sprechzimmer zurückkehrten. Ich versuchte, unbekümmert zu lächeln und über unser großartiges Abendessen zu scherzen. Doch dann gestand ich Landis, dass mich die Sache einigermaßen beunruhigte. Eigentlich wollte ich sagen, dass ich mich dem Tode geweiht fühlte, am Boden zerstört, versehrt, behindert und niedergeschlagen. Ich glaube, er wusste, wie mir zu Mute war.

»Vergessen Sie's einfach«, riet er mir.

»Aber könnten Sie mich heilen, wenn ich Sie darum bäte?«

»Sie sind nicht krank«, erwiderte er. »Sollte die Läsion bei Ihrer Geburt oder kurz danach entstanden sein [ich war eine Frühgeburt], so kann dies nicht zum Gourmand-Syndrom geführt haben, denn Ihr Gehirn hätte das ohne Weiteres kompensiert. Sollte sie von dem Autounfall stammen, den Sie als Zwanzigjähriger hatten, so könnte dies womöglich die Ursache sein. Alte Läsionen sind stabil, außer in Verbindung mit einer Epilepsie; sie werden nicht schlimmer. Und vergessen Sie nicht – das Gourmand-Syndrom ist vollkommen gutartig! Es hat keine negativen Auswirkungen auf Ihr Leben.«

Doch es hat negative Auswirkungen, ohne Frage, oder es könnte sie haben, zumindest theoretisch. Nehmen wir einmal an, Dr. Landis hat Recht – dass meine Entscheidung, den Anwaltsberuf an den Nagel zu hängen und meinen Lebensunterhalt fortan als Food-Autor zu verdienen, auf eine alte Hirnverletzung zurückzuführen war. Landis schien zwei widersprüchliche Dinge zu sagen: zum einen, dass es nichts gibt, was er oder ich dagegen unternehmen könnten, und zum anderen, dass wir auch gar nichts dagegen unternehmen *sollten*. Doch das ist nicht wahr. Wenn die Entscheidung, ein mittelloser Berufsgourmand zu werden, lediglich ein Krankheitssymptom mit neurologischen Ursachen war, hatte Landis dann nicht die Pflicht, wieder einen wohlhabenden Rechtsanwalt aus mir zu machen oder mich zumindest davon zu überzeugen, dass meine Entscheidung irrational gewesen war?

Landis zuckte die Achseln. »Aus diesem Grund habe ich bei mir nie eine CT machen lassen. Und Ihr Fall ist nicht eindeutig. Ihre Essgewohnheiten haben sich nicht plötzlich verändert. Das deutlichste Symptom, das wir bei Ihnen entdeckt haben, war neuropsychologischer Natur. Wollen Sie der Sache weiter auf den Grund gehen, so unterziehen Sie sich einer gründlichen neuropsychologischen Untersuchung, sobald Sie wieder zu Hause sind.«

Stattdessen flog ich nach Paris und versuchte vergeblich, wieder das normale Leben eines Gourmands zu führen. Einige Tage lang aß ich nur lustlos und war kaum im Stande, mehr als drei Mahlzeiten täglich zu mir zu nehmen. Eines Abends traf ich mich zum Dinner mit meinem Freund Hervé und seiner Frau Pascale, einer Ärztin, sowie deren Freund, dem Rechtsanwalt einer der Paparrazi, denen angelastet wurde, sie hätten die zwei Tage zuvor in Paris tödlich verunglücke Prinzessin Diana zu aufdringlich verfolgt. Eines Tages werde ich Ihnen verraten, was der Anwalt zu erzählen wusste. Aber damals war ich mehr mit mir selbst beschäftigt.

»Röntgenologen finden immer irgendetwas«, sagten sie zu mir. »Du solltest dir eine zweite Meinung einholen.« Und mit ihrer Hilfe gelang es mir, für den nächsten Nachmittag um vier Uhr einen Arzttermin zu arrangieren – obwohl es der Freitagnachmittag zu Beginn des Rentrée war, der hektischen Rückkehr der Pariser aus ihren Sommerferien. Zwei Röntgenologen im noblen 16. Arrondissement, die Doktoren Patrick Sterin und Frederic Zeitoun, hatten sich bereit erklärt, meine CT-Filme *aveugle*, blind, zu begutachten – ohne irgendetwas über mich oder die Gründe, warum ich sie konsultiere, zu wissen. Ich erschien dort mit einem dicken Stapel von 152 Bildern unter dem Arm. Sterin und Zeitoun waren beeindruckt und auch ein wenig überwältigt von der schieren Anzahl – normalerweise wird ihnen nur ein halbes Dutzend Bilder eines Patientengehirns präsentiert. Wir begaben uns in einen Raum mit einer von hinten beleuchteten Milchglaswand, und die Doktoren verbrachten eine Weile damit, die Bilder zu sortieren und zu betrachten. Und dann erkannten sie fast im Handumdrehen mehr oder weniger das Gleiche, was Landis und Delvalle in Genf gesehen hatten: eine kleine Vernarbung am oberen Rand meiner rechten Gehirnhälfte und leicht vergrößerte Ventrikel.

»Aber das ist alles völlig banal«, sagten sie, was in einer Pariser Arztpraxis laut meinem dicksten Französischwörterbuch auch »harmlos« bedeuten kann. Die Bilder, so meinten sie, waren typisch für einen Mann meiner Weisheit – ein netter französischer Euphemismus für Alter. Und was die potentiell bedenklichen Unterschiede zwischen meiner rechten und linken Gehirnhälfte betraf, so vermuteten sie, mein Kopf könnte während der CT ein wenig gekippt gewesen sein, so dass die Charakteristika der rechten Seite etwas früher und etwas größer erschienen wären als die der linken; der Ausschnitt, der waagerecht durch das Zentrum meiner Augäpfel verlaufen sollte, so zeigten sie mir, erweckte ebenfalls den Eindruck, als wäre mein rechtes Auge größer als das linke, was aber gar nicht zutrifft. So wie sie es sahen, passte mein Gehirn sehr harmonisch in meinen Schädel. Erst dann erklärte ich ihnen, warum ich sie aufgesucht hatte, und gab ihnen eine Kopie des *Neurology*-Artikels. Sie zogen sich in eine Ecke zurück und lasen ihn.

»Vergessen Sie Ihre so genannte Läsion!«, riet mir Sterin. »Vergessen Sie Ihr Syndrom!«

Dieser Ratschlag war offenbar Balsam für meine Seele, denn noch am selben Abend gelang es mir, mit wieder erwachter Intensität und Faszination zu meinen normalen Essgewohnheiten zurückzukehren. Ich war schließlich in Paris – auch wenn sich meine Reisen in ihrer unaufhörlichen und grenzenlosen Entdeckerfreude von Nation zu Nation und von Kontinent zu Kontinent erstrecken mögen, so ist Paris doch nach wie vor der Nabel meiner kulinarischen Welt. In der Rue de Sèvres gab es ein neues Käsegeschäft zu entdecken und in der Rue Monge eine Boulangerie. Bei Ladurée in der Rue Royale mussten drei verschiedene Croissant-Varianten verglichen und beurteilt werden, und zwanzig in der Buchhandlung La Librairie

Gourmand erworbene Neuerscheinungen mussten nach Hause verschifft werden. Dann waren da noch die zwei Schlachter, mit denen es die entlegensten Winkel der bovinen Anatomie zu erkunden galt. Und es gab wichtige neue essbare *objets d'art*, die förmlich danach schrien, von mir einverleibt zu werden: Alain Ducasses Makkaroni in getrüffelter Sahnesauce mit Kalbsbries und Hahnenkämmen und Pierre Gagnaires Cappuccino aus Froschfleisch.

Und trotzdem stelle ich mir die Frage, ob ich mich derlei Erfahrungen wohl jemals wieder mit dem gleichen naiven Erstaunen und der gleichen kindlichen Begeisterung hingeben kann, zu denen ich fähig war – nein, für die ich lebte –, bevor meine Freundin Michele über das Gourmand-Syndrom stolpern musste. Denn heute kommt mir bei fast jedem Bissen, den ich zu mir nehme, immer dieselbe bohrende Frage in den Sinn: Wer ist es denn nun, der den ganzen Spaß hat? Ist es mein Gehirn oder bin es tatsächlich ich?

Die Reifeprüfung

Reifes Obst will gegessen werden. Es hat keine weitere Funktion, leistet nichts darüber hinaus. Es produziert keinen Zucker, um die übrige Pflanze zu ernähren, wie die Blätter es tun. Es sucht nicht nach Wasser und nimmt auch keine Mineralien auf, wie die Wurzeln, und es transportiert auch keine Nährstoffe wie zum Beispiel der Stängel. Sein einziger Zweck besteht darin, Tiere wie Sie und mich dazu zu verführen, als willfährige Handlanger an seiner geheimen Fortpflanzungsagenda mitzuwirken.

Jede Pflanze träumt davon, ihre eigenen Gene und ihre Spezies zu verbreiten. Für die meisten bedeutet dies, dass sie ihre Samen in möglichst großer Entfernung vom Mutterbaum oder -strauch zu verteilen versuchen, damit der Nachwuchs nicht mit seinen Eltern um Wasser, Sauerstoff und Sonnenlicht konkurrieren muss. Jeder Samen hat seine eigenen Transportmittel: papierdünne Flügel oder watteartige Bällchen, die sich vom Wind davontragen lassen, oder Kletten, die sich in Ihren Jeans oder Ihrem Pelzmantel verfangen. Obst bedient sich einer anderen Methode. Sobald der Frühling dem Sommer gewichen ist, wird es prall, saftig und farbenprächtig, süß, aromatisch … und unwiderstehlich.

Dies ist zumindest das, was die Natur im Sinn gehabt hatte. Trotzdem musste ich mich im letzten Sommer mehr oder weniger dazu zwingen, einen *Prunus persica* zu essen, und die diesjährigen Vorzeichen sind sogar noch deprimierender; ich bezweifle, dass Entdeckungsreisende sich die Mühe gemacht hätten, die heutigen Supermarkt-Pfirsiche von China nach Persien und schließlich nach Europa zu bringen. Pfirsiche, Melonen und Ananas – im Grunde fast alle Obstsorten – werden nicht süßer oder aromatischer, nachdem man sie vom Baum, von der Rebe, vom Strauch oder vom Busch gepflückt hat (obgleich sich Konsistenz oder Farbe verbessern können). Dennoch scheint der überwiegende Teil der amerikanischen Landwirtschaft wild entschlossen zu sein, das Obst jedes Jahr früher und unreifer zu ernten – selbst einige der Farmer auf dem Wochenmarkt in meinem Viertel schrecken nicht vor dieser Unsitte zurück. Und es gibt keine Gesetze, die dafür sorgen, dass diese kleinen »An der Rebe gereift!«-Sticker auf den teuersten Produkten Ihres Obsthändlers nicht bloß ein Stück Papier sind. Wer so einen Aufkleber auf ein hartes, geschmacksneutrales Stück Obst pappt, der sollte dafür ebenso schwer büßen wie jemand, der Zehn-Dollar-Noten fälscht und in Umlauf bringt.

Ständige Wachsamkeit ist der Preis, den der Kunde für reifes Obst zu zahlen hat. Gewöhnen Sie es sich an, unreifes Obst zu reklamieren. Machen Sie notfalls eine Szene. Womöglich erreicht Ihre Botschaft den Großhändler oder den Obstproduzenten. Für kleinere Früchte habe ich einen praktischen Tipp: Wenn gerade niemand hinschaut, zupfen Sie eine Beere aus ihrem Körbchen und verstecken diese in Ihrer hohlen Hand. Mit der anderen Hand steuern Sie Ihren Einkaufswagen spornstreichs in eine dunkle Ecke, zum Beispiel in der Käse-Abteilung, und dort werfen Sie sich die Beere in den Mund. Zerkauen Sie sie. Bewerten Sie ihre Konsistenz und Süße, ihren Geschmack und das Kern-

Fruchtfleisch-Verhältnis. Danach entscheiden Sie, ob Sie ein komplettes Körbchen erstehen wollen oder nicht. Doch zuerst kaufen Sie sich etwas Käse – guten reifen Käse kann man nie genug haben.

Diese heimliche Stichprobentechnik ist bei größeren Melonen schwer anwendbar. Bei Honigmelonen und der Mehrzahl Ihres anderen sommerlichen Lieblingsobstes müssen wir uns auf das Wesentliche besinnen. Hier sind Antworten auf die zwanzig am häufigsten gestellten Fragen zum Thema Obst und Reife:

1. *Was ist eigentlich der Unterschied zwischen Früchten, Obst, und Gemüse?* Bei der Antwort spielt es keine Rolle, von welcher Art von Pflanze etwas stammt. Es kommt einzig und allein darauf an, um welchen *Teil* der Pflanze es sich handelt. Ein Gemüse ist eine Pflanze, die wir als Nahrungsmittel anbauen. Botanisch gesehen besteht jedes Gemüse aus Wurzeln, Stielen, Stängeln, Zweigen, Blättern, Blüten und Früchten. Ja, fast jedes Gemüse hat eine Frucht. Die Frage, ob die Tomate eine Frucht oder ein Gemüse sei, ist demnach genauso töricht wie die Frage, ob die große, graue, runzelige Röhre da drüben ein Rüssel oder ein Elefant sei. Eine Frucht ist sozusagen das Ovarium einer Pflanze – die Samen und das sie umgebende Gewebe. (Die Botaniker bezeichnen dies als den Fruchtknoten.) Eine Tomate ist also nichts weiter als die Frucht der Tomatenpflanze, so wie eine grüne oder violette Paprika die mit Samenkernen gefüllte Frucht einer Paprikapflanze ist. Und das Gleiche gilt für grüne Bohnen, Auberginen, Zucchini, Avocados und Erbsenschoten – allesamt Früchte, die wir während des Hauptgangs einer Mahlzeit verzehren. Ist eine Frucht saftig und enthält sie viel Zucker, so neigen wir dazu, sie für den Nachtisch aufzuheben, und dann bezeichnen wir sie als Obst oder eben als »Frucht«, selbst wenn sie, wie der Rhabarber, botanisch gesehen ein Stiel ist.

Die meisten essbaren Pflanzen haben meist nur einen Teil, den wir besonders schätzen – und um dessentwillen eine Pflanze angebaut wird, manche schon seit einem Jahrtausend oder auch länger. Wenn wir Rüben, Kohlrabi, Karotten, Knollensellerie und Lauchblättrigen Bocksbart essen, so konzentrieren wir uns auf die Wurzeln dieser Pflanzen – die unterirdischen Speicherdepots für Stärke und Zucker –, obwohl wir auch Selleriestauden essen und, manche von uns, das Rübengrün. Zucchini und Gurken sind Früchte; wir können aber auch ihre Blüten essen, gefüllt oder nicht, gebacken oder gebraten, aber niemals ihre Wurzeln oder Blätter. Sind wir in der Stimmung, Blätter zu essen, so halten wir uns an Spinat, Kohl, Kopfsalat oder Sauerampfer sowie sämtliche Kräuter. Spargel ist ein Stängel oder Spross. In einer Schote enthaltene Bohnen und Erbsen sind Samenkörner; sind sie noch unausgereift und ihre Schoten oder Schalen grün und essbar, so handelt es sich dabei um Früchte. Wir essen Erbsensprossen, aber keine Bohnensprossen. Die meisten von uns ignorieren die Blüten der Kartoffel und den Stiel der Artischocke. Kartoffeln, das versteht sich von selbst, sind keine Wurzeln, sondern Knollen – das verdickte, fleischige, stärkehaltige, unterirdische Segment des Stiels zwischen den Wurzeln und der Oberwelt.

2. *Aber was genau ist nun Obst?* Obst ist ein pflanzliches Ovarium, das wir zum Nachtisch verzehren. Pfirsiche, Aprikosen, Nektarinen, Pflaumen und Kirschen sind relativ simple Ovarien – ein einziger Samenkern, umgeben von üppigem Fleisch (die vergrößerten Fruchtknoten) und umhüllt von einer farbenprächtigen Haut oder Schale. Eine Nektarine ist übrigens keine Kreuzung aus Pfirsich und Pflaume, sondern eine flaumlose Pfirsichsorte mit uraltem Stammbaum.

3. *Was ist mit Himbeeren?* Himbeeren sind eine kompliziertere Sache. Sie sind keine echten Beeren wie Johannisbeeren oder Weinbeeren. Jedes ihrer kleinen Segmente ist, für sich genommen, eine vollständige Steinfrucht; eine Himbeere besteht aus vielen miteinander verbundenen Ovarien einer einzigen Blüte. Die Himbeere trägt ihre Ovarien an der Außenseite.

4. *Wollen Sie damit sagen, eine Himbeere sei eine Feige, die ihr Inneres nach außen gestülpt hat?* Genau so ist es! Und eine Ananas ist ein Cluster von miteinander verbundenen Beeren. Wassermelonen sind ein von Samenkernen durchsetztes Plazentagewebe – eine Entdeckung, die mir den Geschmack an Wassermelonen doch ein wenig verleidet hat.

5. *Was ist das beste Gedicht, das jemals über Pflaumen geschrieben worden ist?* Darüber sind sich die Experten noch nicht einig, aber mein persönlicher Favorit ist »Nur damit du Bescheid weißt« von William Carlos Williams:

Ich habe die Pflaumen
gegessen
die im Eisschrank
waren

du wolltest
sie sicher
fürs Frühstück
aufheben

Verzeih mir
sie waren herrlich
so süß
und so kalt*

6. *Ist das Reifen nicht ein unüberschaubarer Verfallsprozess von Fleisch und Haut, ein Sprung in Tod und Verwesung, wie er uns allen bevorsteht?* Wie kommen Sie denn darauf? Das Reifen ist eine klar strukturierte, programmierte Abfolge von Veränderungen, die eine Frucht durchmacht, wenn sie sich darauf vorbereitet, jedes gastronomisch bewusste Tier in der Nachbarschaft zu verführen. Das meiste Obst schmeckt dann am besten, wenn es am reifsten ist, also in der Regel zu dem Zeitpunkt, wo seine Samen keimbereit sind.

7. *Ist dies nicht eine teleologische, ans Religiöse grenzende Erklärung?* Ja und?

* »This Is Just to Say« (aus dem Amerikanischen von Hans Magnus Enzensberger), in: William Carlos Williams, *Der harte Kern der Schönheit – Ausgewählte Gedichte* (Hrsg. Joachim Sartorius), Carl Hanser Verlag, München u. Wien 1991, S. 125. (A. d. Ü.)

8. *Wann beginnt das Reifen?* Das Reifen kann erst *beginnen*, wenn eine Frucht ihre physische Maturität erreicht hat – *ihre vollständige Größe und die gewünschte Form.* Obst, das früher gepflückt wird, kann niemals reifen. Und selbst wenn Obst zum Zeitpunkt seiner physischen Maturität gepflückt wird, kann es nur einige der Veränderungen durchmachen, die wir unter dem Begriff »Reifen« zusammenfassen.

9. *Wie viele solcher Veränderungen gibt es denn?* Insgesamt zwölf, aber ich werde hier nur einige davon erwähnen.

Äthylen, ein simples Kohlenwasserstoffgas, ist das dem Obst eigene, innere Reifehormon. Auf eine noch unerforschte Art und Weise bewirkt und koordiniert es die anderen Veränderungen, bei denen die Frucht Süße und Farbe entwickelt, saftig und aromatisch wird, aber auch weniger sauer und weniger adstringierend, und eine den Wasserverlust hemmende wächserne Schutzschicht bildet, bis sie schließlich vom Baum plumpst und von der Versorgung mit Wasser, Mineralien und dergleichen abgeschnitten wird.

Die meisten Früchte werden weich, wenn sie ein Enzym namens Polygalakturonase bilden. Dieses greift das kompakte Pektingewebe an, das die Zellen der Frucht fest zusammenhält. Die Zellen verschieben sich, was die Frucht weich macht, und sie lassen ihren Inhalt herausquellen, was die Frucht saftig macht. Äpfeln fehlt dieses Enzym, und deshalb bleiben sie bissfest, bis sie verderben und mulschig werden – das Stadium jenseits der Reife, in dem eine Frucht Mikrobenattacken und Fäulnisprozessen zum Opfer fällt.

Obst wird beim Reifen noch um einiges süßer. Manche Früchte haben bereits jede Menge Stärke oder schwache Zuckerarten wie Glukose angesammelt, entweder am Baum oder nach dem Pflücken; Enzyme wandeln diese in ausgeprägt süße Zuckerarten wie Saccharose und Fruktose um. Andere Früchte füllen sich nur mit süßem Saft, solange sie mit ihrer Mutterpflanze verbunden sind, und können nach dem Pflücken nicht mehr süßer werden. Und die meisten Früchte werden weniger sauer, wenn sich ihre Säuren bei anderen Reifevorgängen aufbrauchen.

Eine Frucht beginnt sich von ihrer Mutterpflanze zu lösen, wenn eine (als »Abszissionszone« bezeichnete) dünne Zellschicht durch ein von benachbarten Pflanzenteilen abgesondertes spezielles Enzym namens Zellulase geschwächt wird. Die Abszission ist die natürliche Trennung einer Frucht von ihrem Baum, ihrer Rebe oder ihrem Strauch. Heutzutage wird es nur noch sehr wenigen Früchten gestattet, so lange an ihrer Mutterpflanze zu verweilen, bis die Abszission eintritt.

In der Regel benötigt Obst nur ein Woche, um von vollständiger Maturität zu perfekter Reife zu gelangen.

10. *Aber was ist mit Limonen?* Dass es die Limone, mit ihrem hohen Säuregehalt und nur einem Prozent Zucker, vor der Erfindung des Cocktails überhaupt geschafft hat, sich auszubreiten, grenzt an ein Wunder, vor allem wenn man bedenkt, dass sie grün bleibt und somit fast bis zur Unsichtbarkeit getarnt ist. Die meisten Früchte entwickeln eine spektakuläre, unsere Aufmerksamkeit auf sie lenkende Färbung, wenn sich ihr Chlorophyll zersetzt und auflöst (auf eine Weise, die bislang noch niemand ergründet hat) und andere Pigmente hervortreten oder binnen kürzester Zeit gebildet werden.

Wie es im Obst-Business so schön heißt, kaufen die Leute mit ihren Augen. Wer in ein Obstgeschäft geht, prüft die Reife für gewöhnlich anhand der Farbe, was bei Erdbeeren, Himbeeren, Blaubeeren und Kirschen durchaus probat ist. Manche Apfelsorten werden jedoch rot, bevor sie zu reifen beginnen, und Orangen können selbst auf dem Gipfel ihrer Reife grün sein, wenn sie in einem tropischen oder subtropischen Klima angebaut wurden (zum Beispiel in Florida), also ohne die frostigen Temperaturen, die den Früchten eine orangefarbene Schale verleihen (wie in Kalifornien). Als Reaktion auf die irrationalen Wünsche der Verbraucher (mich eingeschlossen, zumindest bis noch vor wenigen Monaten) werden vollkommen perfekte, süße und aromatische grüne Orangen orange gefärbt oder mit Äthylen behandelt, um sie auf dem Weg zum Markt zu »entgrünen«.

Bei reifen Pfirsichen, Nektarinen, Pflaumen und Aprikosen sollte die Hintergrundfarbe der Haut nicht die geringste Spur von Grün aufweisen (mit Ausnahme der grünen Sorten). Fallen Sie nicht auf die rote oder rötliche Färbung herein – mittlerweile sind neue Sorten gezüchtet worden, die rot werden, lange bevor sie wirklich reif sind. Auf diese Weise können die Obstproduzenten unreife Früchte ernten und den Verbraucher hinters Licht führen. Einige der süßesten und saftigsten Pfirsiche und Nektarinen werden lediglich goldgelb.

11. *Worauf sollte ein Obstliebhaber achten?* Er sollte Pfirsiche meiden, deren Haut grünstichig ist, und sich beim

Gang durch die Obstabteilung des Supermarkts auf seine Nase verlassen. Das Aroma verrät einem am ehesten, wie reif ein Stück Obst war, als es gepflückt wurde. Während sie noch an ihrer Mutterpflanze hängen, bilden Früchte ein ganzes Bouquet flüchtiger Verbindungen, bei jeder reifen Frucht etwa ein- bis zweihundert. Gleichzeitig verflüchtigen sich nach und nach die bitteren und adstringierenden Verbindungen, die so genannten Phenole; ihre wesentliche Funktion bestand darin, Tiere und Mikroorganismen davon abzuhalten, die Frucht zu fressen, bevor deren Samen herangereift war. In der Regel finden diese beiden Vorgänge nicht statt, nachdem eine Frucht gepflückt worden ist.

Das Aroma einer reifen Frucht scheint bei uns einen tiefen Eindruck zu hinterlassen. Der Duft einer Melone, die ich einmal in Japan aß, ein Pfirsich, den ich auf einer Farm in Sonoma vom Baum stibitzte, frisch aus Yakima eingeflogene Rainier-Kirschen in einem noblen Obstgeschäft in Greenwich Village, Tomaten und Erdbeeren, die ich mir auf einem Feld in der Nähe von San Diego einverleibte – Erinnerungen wie diese ermöglichen es mir, die sich immer wieder einstellenden Monate lähmender Banalität schadlos zu überstehen. Aromatische Verbindungen beginnen sich zu bilden, wenn eine Frucht reifer wird, ein Bouquet aus Estern, Alkoholen, Säuren und Dingen, die man Laktone und Aldehyde nennt – und alle können sie sich bei Zimmertemperatur in Gase oder Dämpfe verwandeln und so bis zu den 10000 Rezeptoren in der Riechschleimhaut meiner Nasenhöhle vordringen.

Im Unterschied dazu haben die meisten Gemüse ein schwaches, weniger komplexes Aroma, bis man sie kocht.

Der Food-Autor Harold McGee hat dies einmal so formuliert: »Jedes zubereitete Nahrungsmittel strebt den Zustand von Obst an.«

12. *Aber reift Obst nicht weiter, nachdem es gepflückt wurde?* Ja, bis zu einem gewissen Punkt. Wenn eine Frucht vom Baum genommen wird oder von selbst herunterfällt, so bleibt sie am Leben – Atmung, Stoffwechsel und Reproduktionsfähigkeit sind nach wie vor intakt. Doch ihr Leben ändert sich auf dramatische Weise. Der Zufluss von Mineralien und Wasser bricht auf der Stelle ab. Und das Gleiche gilt für die Zuckerversorgung aus jenen kleinen Photosynthese-Fabriken, die wir Blätter nennen. (Früchte, die grün bleiben, während sie reifen, können die Photosynthese in abgeschwächter Form fortsetzen, solange man sie nicht des Sonnenlichts beraubt, indem man sie übereinander häuft oder in einen Pappkarton steckt.) Viele Früchte spüren den physischen Druck auf ihrer Haut zum ersten Mal. Die Versorgung mit den Grundsubstanzen für die Herstellung aromatischer Verbindungen ändert sich. In einer Schwindel erregenden Umkehrung wirkt die Erdanziehungskraft plötzlich nicht mehr von unten, sondern von der Seite oder sogar von oben.

Und die einzige Energie, die eine geerntete Frucht noch beziehen kann, stammt aus ihren schwindenden Reserven von Zucker, Säure und Stärke.

Egal, was Obstproduzenten und Supermärkte Sie glauben machen wollen: die meisten geernteten Früchte reifen nicht annähernd so gut, wie sie es am Baum, an der Rebe oder am Strauch getan hätten, und einige reifen überhaupt nicht.

13. *Könnten Sie das etwas genauer erklären?* Aber gern. Obst kann, je nachdem, *wie* es reift, in zwei Gruppen unterteilt werden. »Klimakterische« Obstsorten reifen in einer hektischen Klimax aus Atmung und Aktivität; Pfirsiche, Äpfel und Bananen sind klimakterisch. »Nicht-klimakterische« Obstsorten reifen ruhig und gemächlich; Beispiele dafür sind Kirschen und Orangen. *Nur klimakterische Obstsorten reifen getrennt von der Mutterpflanze.* Und von diesen können in erster Linie nur solche Sorten nach der Ernte deutlich süßer werden, die (wie Äpfel und Bananen) reichlich Stärke gespeichert haben, obwohl auch andere Arten von Kohlenhydraten – Protopektine in den Zellwänden und schwache Zuckerarten wie Glukose – in der Lage sind, eine Frucht zu süßen. Also gibt es eigentlich fünf Kategorien von Obst.

14. *Von wem stammen diese Kategorien?* Von mir. Aber sie sind recht nützlich. Kategorie eins besteht aus Früchten, die nach dem Pflücken nie reifen. Dazu gehören Brombeeren, Kakao, Kirschen (süße wie saure), Datteln, Weintrauben, Pampelmusen, Limonen, Limetten, Litschis, Mandarinen, Oliven (die hier nicht hingehören, da wir sie nicht zum Nachtisch essen, doch ich dachte, Sie sollten es wissen), Orangen, Ananas, Himbeeren, Erdbeeren und Wassermelonen. Mit Ausnahme der Wassermelonen sind dies alles nicht-klimakterische, nach und nach reifende Früchte, die ihren Zucker ausschließlich von der Mutterpflanze beziehen, obwohl manche davon süßer zu werden scheinen, wenn ihr Säuregehalt abnimmt. Die meisten nach der Ernte eintretenden Veränderungen bei diesen Früchten verbessern ihre Qualität jedoch nicht. Sie können nach der Ernte weich werden, aber eher, weil sie verderben, und nicht, weil sie reifen, so wie matschige Kirschen. Abgesehen von Datteln und Zitrusfrüchten haben all diese Früchte ein sehr kurzes Verfallsdatum.

Alles, was Sie tun können, ist, sie reif zu kaufen und sorgfältig zu behandeln. Reife, frische Beeren sind prall, und keines ihrer kleinen Segmente darf bleich oder grün sein. Waschen Sie sie (wie auch Kirschen) erst kurz vor dem Servieren, um zu verhindern, dass ihre Haut verletzt wird und sie vorzeitig verderben. Kaufen Sie nur solche Kirschen, an denen sich noch die Stiele befinden; der Fäulnisprozess beginnt an der bloßgelegten Öffnung. Bei allen Zitrusfrüchten sollten Sie stets darauf achten, dass Sie feste Exemplare kaufen, die sich, für ihre Größe, schwer anfühlen (diese werden saftiger und schmackhafter sein, denn ihr Saft enthält mehr aufgelöste Feststoffe) und die eine dünne, feinporige Schale haben (für eine dicke Schale zu bezahlen, ist herausgeworfenes Geld). Bei Orangen ist die Farbe unerheblich; Frühsaison-Orangen, die mit Äthylen entgrünt worden sind, um Sie zu deren Kauf zu animieren, haben ein kürzeres Verfallsdatum. Narben und Kratzer an der Oberfläche sind nicht schlimm, aber weiche Stellen sind ein untrügliches Indiz für Fäulnis. Ist der winzige, blütenförmige Knopf am oberen Ende einer Orange grün, so wurde sie erst kürzlich gepflückt oder gut behandelt oder auch beides; ein spröder, dunkler Knopf spricht eher für das Gegenteil.

Reife Wassermelonen sind an beiden Enden schön rund und haben eine dunkle, wächserne Schale, die fest, aber nicht hart ist. In einem herausgeschnittenen Stück Melone sollten sich die Samenkerne dunkel von dem intensiv gefärbten Fruchtfleisch ohne weiße Streifen abheben – dies hilft Ihnen bei der Auswahl eines Stücks Wassermelone. Weiße Samenkerne sind ein Zeichen für Unreife.

Kategorie zwei besteht aus dem einzigen Obst, das das genaue Gegenteil der gerade beschriebenen Kategorie ist. Es reift erst, *nachdem es gepflückt worden ist*, weil ein vom Baum ausgesandtes chemisches Signal das Reifen unterbindet. Es handelt sich um die Avocado. Die beste Methode, eine Avocado zu lagern, besteht darin, sie einfach am Baum hängen zu lassen. Die zweitbeste Methode besteht darin, sie bis zu zehn Tagen im Kühlschrank aufzubewahren, nachdem man sie bei Zimmertemperatur hat reifen lassen – aber nur so lange, bis die Frucht einem leichten Druck mit dem Daumen nachgibt, also bevor sich die Schale vom Fruchtfleisch zu lösen beginnt.

15. *Wie können Sie die Avocado als Obst bezeichnen, wenn Obst ein pflanzliches Ovarium ist, das wir zum Nachtisch verzehren, und ich Avocados in Guacamole und in den »California Rolls« amerikanisierter Sushi-Bars esse?* California Rolls? Keine zehn Pferde könnten mich dazu bringen, so was zu essen! Aber die Brasilianer essen pürierte und gezuckerte Avocados zum Nachtisch.

16. *Und die letzten drei Obstkategorien reifen tatsächlich nach der Ernte?* Ja. Dies sind samt und sonders klimakterische Früchte, und pflückt man sie zu dem Zeitpunkt, wo sie, was Größe und Form anbelangt, ihre volle Maturität erreicht haben, so werden sie danach bis zu einem gewissen Grad und auf diese oder jene Art reifen.

Kategorie drei umfasst solches Obst, das in puncto

Farbe, Konsistenz und Saftigkeit reift, aber *ohne dass sich Süße oder Geschmack verbessern.* Dazu zählen Aprikosen, Blaubeeren, Cantaloups, Wintermelonen, Crenshaw-Melonen, Feigen, Honigmelonen, Nektarinen, Passionsfrüchte, Pfirsiche, Warzenmelonen, Persimonen und Pflaumen. Nach der Ernte werden sie nicht spürbar süßer, denn sie enthalten keine Stärke, die in Zucker umgewandelt werden könnte. Wenn Sie sie zu Hause reifen lassen, so können Sie nicht mehr erwarten als eine ansehnliche, saftige Frucht, die genauso wohlschmeckend ist wie an dem Tag, als sie geerntet wurde. Wenn Sie Glück haben.

Aber Sie müssen diese Früchte unbedingt zum Zeitpunkt ihrer physischen Maturität kaufen. Pfirsiche, Nektarinen, Pflaumen und Aprikosen haben dann voll herausgebildete Schultern (die Aufwölbung rings um den Stiel) und Verwachsungslinien (die seitlich verlaufende Naht); sie haben gerade damit begonnen, weich zu werden; und die Hintergrundfarbe ihrer Haut ist nicht grünstichig (die grünen Sorten ausgenommen). Achten Sie auf die rosige Färbung – das ist die Hintergrundfarbe, auf die es ankommt. Aprikosen sollten Sie vollreif kaufen und unverzüglich verzehren, aber Pfirsiche, Nektarinen und Pflaumen können Sie bei Zimmertemperatur in einer Papiertüte noch eine Zeit lang reifen lassen.

Kategorie vier besteht aus Obst, das nach der Ernte tatsächlich süßer wird – Äpfel, Cherimoyas, Kiwis, Mangos, Papayas, Birnen, Sapoten und Guanábanas. Während sie heranwachsen, verwandeln sie den Zucker von den Blättern der Pflanze in Stärke; während des Reifens verwandeln sie diese Stärkereserven wieder in Zucker zurück und werden dadurch süßer, am Baum oder nach dem Pflücken.

Dies sind die erklärten Lieblinge des Handels, denn sie können voll ausgewachsen, aber noch unreif geerntet werden, und der Beginn des Reifens lässt sich durch Kühlraumlagerung hinauszögern, manchmal in einer kontrollierten, sauerstoffarmen Atmosphäre. Äpfel und Birnen eignen sich dafür besonders. Tatsächlich werden Birnen matschig und mehlig, lässt man sie ausschließlich am Baum reifen; werden sie vor dem endgültigen Reifen eine Zeit lang kühl gelagert, so verbessert dies ihre Konsistenz erheblich. Glücklicherweise können Birnen gelagert werden, denn eine reife Birne bleibt allenfalls vierundzwanzig Stunden perfekt.

Die Mehrzahl der Äpfel in Nordamerika wird zwischen Juli und November geerntet; wegen der Lagerung in Kühlräumen sind sie das ganze Jahr über erhältlich, doch häufig leiden Geschmack und Frische darunter. Wie man herausgefunden hat, produzieren eine lange Kühlraumlagerung und eine anschließende Reifung per Äthylen-Begasung Kiwifrüchte mit weniger Zucker, Bananen mit weniger Geschmack und Äpfel und Birnen mit weniger von beidem.

Kaufen Sie Mangos erst dann, wenn deren grüne Farbe zumindest an einigen Stellen gelb oder rot geworden ist (es sei denn, Sie haben es mit der immergrünen Sorte zu tun); meiden Sie Mangos mit schwarzen Flecken auf der Schale, denn diese können später bis ins Fruchtfleisch vordringen.

Erwarten Sie jedoch nicht, dass sich bei allzu unreif geerntetem Obst das richtige Aroma entwickelt. Aromatische Geschmacksverbindungen werden normalerweise nicht mehr gebildet, nachdem eine Frucht gepflückt worden ist; und adstringierende und bittere Verbindungen verflüchtigen sich nicht mehr. Deshalb verrät einem der Geruch noch am ehesten, wie reif eine Frucht war, als sie gepflückt wurde.

Kategorie fünf ist allein den Bananen vorbehalten, denn diese reifen nach der Ernte auf beinahe jede erdenkliche Weise. Als Weltmeister der Stärkeumwandlung beginnen sie mit einem Prozent Zucker und fünfundzwanzig Prozent Stärke, die sie während des Reifens in fünfzehn Prozent Zucker und ein Prozent Stärke transformieren. Und das typische Bananenaroma (auch als Isoamylazetat bekannt) entwickelt sich auch nach dem Pflücken, reicht aber nicht ganz an den komplexeren Duft der fast ausschließlich an der Pflanze gereiften Exemplare heran.

Wenn die Mehrzahl der kommerziell angebauten Bananen gepflückt wird, so sind diese zwar ausgewachsen, aber noch vollkommen grün. Nutzen Sie das aus: Kaufen Sie sie grün, wenn Sie die Zeit haben, sie reifen zu lassen. Harte, grüne Bananen dürften den Transport wesentlich besser überstanden haben als solche, die unterwegs weich und gelb geworden sind. Kaufen Sie sie nicht lose, sondern büschelweise und ohne Risse in der Schale. Lassen Sie sie in einer Papiertüte reifen, bis sie sattgelb sind und kleine braue Flecken aufweisen. Was Sie nicht sofort essen können, verstauen Sie im Kühlschrank, aber machen Sie sich darauf gefasst, dass sich die Schalen schwarz färben.

17. *Warum wird manches Obst mit Äthylen begast?* Die Industrie bevorzugt den Begriff »behandelt«. Wie wir gelernt haben, ist Äthylen das der Frucht eigene, innere Reifehormon. Bei dem schwer atmenden, klimakterischen Obst der Kategorien drei bis fünf bewirkt eine kurze Begasung, dass die Früchte mit der Eigenproduktion dieses Hormons beginnen; gleichzeitig werden dadurch auch noch weitere Reifevorgänge im Innern der Frucht ausgelöst. Legen Sie dieses Obst bei Zimmertemperatur in eine locker verschlossene braune Papiertüte, so wird das natürliche Äthylen den Vorgang konzentrieren und beschleunigen. Einen reifen Apfel oder eine reife Banane in die Tüte zu legen, kann ebenfalls hilfreich sein, denn diese Früchte produzieren Äthylen in rauen Mengen. Die Tüte muss jedoch luftdurchlässig sein, damit das von den Früchten produzierte Kohlendioxid entweichen und von außen Sauerstoff hineingelangen kann. Ohne Sauerstoffzufuhr beginnt Obst zu gären. Das ist das Positive am Äthylen. Die »Behandlung« mit künstlichem Äthylen wird von der Obstindustrie jedoch auch eingesetzt, um unermessliche Sünden zu kaschieren.

18. *Wollten Sie uns nicht die beste Methode zur Auswahl einer Melone verraten?* Ich wollte gerade dazu kommen. Ach, gäbe es doch nur eine Faustregel für alle Melonen – der Natur sukkulenteste Schöpfung! Vergegenwärtigen Sie sich noch einmal, dass Melonen klimakterisch sind – sie können nach ihrer Ernte weiterreifen. Aber sie werden nie süßer als an dem Tag, an dem sie gepflückt wurden. Kaufen Sie nur völlig ausgewachsene Melonen – rund, wohlgeformt und schwerer, als man auf den ersten Blick vermuten könnte, ohne äußere Verletzungen oder flache Stellen. Sind Netzmelonen wie zum Beispiel die Cantaloup völlig ausgewachsen, so wird ihr Netz nicht flach sein, sondern deutlich hervortreten, und die dazwischen befindliche

Schale wird bräunlich oder gelb sein, nicht grün. Die Crenshaw ist die Königin der Melonen: saftig, aromatisch, honigsüß, zart. Manche völlig ausgewachsene Crenshaws können grün bleiben, statt sich goldgelb zu färben, mit Ausnahme des »Grundflecks«, also der Stelle, wo die Melone auf dem Boden geruht hat. Die Hintergrundfarbe einer Warzenmelone kann im Zustand der Maturität hellgrün sein. Bei der Honigmelone, diesem potentiell ambrosischen, aber im Voraus schwer zu beurteilenden Gaumenkitzel, muss die Schale cremefarben sein (nicht strahlend weiß), ohne eine Spur von Grün. Und wie bei allen glatten Melonen sollte sich die Schale wächsern oder leicht klebrig anfühlen.

Die runde Einbuchtung an einem Ende vieler Melonen ist die Stelle, an der sich einmal der Stiel befand. Ist diese glatt und ohne ausgefranste Ränder, so war die Melone reif genug, um sich leicht und locker vom Stiel zu lösen. Das Weichwerden sowie die Herausbildung des Aromas und der wächsernen Schutzschicht beginnen am entgegengesetzten Ende, dem Blütenende, und wenn Sie an dieser Stelle schnuppern, wird Ihnen dies Bände darüber erzählen, wie süß und aromatisch das Innere der Frucht ist. Die Experten streiten sich noch darüber, ob der Geruch einer noch nicht vom Stiel abgetrennten Honigmelone irgendetwas besagt. Wintermelonen haben wenig Aroma und sind unter dem Strich eine eher minderwertige Sorte. Sorry!

19. *Können Sie uns noch ein paar Tipps zur Lagerung geben?* Aber selbstverständlich. Früchte, die reifen können, nachdem sie gepflückt wurden, sollten dazu ermutigt werden, dies zu tun, bei Zimmertemperatur, innerhalb oder außerhalb einer Papiertüte. Danach sollten diese Früchte – und all jene, die nach der Ernte nicht mehr reifen können – auf der Stelle verzehrt oder (um ihre Atmung zu verlangsamen) im Kühlschrank aufbewahrt werden, und zwar in einer Plastiktüte (um zu verhindern, dass sie Flüssigkeit verlieren). Dehydration ist der Todfeind der Frische von reifem Obst oder Gemüse. Salatblätter werden welk, wenn ihre Zellen wegen des Wasserverlusts zu schrumpfen beginnen. Versuchen Sie einmal, welken Salat in kaltes Wasser zu legen; Sie werden erstaunt sein.

Verschließen Sie die Plastiktüte jedoch nicht luftdicht, denn dann wird das Obst zu gären beginnen und binnen kürzester Zeit verfaulen.

Bevor eine Frucht reif ist, wird die Kühlschranktemperatur den Prozess verlangsamen und die süßeren Zuckerarten womöglich in Glukose verwandeln; außerdem kann sie die Weichkraft der Polygalukturonase auf Dauer ausschalten und unter Umständen den Säuregehalt steigern. Übermäßige Kühlung wird Früchte tropischen oder subtropischen Ursprungs jedoch verletzen, sowohl vor wie nach dem Reifen. Vermeiden Sie es, in einem Obstgeschäft sehr kalte Früchte zu kaufen. In diesem Zustand können Sie deren Aroma nicht bewerten, und möglicherweise vorhandene Kühlschäden werden erst sichtbar, wenn sich das Obst bei Ihnen zu Hause auf Zimmertemperatur erwärmt.

20. *Erklärt all dies möglicherweise, warum das meiste Obst in amerikanischen Supermärkten, Kirschen vielleicht einmal ausgenommen, so grässlich aussieht?*

Ja, zum Teil. Es gibt aber auch noch andere Gründe dafür. Noch bis vor kurzem konzentrierten sich Obstzüchter ausschließlich auf Größe, Farbe, Festigkeit und eine künstlich anmutende Gleichförmigkeit, auf Kosten von Geschmack, Süße und sortentypischer Konsistenz. Manche Obstproduzenten verlangen Bäume, an denen alle Früchte gleichzeitig reif sind, weil sie dann mit Maschinen leichter zu ernten sind. Andere düngen im Übermaß, um ihre Erträge zu steigern, und bewässern zu viel, um das Gewicht des Obstes kurz vor der Ernte zu erhöhen. Und in manchen Jahren spielt das Wetter einfach nicht mit. Doch die Reife ist, um eine Zeile von Shakespeare zu paraphrasieren, nach wie vor der Knackpunkt.*

Es gibt vier Schurken in dieser Reife-Tragödie: die gierigen Obstproduzenten, die korrupten Großhändler, die kurzsichtigen Einzelhändler und ignorante und knauserige Verbraucher wie Sie und mich.

Um Arbeitskosten zu sparen, verwenden die Obstproduzenten Maschinen zum Pflücken, Sortieren und Verpacken des Obstes. Reifes Obst kann eine Begegnung mit diesen Maschinen nicht überleben. Und werden mechanische Erntehelfer eingesetzt, so pflücken diese alles, was ihnen in die Quere kommt – harte grüne, kaum reife und beinahe reife Früchte. Die Produzenten wissen, dass mit Frühobst höhere Preise zu erzielen sind; alle Produzenten wollen ihre Investionen so früh in der Saison wie möglich wieder hereingeholt haben; und die meisten wollen bis zum Ende der Saison alles abgesetzt haben, egal, ob es reif ist oder nicht. Die Produzenten von Zitrusfrüchten pflücken früh, wenn sie einen Frosteinbruch befürchten.

Die Obstproduzenten beklagen sich darüber, dass Obst-

* »Reif sein ist alles.« *König Lear*, Fünfter Akt, zweite Szene. (A. d. Ü.)

Großhändler und Einzelhändler sie auf Basis des Preises konkurrieren ließen und dass Konsistenz und Geschmack keine Rolle spielten. Die Großhändler behaupten, die Einzelhändler weigerten sich, ihnen reife Produkte mit einem zwangsläufig kürzeren Haltbarkeitsdatum abzunehmen. Die Einzelhändler sagen, die Großhändler kauften nur solches Obst ein, das leicht zu handhaben sei; und den Verbrauchern werfen sie eine mangelnde Bereitschaft vor, für schmackhafteres Obst tiefer in die Tasche zu greifen. Die viel gepriesenen Mechanismen des Marktes scheinen offensichtlich zu versagen, wenn minderwertiges Obst Produkte von höherer Qualität verdrängen kann.

Doch durch die dunklen Wolken der amerikanischen Obstkultur blitzt hier und da ein kleiner Hoffnungsschimmer. Da ist zum Beispiel Ron Mansfield. Das ist ein Obstproduzent in El Dorado County, Kalifornien, am Fuße der Sierra Nevada, auf halber Strecke zwischen Sacramento und Lake Tahoe, wo er ein paar kleine Parzellen bewirtschaftet und seine Pfirsiche und Nektarinen am Baum reifen lässt, bis drei oder vier Tage, bevor sie von allein zu Boden plumpsen würden; seine baumgereiften Pfirsiche enthalten mindestens doppelt so viel Zucker wie solche Exemplare, die zum Zeitpunkt ihrer physischen Maturität gepflückt werden und dann jenseits des Baumes reifen. Mansfield pflückt und verpackt sie per Hand, in Holzkisten, jeweils nur eine Schicht, und zwei Tage später werden sie dann an beiden Küsten in noblen Obstgeschäften und Restaurants angeboten (und an dem kleinen Verkaufsstand auf seiner Farm). Mansfield kennt nur drei oder vier andere kalifornische Obstproduzenten, die Ware von gleicher Qualität landesweit auszuliefern versuchen.

Margaret und Bill Skaife aus Oceanside, Kalifornien, haben nicht nur schonende Methoden zur Ernte und Verpackung per Hand entwickelt, sondern auch pfiffige Behälter (das Patent ist beantragt) zum Fernversand von beinahe reifen Tomaten, Erdbeeren, Pfirsichen und anderem Steinobst. Ihre erste, dem Verbraucher mit einem goldenen Sticker und einer »Geld zurück!«-Garantie angebotene Tomatenernte war in Delikatessengeschäften wie Balducci's in New York ein Bombenerfolg – dort wurden während der Spitzenwochen 2000 Pfund davon verkauft. Doch die Skaifes sind noch immer abhängig von den Anbaumethoden und den Kulturvarietäten der Obstproduzenten in Kalifornien und Mexiko, von denen sie beliefert werden.

Die Methoden (und Preise) der Firma LTD stellen einen gesunden Kompromiss für den Massenmarkt dar. Produzenten, die an LTD verkaufen, ernten ihr Obst durchschnittlich drei Tage später als ihre Konkurrenten; die Stop & Shop-Supermarktkette in New England, die landesweit eines der aktivsten Programme zur Verbesserung der Obstqualität entwickelt hat, zählt zu ihren größten Abnehmern. Doch nichts, so hat man mir erzählt, kann einem Ron-Mansfield-Pfirsich das Wasser reichen.

Ansonsten sieht die Zukunft ziemlich finster aus. Die Mehrzahl des amerikanischen Steinobstes wird in Kalifornien angebaut – sechsundneunzig Prozent aller Aprikosen, neunzig Prozent aller Nektarinen und Pflaumen sowie sechzig Prozent aller Pfirsiche mit leicht auslösbarem Kern und sechzig Prozent aller Bartlett-Birnen. Das Obst wird praktisch noch steinhart geerntet, zehn bis fünfzehn Tage, bevor es reif ist, damit es mechanisch gepflückt und verpackt werden kann und einen längeren Transport übersteht. Nur die robustesten Früchte überleben diese Tortur. Unter dem California Tree Fruit Agreement – einer »Vermarktungsübereinkunft«, zu deren Einhaltung sich die Obstproduzenten des Bundesstaates verpflichtet haben und die in dieser oder jener Form seit 1933 in Kraft ist – durften die Anbauer ihr Obst nur dann in den Handel bringen, wenn es dem »California Well-Matured« genannten Mindeststandard genügte. Dies garantierte im Prinzip, dass die Mehrzahl des Baumobstes vollständig ausgewachsen war und sich nach der Ernte zumindest in Farbe und Konsistenz verbessern konnte. Doch nun wollen die kalifornischen Steinobst-Produzenten ihre Produkte noch früher ernten.

Im letzten Jahr verabschiedeten sich die Pflaumenproduzenten von der Übereinkunft. Zu Beginn dieses Jahres überredete eine Dissidentengruppe von Pfirsich- und Nektarinenproduzenten das U.S. Department of Agriculture dazu, eine alternative, niedrigere Güteklasse mit der Bezeichnung »U.S. No. 1« oder »U.S. Mature« einzuführen, die es ihnen erlauben wird, noch früher und noch unreifer zu ernten, solange ihre Frachtkartons entsprechend gekennzeichnet sind. Man begründet dies unter anderem damit, dass Pfirsiche aus Georgia schon seit langem mit einem dem »U.S. No. 1«-Standard entsprechenden vermeintlichen Gütesiegel vermarktet würden und dadurch einen unfairen Wettbewerbsvorteil genössen. Und die Obstproduzenten von Colorado haben kürzlich ihr staatliches Inspektionsprogramm vollends abgeschafft. Aus Sicht der Obstliebhaber stellten bereits die alten Qualitätskriterien keine allzu hohen Anforderungen. Das neue System verspricht noch weniger.

Durch eine Laune des Schicksals ist den überwiegend republikanisch eingestellten kalifornischen Obstproduzenten vorübergehend ein Strich durch die Rechnung gemacht worden, denn Präsident Bush hat für das Wahljahr ein Moratorium hinsichtlich neuer bundesstaatlicher Gesetze und Verordnungen verfügt. Damit das neue zweigliedrige Obst-Kontrollsystem das Moratorium umschiffen und wirksam werden kann, muss der vom Vizepräsidenten geleitete Council on Competitiveness bestätigen, dass diese Verordnung »wachstumsfördernd« sei – und zwar nicht im gartenbaulichen Sinn. Während ich diese Zeilen schreibe, ist Vizepräsident Dan Quayle der einzige Mensch, der Amerika vor einem katastrophalen Verfall der Qualität von Pfirsichen und Nektarinen bewahren kann. Möchte jemand mit mir wetten, wie die Sache ausgeht?

Fette Zeiten, magere Zeiten

Das im zwanzigsten Jahrhundert aufgekommene, für Männer wie Frauen geltende Ideal des dominanten, erfolgreichen und mageren, ja fast schon ausgemergelten Individuums übt einen schier unwiderstehlichen Reiz aus. Selbst ich unterwarf mich vor fünfzehn Jahren dem Abmagerungsdiktat. 1976 wog ich einen ganzen Tag lang dreiundfünfzig Kilo. Dies war der Höhepunkt einer einjährigen Diät, die in erster Linie aus fettarmem Hüttenkäse, schottischem Single Malt Whiskey sowie 900 Schachteln Zigaretten und täglich einer Vitamintablette bestand. Ich hatte diese famose Kombination selbst entdeckt, rein zufällig, und es ist die einzige Diät, die jemals bei mir angeschlagen hat. Als ich mir auf diese mehr oder weniger selbstzerstörerische Weise vierzehn Kilo Untergewicht verpasst hatte, wurde ich nur so überschüttet mit Komplimenten und Heiratsanträgen.

Seit jenem Tag habe ich keine Probleme mehr, den Dicken in mir herauszulassen. Im Laufe der Jahre bin ich von »schlank« über »normalgewichtig« bis zu »wohlgenährt« vorangeschritten und dann ein gutes Stück darüber hinaus. Mittlerweile habe ich vierzehn Kilo Übergewicht – noch viereinhalb Kilo mehr, und ich zähle offiziell zu den Fettleibigen. Dazu bedurfte es lediglich einer Gewichtszunahme um knapp zwei Kilo pro Jahr, was sich unter dem Strich auf etwa vierzig überschüssige Kalorien pro Tag beläuft – ein extra Klacks Butter oder ein doppelter Kakaokeks mit Vanillefüllung. Trotzdem bezweifle ich irgendwie, dass ich noch immer gertenschlank wäre, hätte ich während der letzten fünfzehn Jahre täglich auf eines dieser Häppchen verzichtet. Wie hätte ich denn wissen können, wann genau ich die angemessene Nahrungsmenge zu mir genommen hatte? Und welche Häppchen hätte ich mir verkneifen sollen?

Die meisten Tiere kennen dieses Problem überhaupt nicht. Schlagen sie sich am Montag den Magen voll, so werden sie sich am Dienstag automatisch zurückhalten. Selbst wenn irgendein Wissenschaftler sie dazu zwingt, sich mehrere Wochen lang zu überfressen, so werden sie in den darauffolgenden Wochen ihren Appetit instinktiv zügeln und so lange abnehmen, bis sie wieder ihr Normalgewicht erlangt haben. Viele Menschen sind wie Labortiere. Haben sie ein wenig überschüssiges Fett angespeichert oder zu viel davon verloren, so ertönt in ihrem Gehirn (wahrscheinlich im Nucleus paraventricularis des Hypothalamus) ein dezenter biologischer Summer, und ihr Appetit passt sich der jeweiligen Situation an. Gibt man ihnen vor dem Abendessen einen Snack, so werden sie später weniger essen. Bei Menschen wie mir löst ein niedriger Sättigungsgrad das Verlangen aus, all das nachzuholen, was uns entgangen ist, doch ein hoher Sättigungsgrad stachelt unseren Appetit auf weitere Gaumenfreuden noch zusätzlich an.

Zu unserer Verteidigung sollte ich vielleicht erwähnen, dass wir korpulenten Menschen, wie die moderne Wissenschaft herausgefunden hat, anspruchsvoller und kritischer sind als unsere spindeldürren Nachbarn, jedenfalls am Esstisch. Enthält man ihnen vierundzwanzig Stunden jegliche

Nahrung vor, so werden magere Menschen buchstäblich alles verschlingen, was man ihnen vorsetzt. Wir hingegen werden nach wie vor wählerisch sein und nur solche Dinge essen, die wir auch sonst goutieren, und alles zurückweisen, was wir auch sonst nicht essen würden. Dies hängt unter anderem damit zusammen, dass korpulente Esser nur selten wirklich hungrig sind. Wir haben einfach einen extrem gesunden Appetit. Auf den Unterschied zwischen Hunger und Appetit werde ich später noch zu sprechen kommen.

Fettleibigkeit ist zum Teil – vielleicht aber auch weitgehend – genetisch bedingt. Laut einer australischen Untersuchung lässt sich voraussagen, ob ein männlicher Teenager übergewichtig wird, indem man einfach in Erfahrung bringt, ob sein Vater übergewichtig ist. Jeder Diätarzt kann ihnen von Patienten erzählen, die fünfunddreißg Kilo Übergewicht haben, nur 1000 Kalorien pro Tag zu sich nehmen und trotzdem nicht ein Gramm abnehmen. Bei einer Untersuchung mit Freiwilligen in einer Strafvollzugsanstalt in Vermont konsumierten normalgewichtige Männer das Doppelte ihrer gewohnten Nahrungsmenge – an die 7000 Kalorien täglich. Einige der Testpersonen nahmen kein einziges Pfund zu, manche nahmen bloß ein paar Pfund zu. Jeder von uns kennt solche Menschen.

Ich bin mit sparsamen Genen gestraft. Das klingt schön, und etwa eine Million Jahre lang war es das auch. In einem Triumph der natürlichen Auslese haben meine urzeitlichen Vorfahren das Talent entwickelt, Nahrung auf äußerst effiziente Weise in Energie umzuwandeln und reichlich Brennstoff in Form von Fett anzuspeichern, als eiserne

Ration für Regentage, an denen Menschen mit verschwenderischen Genen ganz schön in der Patsche saßen. Das Problem daran ist jedoch, dass es heutzutage sehr viel weniger Regentage gibt als vor einer Million Jahren. Ich jedenfalls bin immer nur kurze Zeit um mehr als eine Armeslänge von einem üppigen Vorrat verlockender Nahrungsmittel entfernt.

Stets auf der Suche nach einem Sündenbock, habe ich schon seit dem Knabenalter so oft wie möglich meinen Stoffwechsel untersuchen lassen. Und immer war es ein totaler Reinfall. Der Arzt platziert Sie auf einer Liege und lässt Sie durch einen Plastikschlauch atmen, der mit einem Apparat verbunden ist, und dieser misst dann, wie viel Sauerstoff sie einatmen. Menschen mit einer niedrigen Stoffwechselrate verbrauchen weniger Sauerstoff, da sie pro Stunde weniger Kalorien oxidieren (verbrennen). Doch Untersuchungen in den beiden vergangenen Jahrzehnten haben ergeben, dass korpulente Menschen exakt genauso viel Energie verbrennen, wie sie sollten – im Hinblick auf ihre Körpergröße, ihr Gewicht und ihre physische Aktivität. Versuche, an diesem physiologischen Vorgang herumzudoktern, sind nur selten von Erfolg gekrönt. Nehmen Sie ein Schilddrüsenhormon ein, um ihre Stoffwechselrate zu erhöhen, so wird sich Ihr Appetit voraussichtlich in Heißhunger verwandeln. Das Gleiche passiert, wenn Sie Medikamente einnehmen, die die Verbrennung des Zuckers und des Fetts von Ihrem heutigen Mittag- oder Abendessen blockieren, um Ihren Körper dazu zu zwingen, auf die Energie zurückzugreifen, die er schon seit langem in Ihren Fettzellen angespeichert hat. Diese Medikamente helfen Ihnen nur dann beim Abnehmen, wenn Sie es schaffen, den Hunger zu ignorieren, und eine strikte Diät befolgen. Der Appetit ist nach wie vor Ihr Hauptfeind.

Hunger und Appetit sind nicht das Gleiche, jedenfalls aus wissenschaftlicher Sicht. Wahrscheinlich empfinden Sie keinen Hunger, wenn Sie ausführliche Pläne für eine Woche intensiver Gaumenfreuden in Paris schmieden, doch Ihre Pläne als solche sind ein Ausdruck grenzenlosen Appetits. Hunger ist ein enervierendes, nagendes Gefühl, das sie dazu veranlasst, ständig ans Essen zu denken, und Sie daran erinnert, dass Ihr Körper Nahrung aufnehmen möchte. Appetit hingegen ist ein objektiverer Faktor. Appetit ist schlicht und einfach die Neigung zu essen. Es ist schwer, den Hunger eines anderen Menschen zu quantifizieren, außer, wenn man ihn fragt, wie er sich fühlt, doch die Intensität seines Appetits können wir feststellen, indem wir einfach zusammenaddieren, wie viel er tatsächlich gegessen hat. Sattheit ist der Zustand der Appetitlosigkeit – es ist die Neigung, nicht zu essen.

Dieser Unterschied ist signifikant, denn Hunger und Appetit decken sich nicht immer. Nach dem Hauptgang meines Abendessens empfinde ich keinen Hunger mehr, habe aber noch Appetit auf ein Dessert. Konsumiere ich jede Menge Ballaststoffe, so verschwindet womöglich mein Hunger und ich fühle mich gesättigt, doch wie wir noch sehen werden, muss mein Appetit – meine Neigung zu essen – noch lange nicht gestillt sein. Es gibt chemische Verbindungen, die sich entweder auf das eine oder das andere auswirken, aber niemals auf beides zugleich. Das Medikament Naloxon kann die Menge der aufgenommenen Nahrung reduzieren, ohne den Hunger zu stillen; Dopaminantagonisten bewirken genau das Gegenteil.

Vielleicht entdeckt die medizinische Wissenschaft ja demnächst ein Mittel, das mich in einen jener beneidenswerten Menschen verwandelt, die so viel essen können, wie sie wollen, ohne dabei auch nur ein Gramm zuzunehmen. Bis es so weit ist, werde ich mich darum bemühen, meinen Appetit zu zügeln. Ich möchte nicht anders essen als bisher, sondern lediglich weniger. Eine Diät aus gedünsteten Brokkolistängeln mit Sesamkörnern kommt für mich nicht in Frage. Glücklicherweise ist die heutige Forschung zum Thema Appetit genauso intensiv und engagiert wie die vielen Spezialuntersuchungen zur Fettleibigkeit. Ich habe 400 diesbezügliche Fachartikel aufgespürt, die allesamt während der letzten drei Jahre erschienen sind.

Im Augenblick glaube ich, mein Appetitproblem ließe sich im Nu beheben, käme ich nur an 82 000 Kilo rohe Kartoffeln heran. Zu erklären, wie ich zu dieser Schlussfolgerung gelangt bin, dürfte einige Zeit in Anspruch nehmen, und deshalb möchte ich zunächst einige der aktuellen Forschungsergebnisse zum Thema Appetit vorstellen, die vielleicht auf eine andere, weniger effiziente Weise hilfreich sein könnten.

◗ Protein ist befriedigender, Kalorie für Kalorie, als Kohlenhydrate. Eine proteinreiche Kost, die an Rhesusaffen verfüttert wurde, reduzierte deren Nahrungsaufnahme um fünfundzwanzig Prozent. Eine proteinreiche Mittagsmahlzeit bewirkte bei menschlichen Versuchsobjekten, dass diese beim Abendessen zwölf Prozent weniger aßen als nach einer kohlenhydratreichen Mittagsmahlzeit. Dies sind schlechte Nachrichten für Ernährungsexperten, sei es in den entsprechenden Ministerien oder auf den Bestsellerlisten, denn diese raten uns zu einer Kost, die vorzugsweise aus Pasta, Getreideprodukten und Bohnen besteht.

Dummerweise besteht die Natur häufig darauf, uns Protein und Fett nur im Paket anzubieten, in Form von Kühen oder Hähnchen zum Beispiel. Sehniges, fettarmes Rindfleisch oder Hähnchen ohne deren knusprige Haut zu essen, ist kulinarisch ziemlich unbefriedigend – proteinreicher, magerer Fisch und Tofu, die beiden Hauptstützen der japanischen Küche, sind jedoch ein völlig anderes Kapitel. Bei einer sehr angenehmen kulinarischen Stippvisite nach Japan, die ich kürzlich machte, nahm ich zweieinhalb Kilo ab, und heute, zwei Monate später, hat diese Gewichtsabnahme noch immer Bestand. Könnte dies womöglich die Patentlösung sein?

◗ Feste Nahrung ist befriedigender als flüssige Nahrung mit dem gleichen Kaloriengehalt. Es ist vorstellbar, dass die bloße Aktivität des Kauens Ihren Appetit stillt oder dass feste Nahrung länger in Ihrem Magen verweilt und Ihnen deshalb eher ein Sättigungsgefühl gibt. Doch keine dieser beiden Hypothesen konnte bei Laborversuchen bestätigt werden, und so fehlt uns noch immer eine stichhaltige Erklärung für dieses Phänomen.

◗ Sich mit Ballaststoffen vollzustopfen, scheint keine nennenswerten Auswirkungen auf unseren Appetit zu haben. Wer eine kalorienarme Kost um Ballaststoffe ergänzt, der fühlt sich am Ende der Mahlzeit zwar weniger hungrig, doch dies hindert den Appetit keineswegs daran, sich schon binnen kürzester Zeit wieder zurückzumelden. Und obwohl man sich nach einem ballaststoffreichen Frühstück gesättigter fühlt als nach einem ballaststoffarmen Frühstück mit dem gleichen Kaloriengehalt, wird dies, je nachdem, welche Untersuchung man liest, nur einen schwachen beziehungsweise kurzfristigen Einfluss auf die Nahrungsmenge haben, die man zu Mittag verzehrt.

Dies überraschte mich. Bis dahin hatte ich immer geglaubt, mein Appetitproblem ließe sich lösen, könnte ich nur meine Abneigung gegen diese eintönigen, aber üppigen ballaststoffreichen, kalorienarmen Mahlzeiten überwinden. Um extrem fettleibigen Menschen zu helfen, gibt es eine drastische Maßnahme, die darin besteht, ihnen einen Ballon in den Magen zu schieben und diesen anschließend mit Luft oder Wasser zu füllen. Dahinter steckt der Gedanke, dass ein solcher Magenballon – ähnlich einer großen Portion ballaststoffreicher Nahrung – den Appetit dieser Menschen unterdrücken wird, indem er die »Distensionsrezeptoren« in den Magen- und Darmwänden aktiviert, die dem Gehirn dann Völlesignale übermitteln. Magenballons sind jedoch häufig wirkungslos, und falls sie überhaupt funktionieren, so fühlen sich die Patienten nur ein paar Wochen lang weniger hungrig und essen in dieser Zeit auch entsprechend weniger – und dann kehren sie wieder zu ihren alten Essgewohnheiten zurück. Wie wir später noch sehen werden, sind die Botschaften, die Ihr Gehirn während einer Mahlzeit empfängt, dermaßen zahlreich und komplex, dass die Magenausdehnung nur einen schwachen appetithemmenden Einfluss ausübt, sobald Ihr Körper einmal begriffen hat, dass Sie nicht mehr die gewohnte Kalorienmenge zu sich nehmen.

◗ Kalorienarme Snacks werden Ihren Appetit während der ersten paar Tage lindern, indem sie Ihrem Körper vorgaukeln, sie führten ihm Kalorien zu. Doch Ihr Appetit lässt sich nur kurze Zeit austricksen, und dann beginnt er damit, sich beim Abendessen all das zu holen, was Sie seiner Überzeugung nach bereits am frühen Nachmittag gegessen haben.

◗ Der Geschmack von Süßem an sich, ob mit oder ohne Kalorien, wirkt laut der Mehrzahl der Untersuchungen eindeutig appetitanregend; viele Lebensmittelhersteller süßen ihre Produkte, damit wir mehr davon konsumieren. Bei einem Experiment wurde den Testpersonen vor dem Mittagessen entweder ein Naturjogurt oder ein Jogurt mit Süßstoff serviert; diejenigen, die den gesüßten Jogurt gegessen hatten, waren beim Mittagessen hungriger (und langten auch kräftiger zu) als diejenigen, die den Naturjogurt zu sich genommen hatten.

Ein Keks oder ein Schokoriegel zwischen den Mahlzeiten – vielleicht sogar auch ein Stück Obst – scheint zu garantieren, dass Sie sich anschließend überessen. Gibt man Labortieren zusätzlich zu ihrer üblichen Nahrung einen gezuckerten Snack, so werden sie zwanzig Prozent mehr fressen als sonst; wird der gleiche Zucker unter ihre Nahrung gemischt, so regulieren sich Appetit und Nahrungsaufnahme wieder von selbst. Dies funktioniert mit beinahe allen Zuckerarten, selbst mit solchen, die, wie Dextrin, nicht süß schmecken. Fruktose scheint unseren Appetit weniger stark anzuregen als andere Zuckerarten, jedoch nur, wenn man sie nicht zusammen mit anderen Kohlenhydraten wie Brot oder Muffins zu sich nimmt.

Süßstoff, so heißt es, stimuliere den Appetit auf alles, was hinterher folgen mag, oder er wecke ein Verlangen nach Zucker; es heißt aber auch, er befriedige das Bedürfnis nach Süßem oder er habe überhaupt keine Auswirkungen. Der Grundtenor scheint darin zu bestehen, dass Zucker Ihren Appetit anregt und diesen dann mit Kalorien stillt, während der kalorienarme Süßstoff Ihren Appetit anregt und bei Ihnen einen Hunger auf andere Nahrung auslöst. Wahrscheinlich werden Sie mit dieser anderen Nahrung jedoch weniger Kalorien zu sich nehmen als die, die sie eingespart haben, indem Sie keinen Zucker gegessen haben.

Kürzlich wurde all dies durch eine Untersuchung zu gesüßten und ungesüßten Frühstücksflocken in Frage gestellt. Der süße Geschmack allein, so fand man heraus, erhöhte die Nahrungsaufnahme während des restlichen Tages nicht. Aber Testpersonen, die wussten, dass ihre Flocken mit Aspartam (der Süßstoff von NutraSweet) gesüßt waren, aßen mehr als die Probanden, denen man diese Information vorenthalten hatte. Sie waren offenkundig dermaßen davon überzeugt, ein kalorienarmes Frühstück eingenommen zu haben, dass sie schließlich unter dem Strich etwas mehr Kalorien zu sich nahmen als diejenigen, deren Flocken mit Zucker gesüßt worden waren.

Aspartam könnte einen Vorteil gegenüber anderen Süßstoffen haben. Testpersonen, denen man eine Dosis Aspartam in Kapselform verabreichte (damit sie dessen Süße nicht schmecken konnten), aßen später weniger – vermutlich, weil Aspartam die Zusammensetzung der Aminosäuren im Blut verändert. Wäre es nicht so süß, könnte Aspartam als milder Appetithemmer fungieren.

◗ Sportliche Betätigung unterdrückt Ihren Appetit nur kurz

und auch nur dann, wenn Sie sich dabei richtig ins Zeug legen. Erstaunlicherweise gibt es keine endgültigen Antworten auf die Frage nach dem Zusammenhang von sportlicher Aktivität und Appetit. Die gute Nachricht besteht darin, dass Sie durch sportliche Aktivität Gewicht verlieren können. Theoretisch sollten Sie nach einem Fitnesstraining eher mehr als weniger essen, denn Ihr Körper versucht dann, die von Ihnen verbrannten Kalorien wieder hereinzuholen, und erhöht deshalb vorübergehend Ihre Stoffwechselrate. Aber zumindest kurzfristig scheint sportliche Aktivität Ihren Appetit nicht zu steigern, vor allem dann, wenn Sie übergewichtig sind, und es werden dabei obendrein noch Kalorien verbrannt.

Zwei Sorten von Nahrung werden Ihren Appetit todsicher steigern: eine fettreiche Kost und das, was die Forscher im Versuchslabor als »Cafeteria-Essen« bezeichnen – bei schlanken Versuchstieren, die normalerweise kein Problem damit haben, ihre Nahrungsaufnahme und ihr Körpergewicht zu regulieren, führt beides dazu, dass sie mehr essen, als sie eigentlich sollten. Die meisten Untersuchungen stimmen darin überein, dass Fett Ihren Appetit weniger effektiv stillt als Protein oder Kohlenhydrate. Bei einem Experiment konsumierten menschliche Versuchsobjekte, denen man so viel fettarme Nahrung verabreichte, wie sie wollten, elf Prozent weniger als sonst; als man ihnen anschließend eine fettreiche Kost anbot, aßen sie fünfzehn Prozent mehr als sonst. Ich würde diese Diskrepanz am liebsten damit erklären, dass fettreiches Essen einfach besser schmeckt. Doch Experimente, bei denen Suppen mit Margarine und anderen unangenehmen Fetten versetzt wurden, führten zum gleichen Ergebnis.

Das Cafeteria-Essen besteht aus einer bunten Palette schmackhafter Nahrungsmittel. Versuchstiere, die eine eintönige, aber ausgewogene, auch als Labor-Fraß bekannte Kost erhalten, nehmen in der Regel nicht zu, selbst wenn sie so viel fressen dürfen, wie sie wollen. Wird denselben Tieren jedoch eine reiche Auswahl wohlschmeckender Snacks offeriert, so werden sie bei jeder Mahlzeit zwangsläufig mehr fressen und außerdem die Zahl der von ihnen eingenommenen Mahlzeiten erhöhen. Erklärt wird dieses Phänomen mit einem wichtigen, als »sinnesspezifische Sättigung« bezeichneten Konzept. Hat sich ein Mensch oder eine Laborratte mit einer bestimmten Nahrung vollgestopft und präsentiert man ihm oder ihr dann eine andere, die sich in puncto Geschmack, Aroma, Konsistenz oder sogar Temperatur von der ersten unterscheidet, so beginnt die Nahrungsaufnahme noch einmal von vorn. Selbst wenn Sie vom Hauptgericht Ihres Abendessens keinen Bissen mehr herunterbekommen, essen Sie von Ihrem Dessert möglicherweise so viel, als hätten Sie nicht schon seit einer Stunde getafelt. Die moderne Welt ist eine gigantische, vor internationalen Spezialitäten strotzende Cafeteria. Die moderne Welt legt es darauf an, dass Sie übermäßig essen, und tun Sie dies, so stellt sie Sie hinterher an den Pranger.

Innerhalb Ihres Gesamtappetits verbirgt sich noch dieser oder jener kleine Unterappetit, und jeder davon kann Sie dazu veranlassen, zu viel zu essen. Ihr innerer Drang, mit dem Essen zu beginnen (der Mahlzeitsinitiierung, wie es im Fachjargon heisst), unterscheidet sich deutlich von Ihrem Bedürfnis, weiter zu essen (die Mahlzeitsdauer), und davon, wie schnell Sie essen (die Nahrungsaufnahmerate, die normalerweise im Verlauf einer Mahlzeit sinkt), wie viel sie insgesamt essen (der Mahlzeitsumfang, bei dem die beiden letztgenannten Unterappetit-Arten miteinander multipliziert werden) und wie viel Zeit vergeht, bis Sie erneut zu essen beginnen (die Sättigung). Unterschiedliche chemische Signale im Organismus scheinen diese speziellen Appetitarten zu steuern; einige der im Gehirn befindlichen Sensoren verkürzen die Dauer einer Mahlzeit, ohne dass sich dies auf die Nahrungsaufnahmerate auswirkt, während andere genau das Gegenteil bewirken.

Früher glaubten die Forscher, dass korpulente Menschen einen besonderen Essstil hätten, bei dem sie in schneller Folge große Bissen zu sich nehmen, die dann jeweils hastig durchgekaut werden, doch inzwischen haben sie diese Ansicht revidiert. Ich esse langsam, nehme kleine bis mittelgroße Bissen zu mir, kaue durchschnittlich schnell, aber extrem gründlich. Es gibt kaum einen Moment, wo mein Mund leer ist. Und, was noch schlimmer ist, ich habe ein Mahlzeitbeendigungsproblem. Ich esse selbst dann noch weiter, wenn sich meine Tischnachbarinnen oder -nachbarn bereits diskret verzogen haben, um sich die Nase zu pudern, oder sehnsüchtig darauf warten, dass endlich der Kaffee serviert werden kann. Mit meinen Sättigungssignalen ist etwas nicht in Ordnung. Sie wollen mir einfach nicht sagen, wann ich genug habe.

Die biologischen Systeme, die jede dieser Appetitarten steuern, sind dermaßen komplex und ineinander verwoben, dass die Forscher erst jetzt herauszufinden beginnen, wie diese konkret funktionieren. Allein schon der Anblick und der Geruch von Essen löst nicht nur Speichelbildung aus, sondern auch Sekretabsonderungen in der Bauchspeicheldrüse sowie diverse Vorgänge in Magen und Darm. (Die Bauchspeicheldrüse eines fettleibigen Menschen erzeugt beim Anblick oder beim Geruch von Essen vier Mal so viel Insulin wie die eines mageren Menschen; ob dies eine Ursache oder nur eine Folge der Fettleibigkeit ist und wie sich dies auf den Appetit auswirkt, muss erst noch erforscht werden.) Und während Sie dann essen, senden chemische und mechanische Sensoren in Mund, Speiseröhre, Magen, Darm und Leber Signale zu Ihrem Gehirn, das nicht nur all diese Botschaften miteinander verknüpft, sondern auch jederzeit den Glukosegehalt in Ihrem Blutkreislauf ermitteln kann. Außerdem werden auf eine bislang noch nicht restlos erforschte Weise Ihr Körpergewicht und Ihr Körperfett ständig kontrolliert. Es ist also kein Wunder, dass Ihr Gehirn, wenn Sie einen kalorienarmen, aus Zucker- und Fettsurrogaten bestehenden Snack zu sich genommen haben, binnen kürzester Zeit herausfindet, was Sie getan haben, und Sie dazu ermuntert, die eingesparten Kalorien anderswo wieder hereinzuholen. Kalorien sind fraglos die direkteste und angenehmste Möglichkeit, um den Appetit zu stillen, doch zu viele Kalorien sind ja gerade das, was ich vermeiden möchte. Die einzige Lösung besteht darin, das Gehirn selber hinters Licht zu führen.

Einige chemische Verbindungen scheinen Ihren Appetit nachhaltig zu unterdrücken. Dazu gehören Dexfenfluramin und Fluoxetin (die wesentlichen Wirkstoffe des umstrittenen Psychopharmakons Prozac); beide setzen im Gehirn Serotonin frei, das ein kräftiges Sättigungssignal auslöst. Bei europäischen Versuchen mit 800 Patienten, denen unter psychologischer Betreuung Dexfenfluramin verabreicht wurde, nahmen die Testpersonen binnen eines Jahres im Durchschnitt elf Kilogramm ab; Patienten, bei denen man sich auf die psychologische Betreuung beschränkte, nahmen nur etwa zwei Drittel dieser Menge ab. Ich wünschte mir, sie hätten das Medikament allein getestet.

In den USA wird Fenfluramin unter den abstoßenden Namen Rotondin oder Pondimin verkauft; die Marketing-Experten müssen im Urlaub gewesen sein, als diese Medikamente getauft wurden.* Und sie scheinen gravierendere Nebenwirkungen zu haben – von Übelkeit bis Impotenz – als ihre europäische Version, da sie eine Mischung aus rechts- und linksdrehenden Molekülen enthalten. (Letztere bewirken so gut wie nichts, richten aber den meisten Schaden an und wurden deshalb bei den europäischen Pendants weggelassen.) Ich habe mit dem Gedanken gespielt, es trotzdem einmal mit Rotondin zu versuchen, aber die Anrufe bei meinem Hausarzt sind bislang erfolglos gewesen. Er hat mich noch nicht mal zurückgerufen.

Und deshalb setze ich meine Hoffnungen nun auf 82 000 Kilo rohe Kartoffeln. Sie möchten sicher wissen, wie ich auf diese Idee gekommen bin.

Erreicht die Nahrung meinen Dünndarm, so regt sie in den Darmwänden enthaltene Zellen dazu an, chemische Verbindungen abzusondern, die als Peptide bezeichnet werden. Einige dieser Peptide reisen bis ins Gehirn, wo sie den Appetit aus- und die Sättigung einschalten. CCK-8 (das Kürzel für »Cholecystokinin Octapeptid«) ist eines

* *Rotondin* weckt Assoziationen an das englische Adjektiv »rotund« (dicklich, rundlich), und *Pondimin* weist allzu unverblümt auf die peinlichen »pounds« bzw. Pfunde hin, die man loswerden möchte. (A.d.Ü.)

davon – womöglich das wichtigste und bislang am gründlichsten untersuchte Peptid. Injiziert man CCK in den Blutkreislauf oder direkt ins Zentralnervensystem, so reduziert es bei Tieren und Menschen die Nahrungsaufnahme und beschleunigt möglicherweise auch die Verbrennung des Körperfetts. CCK funktioniert nur, nachdem Sie etwas gegessen haben, was manche Forscher vermuten lässt, dass es andere Sättigungssignale zum Gehirn verstärkt.

Mir einen Tropf mit einer CCK-gesättigten Lösung anzulegen, wäre ziemlich lästig, nicht nur zu Hause, sondern auch in den besseren Restaurants. Aber wie kann ich meine körpereigene CCK-Produktion steigern? Tierversuche haben gezeigt, das einige Aminosäuren dieses Kunststück vollbringen könnten, doch endgültig steht dies noch nicht fest. Aber wie dem auch sei, ich habe eine pfiffigere Methode entdeckt. Mein eigenes CCK würde vermutlich ausreichen, gäbe es da nicht eine andere chemische Verbindung namens Trypsin, die dies vereitelt. Wie CCK wird Trypsin von meinem Dünndarm abgesondert, und aus mir schleierhaften Gründen bremst es meine CCK-Produktion. Könnte ich doch nur mein Trypsin in die Schranken weisen!

Die Zellen, die das Trypsin produzieren, haben keinen eigenen Willen. Sie sind Sklaven, die Befehle der Bauchspeicheldrüse ausführen. Aber ich würde nur ungern an meiner Bauchspeicheldrüse herumexperimentieren, selbst wenn ich wüsste, wie. Und abgesehen davon, träte der erwünschte Effekt nicht ein, wenn ich lediglich meine Trypsinabsonderung unterbinden würde – dazu müsste gleichzeitig eine weitere chemische Verbindung neutralisiert werden, das so genannte Chymotrypsin.

Und hier kommen nun die Kartoffeln ins Spiel. Eine Kartoffel schützt sich auf natürliche Weise gegen Bakterien und Schimmelpilze, indem sie chemische Verbindungen produziert, die man »Proteasehemmer« nennt und die diese Mikroorganismen daran hindern, sich über das Protein der Kartoffel herzumachen. Zumindest eine dieser chemischen Verbindungen, der so genannte Proteasehemmer II, vollführt diese lebensrettende Arbeit, indem er sich an *beidem,* dem Trypsin und dem Chymotrypsin, andockt und deren Wirkung neutralisiert. Fände ich also einen Weg, um diesen Proteasehemmer II in meinen Dünndarm zu schmuggeln, so würde meine CCK-Produktion steigen, und mein Appetit würde verschwinden.

Ich habe tatsächlich einen Weg gefunden: Ich werde ihn schlucken. Sollte ich, nebenbei gesagt, den Eindruck erweckt haben, ich hätte dies alles selber ausklamüsert, so möchte ich hier nicht unerwähnt lassen, dass mein Wissen über die Wirkung von Proteasehemmer II aus einem in der Fachzeitschrift *Physiology & Behavior* publizierten Forschungsbericht von Hill, Peikin, Ryan und Blundellstammt. Sie rührten anderthalb Gramm davon in eine Schüssel mit Suppe, die dann elf Testpersonen unmittelbar vor dem Mittagessen verabreicht wurde. Der CCK-Gehalt im Blutkreislauf der Testpersonen hatte sich nur fünfzehn Minuten, nachdem sie die Suppe gegessen hatten, vervierfacht und nach weiteren fünfzehn Minuten sogar versechsfacht. Und sie aßen zum Mittagessen siebzehn Prozent weniger als bei der Gegenprobe, wo man ihnen die gleiche Suppe ohne Proteasehemmer II servierte. Wie viele Tage diese Wirkung anhält, ist allerdings nicht getestet worden.

Doch mein Plan, mir diese praktische Eigenschaft der

Kartoffel zu Nutze zu machen, scheiterte an zwei bedauerlichen Tatsachen: Proteasehemmer werden beim Kochen zerstört, und die durchschnittliche Kartoffel enthält nur enttäuschend wenig davon. Um anderthalb Gramm zu mir zu nehmen, müsste ich vor jedem Abendessen 225 Kilo rohe Kartoffeln verzehren, was gut 82 000 Kilo pro Jahr entspräche. Und dies wäre genauso lästig, wie ständig mit einem CCK-Tropf am Arm herumzulaufen.

Doch dann erfuhr ich von einer Kemin Industries genannten Firma in Des Moines, die vor einer Weile genau diese Menge Kartoffeln gekauft und auf 270 Kilo reduziert hatte, zu einem Zwischenprodukt namens Ammoniumsulfat-Kuchen, das anschließend eingefroren wurde. Dr. Christopher Nelson teilte mir mit, dass ein Gramm Proteasehemmer II fünfundneunzig Dollar kosten würde und dass ich acht Wochen darauf warten müsste. Aber Kemin glaubt, man könne die Substanz gleich kiloweise produzieren, und ist inzwischen auf der Suche nach Investoren, um das neue Verfahren im großen Stil anwenden zu können. Ein Labor in Harvard prüft derzeit, ob Proteasehemmer II auch als Mittel zur Krebsbekämpfung dienen könnte – was natürlich ein toller Nebeneffekt wäre.

Das Ganze dürfte also nur noch eine Frage der Zeit sein. Wenn ich dann mein Trypsin und mein Chymotrypsin in die Schranken gewiesen habe, wird sich mein CCK emporschwingen wie ein Adler. Mein Appetit wird absacken wie ein Stein, und am Ende werde ich wieder dreiundfünfzig Kilo wiegen. Glücklicherweise habe ich einige der Kleidungsstücke aufgehoben, die ich mir 1976 an jenem Freudentag gekauft hatte – die Schlaghosen werde ich allerdings erst dann anziehen, wenn sie wieder modern sind.

Da haben wir den Salat!

Ich liebe Salat, wenn ich ihn wie Speck oder Schokolade in Maßen genieße, etwa zwei Mal pro Woche. Erwachsene, die zu jeder Mahlzeit unbedingt einen Salat vertilgen müssen, sind wie besessene kleine Kinder, die monatelang nichts außer Tiefkühlpizza und Dosenravioli essen wollen. Sie verdrücken selbst den abscheulichsten Salat, Hauptsache, er ist roh und grün. Es spielt keine Rolle, ob der Rucola welke Ränder hat, ob die Croutons ranzig schmecken oder ob der Essig wie Batteriesäure brennt. Es ist unerheblich, ob wir uns im tiefsten Winter befinden, wo uns Salat bis ins Knochenmark frösteln lässt und wir lieber Fleischkonserven, deftige Rübengerichte, Gemüsesuppen oder Bohneneintöpfe essen sollten. Es kümmert sie nicht, ob ich ihretwegen auf mein Dessert warten muss. Sie schrecken nicht davor zurück, ein angenehmes, kultiviertes Mahl mit ihrem bizarren Salatritual zu unterbrechen – die Köpfe gesenkt, die Rüssel direkt über ihre holzgemaserten Plastikschälchen gebeugt, gleichzeitig kauend und hineinschaufelnd, außer Stande, auch nur ein Wort zur Tischkonversation beizusteuern.

Salatfanatiker, also Menschen, die im Winter mehr als zwei Mal und im Sommer mehr als vier Mal wöchentlich Salat zu sich nehmen, sind felsenfest von drei eng miteinander verknüpften Vorstellungen überzeugt: erstens, dass alle Nahrungsmittel entweder Gift oder Medizin seien, also Dinge, die sie entweder dick und schwach oder schlank und wunderschön machen; zweitens, dass rohes Gemüse, darunter Salat und Crudités, in die medizinische Kategorie falle; und drittens, dass irgendein gütiges Wesen das Pflanzenreich zur Freude und zum Wohlergehen des Menschen erschaffen habe. Alle drei Überzeugungen sind purer Aberglaube. Ich habe Wochen damit verbracht, die einschlägige Fachliteratur nach Informationen über jene Gifte zu durchforsten, die in jeder Schüssel Salat und in jedem Korb Crudités auf uns lauern. Dabei ging es mir nicht um die künstlichen, vom Menschen geschaffenen Pestizide, Fungizide, Herbizide und Hormone, die uns fast täglich von den Schlagzeilen unserer Tageszeitungen entgegenspringen. Nein, mir ging es um die wahren Übel – die frischen und natürlichen Gifte, die Pflanzen produzieren, um am Leben zu bleiben und um den Fortbestand ihrer Spezies zu sichern, so wie eine Kobra ihr Gift einsetzt. Nach Abschluss meiner Recherchen gehe ich jede Wette ein, dass der Surgeon General der Vereinigten Staaten* spätestens zum Ende dieses Jahrhunderts den folgenden Warnhinweis auf jedem Broccolistängel und jedem Spinatblatt verlangen wird: »Ein übermäßiger Genuss von Salatzutaten kann zu Vitaminmangel, Hautexzemen, Lathyrismus, Anämie und, offen gestanden, auch zum Tode führen!«

Stellen Sie sich vor, Sie wären ein saftiges und attraktives Gemüse. Rings um Sie herum lauern heimtückische Feinde – Mikroben und Schimmelpilze, Käfer und Schnecken, Vögel und Tiere –, die in Ihnen nichts weiter sehen als ihre nächste Mahlzeit. Sie haben kein Haus, um sich

* Surgeon General: Leiter des U. S. Public Health Service, einer Art Bundesgesundheitsamt, das dem Department of Health and Human Services, also dem Gesundheitsministerium, unterstellt ist. (A. d. Ü.)

darin zu verstecken, keine Füße, um wegzulaufen, kein Geld, um sich eine Waffe zu kaufen. Das da draußen ist ein Dschungel, wie er im Buche steht, und selbst Ihr Nachbargemüse will Sie von Ihrem Platz an der Sonne verdrängen. Was tun Sie in diesem Fall? Sie reißen sich am Riemen und entwickeln ein komplexes System der chemischen Kriegsführung.

Wie Walnuss- und Eukalyptusbäume können Sie durch Ihre Blätter eine wachstumshemmende Substanz absondern, die der Regen dann auf den Boden zu Ihren Füßen spült, um sich auf diese Weise Ihre Nachbarn vom Leibe zu halten, oder Sie können diese Substanz, wie Apfelbäume und der Weizen es tun, direkt durch Ihre Wurzeln absondern. Mangelt es Ihnen an Raffinesse, so können Sie den Giftefeu imitieren und ein für Ihre zweibeinigen Feinde dermaßen schädliches Öl produzieren, dass diese ihren Kindern beibringen werden, Sie zu meiden wie die Pest. Wenn Sie kein Gegner der Empfängnisverhütung sind, können Sie ein Gebräu aus Juvabionen herstellen, um die Fortpflanzung der Sie stechenden Insekten hinauszuzögern, oder eines aus Ecdysonen, um das Wachstum dieser Insekten dahingehend zu beschleunigen, dass deren gebärfähige Jahre einfach übersprungen werden. Haben Sie, wie die Schlangenwurzel, keine Skrupel, mit List und Tücke vorzugehen, so könnten Sie in Erwägung ziehen, die Milch der sich an Ihnen mästenden Kühe zu vergiften, so dass Abraham Lincolns Mutter das Zeitliche segnen wird, wenn sie davon trinkt. Denken Sie nur an die Publicity!

So viel zur Gütigkeit des Pflanzenreichs. Im Großen und Ganzen gibt es vier Kategorien von chemischen Waffen, die der Salat gegen seine zweibeinigen Feinde einsetzt: Nährstoffblocker, Toxine, Mutagene (die das menschliche Erbgut verändern) und Karzinogene.

Die Nährstoffblocker sind die köstlichsten dieser vier, das heißt, in moralischer Hinsicht köstlich, denn sie nehmen den Salatfanatikern eine der Rechtfertigungen für ihr zwanghaftes Verhalten: den Glauben, Salat sei gut für den menschlichen Organismus. Nährstoffblocker sind chemische Verbindungen, die sich an ein nützliches Vitamin oder Mineral andocken und Ihren Verdauungsapparat daran hindern, es zu absorbieren. Mein absoluter Favorit ist die Oxalsäure in rohem Spinat, einem Gemüse, das immer wieder wegen seines hohen Kalzium- und Eisengehalts gepriesen wird. Die Oxalsäure, so scheint es, bildet eine unauflösliche Verbindung mit Kalzium und Eisen – und zwar nicht nur mit dem im Spinat enthaltenen Kalzium und Eisen, sondern auch mit dem, das aus anderen Quellen stammt – und verwandelt ungekochten Spinat in ein Grünzeug ohne den geringsten Nährwert. Auch rohes Rübengrün, Mangold und Rhabarber enthalten jede Menge Oxalate. (Sie können aber davon ausgehen, dass die bisher bekannten, dem Genuss von rohem Rhabarber angelasteten Todesfälle eher auf das Konto toxischer Anthrachinonglykoside gingen.)

Rotkohl, Rosenkohl sowie rote und weiße Rüben enthalten in rohem Zustand ein Antivitamin, das sich mit dem B-Vitamin Thiamin verbindet und so dessen Absorption verhindert; vergleichbare Antithiamine finden sich auch in Senfkörnern, diversen Beerenarten, Baumwollsamen (deren Öl bei billigeren Salatdressings Verwendung findet) und einigen Farnarten (Fans von Farnsprossen sollten sich dessen immer bewusst sein). Das rohe Ei in einem Caesar Salad enthält Avidin, das auf ähnliche Weise das B-Vitamin Biotin bindet. Magnesium, Zink und Kupfer erfahren die gleiche Neutralisierungsbehandlung durch Phytate, die in rohem Getreideprotein enthalten sind; dazu zählen auch die Weizenkeime, die manche Leute auf ihren Salat zu streuen pflegen. Rohe Sojabohnen enthalten Antagonisten der Vitamine B12 und D und können Rachitis verursachen. Und ein in rohen Kidneybohnen, Alfalfa sowie einigen Erbsensorten enthaltener Vitamin-E-Blocker führt bei Tieren zu einem erhöhten Auftreten von Lebererkrankungen; sie werden aber wenigstens nicht an einem Vitamin-E-*Überschuss* leiden, der die Umwandlung von Beta-Karotin in Vitamin A blockiert.

Eines der größten Schimpfwörter im Vokabular der Ernährungsexperten ist das der »leeren Kalorien«, das sie auf solche kulinarischen Triumphe wie den gefrorenen Milky-Way-Riegel anwenden. Ich für meinen Teil würde lieber eine leere Kalorie essen als eine toxische. Und was könnte wohl leerer sein als eine Schüssel voll neutralisierter und blockierter, roher Spinatblätter, Weißkohlstreifen oder Erbsen?

Sie können davon ausgehen, dass rohes Gemüse, das eigentlich eine willkommene, reiche Quelle von Protein oder Stärke wäre, genauso reich an defensiven chemischen Substanzen ist, die das Protein und die Stärke unverdaulich machen. Proteasehemmer in rohen Kohlrabis, Steckrüben, Kichererbsen, Bambussprossen, Cashews, Erdnüssen und den meisten Bohnensorten bekämpfen genau die Enzyme in unserem Organismus, die das Protein verdauen; in ähnlicher Manier machen Amylasehemmer die Kohlenhydrate in rohen Kidneybohnen und rohen weißen Bohnen unbrauchbar.

Der aufmerksame Leser dürfte bemerkt haben, dass alle diese Salatzutaten nur in *rohem* Zustand als Antinährstoffe fungieren. Die genannten chemischen Verbindungen werden durch angemessenes Kochen eliminiert, wie übrigens auch einige der Toxine, auf die wir später noch zu sprechen kommen. Kochendes Wasser bewirkt, dass wasserlösliche chemische Verbindungen aufgelöst oder diluiert werden; hohe Hitze denaturiert viele Proteine, darunter auch die Mehrzahl der Nährstoffblocker und einige Toxine; andere Toxine oxidieren bei hohen Temperaturen schnell zu harmlosen Verbindungen. Es ist wichtig, bei jedem gefährlichen Gemüse die richtige Zubereitungsmethode, Temperatur und Kochzeit zu kennen. Im Zweifelsfall konsultieren Sie einfach Ihre Mütter oder Großmütter, denn die kennen sich mit diesen Dingen noch immer am besten aus.

In diesem Jahr feiern wir das vierzigtausendste Jubiläum der Kochkunst. Die moderne Anthropologie ist davon überzeugt, der *Homo sapiens* habe den Neandertaler in Europa nur deshalb so schnell verdrängt, weil der *Homo sapiens* im Unterschied zum Neandertaler kochen konnte. Wir haben gesehen, dass die meisten proteinreichen Gemüse – insbesondere Getreide und Bohnen – gekocht werden müssen, um überhaupt nahrhaft zu sein. Der *Homo sapiens* verstand es, sich eine neue und verlässliche Proteinquelle zu erschließen, indem er die Nährstoffblocker und Toxine in rohem Gemüse neutralisierte, und somit erlangte er einen entscheidenden Vorteil im Überlebenskampf. So wie ich es sehe, verputzten die Neandertaler, mit ihrer niedrigen, fliehenden Stirn und ihrer miserablen

Körperhaltung, weiterhin Salat und Crudités, bis sie ausstarben, und deshalb nennen wir sie Neandertaler – was so viel wie »primitive Ignoranten« bedeutet – und wenden diesen Begriff auch auf Zeitgenossen an, die noch immer so essen wie einst die Neandertaler. Ob Letztere als Dressing Thousand Islands oder Green Goddess bevorzugten, vermag ich nicht zu sagen, aber ich bin ja auch kein Anthropologe.

Vitamin- und Mineralblocker machen nichts weiter, als Leuten einen Streich zu spielen, die davon überzeugt sind, Salat sei gut für sie. Die Toxine in rohem Gemüse sind sehr viel heimtückischer, denn sie können schwere Krankheiten auslösen. Einige Toxine werden beim Kochen zerstört, aber nicht alle. Man kann davon ausgehen, dass von Schimmel oder Pilzen befallenes Gemüse diese Gifte um ein Vielfaches fleißiger produziert als gesundes Gemüse.

Die früheste publizierte Beschreibung einer Vergiftung durch Limabohnen stammt von 1884 und bezieht sich auf Mauritius. Zwischen 1919 und 1925 wurden in Puerto Rico sieben Todesfälle gemeldet, die auf den Verzehr von nicht ausreichend gekochten Bohnen zurückgeführt wurden. Limabohnen und andere Sau- oder Puffbohnen enthalten hohe Konzentrationen von Zyanen, die genauso giftig sind wie die Zyanide in diesen Hollywoodfilmen, die im Todestrakt von Alcatraz spielen. (Unter dem Stuhl des Todeskandidaten angebrachte Zyanidkapseln werden per Fernsteuerung in eine Pfanne mit Säure befördert, und die giftigen Gasschwaden steigen zu dessen Nase und Mund empor.) Zyane finden sich auch in roher Hirse, jungen Bambussprossen und Kassave (siehe auch Maniok, Tapioka und so weiter), der stärkereichen Wurzelknolle, die zehn

Prozent des globalen Kalorienbedarfs deckt und die in nigerianischen Zeitungen nach wie vor als Todesursache aufgeführt wird. Kassave dürfte in Ihrem Salat kaum auftauchen, aber unreife Bambussprossen schon eher. Beides muss gründlich geschält, in fließendem (nicht in ruhendem) Wasser gewaschen und ohne Deckel gekocht werden, damit das Zyanid nicht kondensiert und wieder in den Topf zurücktröpfelt.

Strumigene Substanzen führen bei Menschen, die eine jodarme Kost zu sich nehmen, zu einer krankhaften Vergrößerung der Schilddrüse, da sie die Jodaufnahme blockieren. Solche Substanzen finden sich in Weißkohl, Broccoli, Rosenkohl, Grünkohl, Kohlrabi, Steckrüben, Blumenkohl, Senfkörnern sowie Meerrettich und tragen zu deren charakteristischem Geschmack bei. Das im Mittleren Westen der USA bei deutschen und osteuropäischen Einwanderern und deren Familien gehäufte Auftreten von Strumae (Kröpfen) hängt einigen Untersuchungen zufolge mit deren starkem Kohlkonsum zusammen. Das gehäufte Auftreten dieser Erkrankung in manchen Regionen Tasmaniens wird darauf zurückgeführt, dass die Kühe dort mit markhaltigen Grünkohlstrünken gefüttert werden und dann über ihre Milch strumigene Substanzen übertragen (beim Kochen werden diese die Schilddrüsentätigkeit hemmenden Substanzen in der Regel aufgelöst).

Einer der Gründe, nach Frankreich und Italien zu reisen, liegt darin, dass man dort darauf verzichtet, Ihnen mit den Servietten, dem Besteck und der Litanei »French Dressing? Italienisches? Oder nur Öl und Essig?« einen Salat aufzunötigen. Bestellen Sie dort einen Salat, so wird dieser nicht vom Tellerwäscher zwischen seinen anspruchsvolleren Tätigkeiten zusammengewürfelt. Er wird wie ein vollwertiges Essen behandelt, nicht wie eine banale Sättigungsbeilage. Er wird sorgfältig komponiert, mit Entenbrust, Räucherforelle oder Foie gras gekrönt und häufig als ein erster Gang serviert. Deshalb verzögert er auch nicht das Dessert. Andererseits sind Frankreich und Italien auch die Ursprungsländer unseres gegenwärtigen kulinarischen Faibles für Favabohnen*, Kichererbsen und Kochbananen – die ausnahmslos aus exotischen Ländern stammen, wo die durchschnittliche Lebenserwartung bei etwa vierzig Jahren liegt.

Favismus ist eine Krankheit, die nach der Favabohne benannt wurde, oder umgekehrt. Dieser Liebling der Nouvelle cuisine kann roh in Ihrem Salat auftauchen. Leichte Fälle von Favismus führen zu Ermüdung und Übelkeit, akute Fälle zu Gelbsucht. Der als Mathematiker und Kultfigur hervorgetretene Pythagoras war nicht auf den Kopf gefallen und untersagte seinen Anhängern den Genuss von Favabohnen. Die Iraner hörten nie auf ihn, und bei einer kürzlich vorgenommenen Untersuchung von 579 Favismusfällen wurden alle bis auf vier der Saubohne angelastet. Die gute Nachricht ist die, dass in erster Linie solche Menschen von Favismus befallen werden, die an einem genetisch bedingten Defekt namens G6PD-Schwäche leiden und beträchtliche Mengen roher Favabohnen verzehren. Die schlechte Nachricht ist die, dass weltweit 100 Millionen Menschen sämtlicher Rassen und Hautfarben an einer G6PD-Schwäche leiden.

*Favabohne *(Vicia faba)*: auch als Sau-, Pferde- oder Puffbohne bekannt. (A. d. Ü.)

Schon die alten Hindus und der große Hippokrates wiesen warnend darauf hin, dass der Genuss von Kichererbsen zu Lathyrismus führen könne – neurologische Läsionen des Rückenmarks, die eine Lähmung der Beine bewirken. In manchen indischen Bundesstaaten ist der Verkauf von Kichererbsen verboten, denn sonst würden sie dort den Löwenanteil der Nahrung der Armen ausmachen, die aus Kichererbsenmehl, das aus rohen Kichererbsen gemahlen wird, ein *chapati* genanntes Fladenbrot herstellen. Weichen Sie die Kichererbsen über Nacht ein und garen Sie sie dann in reichlich kochend Wasser, so werden Sie nicht an Lathyrismus erkranken. Aber versuchen Sie nicht, auf diese Weise *chapati* zu machen. Und was Kochbananen betrifft, so sollten Sie diese in Maßen genießen. Afrikaner, die diesen Ratschlag nicht beherzigen, nehmen zu viel Serotonin zu sich und bekommen am Ende eine karzinoide Herzerkrankung; dabei scheint es keine Rolle zu spielen, ob sie ihre Kochbananen kochen oder nicht.

Das Kochen ist ebenfalls nutzlos, wenn Sie für Ihren Kartoffelsalat grüne, unreife Kartoffeln verwenden, denn deren Augen und Schalen können *tödliche* Mengen von Solanin enthalten. Zu kurz gekochte Kidneybohnen in den beliebten, »al dente« verzehrten bunten Bohnensalaten enthalten Hämagglutinine, die Ihre roten Blutkörperchen verklumpen lassen und für Wachstumsschäden bei afrikanischen Kindern verantwortlich sind. Affen, die auf eine Diät aus Alfalfasprossen gesetzt werden, entwickeln lupusähnliche Symptome. Sojabohnensprossen und Yamswurzeln enthalten beträchtliche Mengen von Östrogen und können den Hormonhaushalt von Frauen gehörig aus dem ıgewicht bringen, wenn sie zu viel davon essen oder die Pflanzen von Schimmel befallen sind. Purpur-:, ein beliebtes Gewürz in Japan und mittlerweile fast überall in den USA erhältlich, verursacht bei da-;efüttertem Vieh akute Lungenemphyseme. Bleiben lso lieber bei der guten alten, stinknormalen grünen :e.

ıe Liste ist schier endlos. Doch die Behörden ignorie-buchstäblich diese und andere natürliche Gifte in Ihrer .tschüssel, während sie gleichzeitig einen riesigen Wir-um chemische Nahrungsmittelzusätze und industrielle ıadstoffe entfachen. Diese Doppelmoral anzuprangern – · allem, was Karzinogene und Mutagene betrifft –, ist so vas wie die Mission von Professor Bruce Ames gewor-:n, dem Dekan der Biochemie-Fakultät von Berkeley. as karzinogene Potential einer Durchschnittsportion ganz ltäglicher Nahrungsmittel beschreibt Ames mit Vorliebe o, dass er diese mit dem kontaminierten Quellwasser von Kaliforniens Silicon Valley vergleicht, welches vom staatlichen Department of Health Services als krebserregend klassifiziert worden ist. Aflatoxin zum Beispiel zählt zu den stärksten bislang bekannten Karzinogenen und befindet sich in von Schimmel befallenen Getreidekörnern und Nüssen wie zum Beispiel den Erdnüssen, die Sie auf Ihren Salat streuen oder in Form von Erdnussbutter verzehren. Die Food and Drug Administration erlaubt so viel Aflatoxin in Nahrungsmitteln, dass die Erdnussbutter auf Ihrem Sandwich fünfundsiebzig Mal schädlicher sein kann als ein Liter kontaminiertes Silicon-Valley-Wasser, also die Menge, die Sie täglich trinken würden, wenn man Sie nur ließe.

Fast genauso schädlich sind die Hydrazine in einem einzigen rohen Pilz oder im Basilikum eines Klackses Pestosauce (das jede Menge Estragol enthält). Safrol, eine dem Estragol verwandte chemische Substanz, ist der Grund dafür, dass aus natürlichen Wurzelextrakten hergestelltes Root Beer inzwischen von der FDA verboten wurde. Noch schlimmer als Silicon-Valley-Wasser und fast genauso schlimm wie Basilikum ist der tägliche Teelöffel brauner Senf in Ihrem pikanten Salatdressing. Die Psoralene in Sellerie (die um das Hundertfache zunehmen, wenn der Sellerie schimmelig ist) führen bei Supermarktkassiererinnen häufig zu Dermatitis. Einwandfreier Sellerie in Ihrem Salat ist ungefährlich, aber können Sie absolut sicher sein, dass Ihr Sellerie einwandfrei ist? Manche Forscher sind der Ansicht, Psoralene seien dermaßen krebserregend, dass man sich ihnen »so wenig wie möglich aussetzen sollte«.

Ich sollte an dieser Stelle vielleicht erwähnen, dass Professor Ames privat nichts gegen Salat zu haben scheint. (Er vermutet sogar, dass manche Gemüsearten antikarzinogene Eigenschaften besitzen könnten.) Doch große Geister sind mitunter nicht in der Lage, die Implikationen ihrer eigenen Arbeit vollständig zu erfassen. Diese Aufgabe fällt dann denjenigen zu, die nach ihnen kommen. Den Salatfreunden ist vielleicht aufgefallen, dass ich keine Beweise gegen rohe Zucchini oder Karotten präsentiert habe. Das liegt daran, dass ich keine gefunden habe. Mutter Natur konnte nie und nimmer ahnen, dass Zucchini – die im Rohzustand so gut wie keinen Geschmack und noch weniger Nährwert besitzen – dem modernen *Homo sapiens* eines Tages als Nahrungsmittel dienen würden. Aber können wir einen Menschen, der rohe Zucchini verputzt, allen Ernstes als einen modernen *Homo sapiens* bezeichnen?

Rohe Karotten enthalten das passend getaufte Carotatoxin; wird es aus dieser orangefarbenen, spindelförmigen Wurzel extrahiert und an Mäuse verabreicht, so verursacht Carotatoxin bei ihnen schwere Nervenstörungen. Doch ein Mensch müsste auf einen Schlag etwa 1500 Kilo Karotten verzehren, um die entsprechende Dosis aufzunehmen.

Und was ist mit rohem Obst? Im Unterschied zum asozialen Gemüse ist reifes Obst kontaktfreudig und geradezu darauf erpicht, gegessen zu werden und seine Samen möglichst weit zu verbreiten. Deswegen erzeugen alle reifen Früchte chemische Substanzen – Aromen, diese oder jene Zuckerart, Farbstoffe, Weichmacher –, um Tiere zu *verlocken,* statt zu verletzen. Rohes, reifes, süßes, schmackhaftes Obst wurde erschaffen, um Menschen und Tieren ein nicht enden wollendes Vergnügen zu bescheren, sogar den Neandertalern und ihren modernen Vettern. Und man muss es nicht mit kochendem Wasser traktieren, um es sich gefügig zu machen.

Des Truthahns Kern

Mein zweitschönstes Thanksgiving-Dinner fand vor achtzehn Jahren in einem kastanienbraunen Mietwagen mittlerer Preisklasse statt. Noch nie hatte die Sonne herrlicher gestrahlt als an jenem Donnerstagmorgen*, an dem wir zu dritt von Manhattan zu der im Norden des Bundesstaates New York gelegenen Farm unserer Freunde aufbrachen. Doch zwei Stunden später gerieten wir in einen fürchterlichen Blizzard, dessen suppentellergroße Schneeflocken uns im Nu die Sicht raubten – unser Auto kam vom Highway ab und rutschte mit der Kühlerhaube in eine Schneeverwehung, die so groß war, dass man darin problemlos ein Einfamilienhaus hätte verstecken können. Wir durchsuchten das Auto nach einer Schaufel, stießen aber lediglich auf die Pflaumentorte, die Pfirsichtorte, die Apfeltorte, die beiden Brotlaibe und den Liter uralten Scotch, die wir zum Thanksgiving-Festmahl beisteuern wollten.

Nachdem wir schnell überschlagen hatten, dass unser Benzin ausreichte, um die Autoheizung zwei Wochen laufen zu lassen, nahmen wir Abstand von dem ehrgeizigen

* Der amerikanische Feiertag Thanksgiving, der Thanksgiving Day, fällt stets auf den letzten Donnerstag im November und hat kaum etwas gemein mit dem deutschen bzw. evangelischen »Erntedankfest« (das in der Regel am ersten Sonntag nach Michaelis, also Anfang Oktober begangen wird): In seinem Mittelpunkt steht nicht ein kirchlicher Dankgottesdienst, sondern ein häusliches Festmahl, bei dem traditionellerweise ein gebratener Truthahn und landestypische Beilagen aufgetischt werden. (A. d. Ü.)

Projekt, noch die Farm unserer Freunde zu erreichen, und machten uns stattdessen unverzüglich und dankbar über die Torten, das Brot und den Scotch her, wobei wir uns des Schweizer Armee-Messers und der multifunktionalen Outdoor-Tassen aus Titan bedienten, ohne die wir damals nie auch nur einen Schritt aus unserer Wohnung zu machen pflegten. Anschließend gönnten wir uns ein kurzes Nickerchen. Als wir erwachten, erwartete uns an besagter Schneewehe ein stiller, wolkenloser Abend voller Abschleppwagen, Tankstellen und detaillierter Instruktionen, die uns wieder ins sichere Manhattan zurückgeleiteten, gerade noch rechtzeitig für einen späten Lunch in einem seiner vorzüglichen Restaurants.

Ein besonders erfreulicher Aspekt meines zweitschönsten Thanksgiving-Dinners bestand darin, dass es völlig truthahnlos war. Das *Oxford English Dictionary* definiert den Truthahn als »einen allgemein bekannten, großen hühnerartigen Vogel … der heute in allen zivilisierten Ländern als Tafelgeflügel geschätzt wird«. Dem muss ich entschieden widersprechen. Wir essen Truthahn zu Thanksgiving, weil der Truthahn ein essbares Symbol ist – als Tafelgenuss gibt er nämlich kaum etwas her. Er steht für die Entdeckung der Nahrungsmittel der Neuen Welt und für die Brüderlichkeit, die die amerikanischen Ureinwohner denjenigen angedeihen ließen, die sie schon bald darauf brutal aus ihrer Heimat vertreiben sollten. Essbare Symbole sind in der Regel kein Gaumenkitzel, obgleich ich einmal einen köstlichen Eiffelturm aus Zartbitterschokolade und einen aus erstklassiger Leberpastete modellierten Schwan aß. Wären Truthähne kein Symbol, so kämen wir nie auf die Idee, so viele von diesen Vögeln zu vertilgen.

Ihr Fleisch ist fast immer fade und sehnig, und an ihrer Form stimmt von vorne bis hinten nichts.

Das Beste an einem gebratenen Truthahn ist seine Haut. Um die offensichtliche Nachfrage nach mehr weißem und weniger dunklem Fleisch zu befriedigen, haben moderne Truthahnzüchter einen Vogel entwickelt, der hauptsächlich aus einer monströsen, fast kugelförmigen Brust und kurzen, mickerigen Beinen besteht. Trotzdem ist die Brust dieses Vogels eindeutig das kulinarisch unergiebigste Stück, und ihre Kugelform kann man nur als eine krasse Fehlkonstruktion bezeichnen. Erinnern Sie sich noch daran, was wir in der High School über Kugeln gelernt haben? Von allen geometrischen Figuren hat die Kugel im Verhältnis zum Volumen die kleinste Oberfläche; folglich hat ein kugelförmiger Truthahn die ungünstigste Relation von Haut zu Fleisch. Wie viel kulinarisch ergiebiger wäre es doch, züchtete man einen modernen Truthahn in Form einer Pizza von, sagen wir mal, sechzig Zentimeter Durchmesser, mit kleinen Flügeln und Beinen am Rand und zwei üppig dimensionierten Oberflächen aus köstlich-knuspriger, würziger, goldbrauner Haut mit ein bisschen Fleisch darunter!

Selbst als Symbol weist der Truthahn mindestens vier Mängel auf:

1. Die Pilgerväter aßen wahrscheinlich keinen Truthahn bei ihrem ersten Thanksgiving-Mahl im Jahre 1621. Im einzigen Augenzeugenbericht von diesem Ereignis, nachgedruckt im *Thanksgiving Primer* der so genannten Plimouth Plantation, wird Truthahn mit keinem Wort erwähnt. Wie man in Evan Jones' Buch *American Food* (Overlook) nachlesen kann, aßen die Pilgerväter damals Wildbret, Enten-

braten, Gänsebraten, Muscheln, Aale, Mais, Bohnen, Weizen- und Maisbrot, Porree, Wasserkresse und Wildpflaumen, und dazu tranken sie hausgemachten Wein. Es ist zweifelhaft, ob die Teilnehmer dieses Banketts überhaupt ein Erntedankfest im Sinn hatten.

2. Es kann keine Rede davon sein, dass die Indianer die Pilgerväter in deren erstem, von Hunger und Not überschattetem Jahr an diesen Gestaden *aus freien Stücken* mit Essen versorgten, und sie stellten ihnen auch nicht jene wunderbaren Nahrungsmittel vor, die die Neue Welt zu bieten hatte. Laut Waverly Root und Richard de Rochemont versorgten die amerikanischen Ureinwohner die Kolonisten in Virginia tatsächlich mit Nahrung, doch ihre Artgenossen in Massachusetts zeigten sich weniger kooperativ. »Es war ein Brauch der Indianer, an dieser oder jener Stelle versteckte Vorratslager mit haltbaren Nahrungsmitteln anzulegen, auf die sie dann bei Bedarf zurückgreifen konnten; die Pilgerväter hatten das große Glück, über ein solches Vorratslager zu stolpern, denn sonst hätten sie nicht (oder nur die wenigsten von ihnen) jenen ersten schrecklichen Winter überlebt«, schreiben sie in *Eating in America* (Ecco Press).

3. Sollten die Pilgerväter bei jenem ersten »Thanksgiving-Dinner« doch Truthahn gegessen haben, so dürften sie zu Hause in England wesentlich schmackhaftere Truthähne genossen haben. Obwohl die englische Bezeichnung *turkey* dies nahe zu legen scheint, stammt der Truthahn keineswegs aus der Türkei, sondern aus der Neuen Welt, wo es eine Reihe von Unterarten dieses Vogels gab; die mexikanische Version war schon von den Azteken domestiziert worden, lange bevor die spanischen Konquista-

doren 1518 in Mexiko einfielen; diese brachten den mexikanischen Truthahn nach Europa, wo er schon bald gewerbsmäßig gezüchtet wurde. In einem mit *The English Hus-wife* übertitelten Kochbuch von 1615 taucht der Truthahn beinahe ebenso häufig auf wie das Huhn; er war den Pilgervätern also mit Sicherheit vertraut, als sie in der Neuen Welt landeten und dort auf den an der Ostküste beheimateten Wildtruthahn stießen, eine minderwertigere Rasse als der domestizierte mexikanische Truthahn, aber nichtsdestoweniger ein Truthahn.

In der Zeit zwischen ihrer Landung im Dezember 1620 und ihrem ein Jahr später veranstalteten Thanksgiving-Mahl verzehrten die Pilgerväter zweifellos Wildtruthahn, auch wenn sie bei dem legendären Festessen selbst auf das große hühnerartige Geflügel verzichteten. Wild war in Nordamerika so zahlreich vorhanden, dass manche Autoren den Erfolg der Kolonisierung allein auf diese Tatsache zurückführen. Andere sind der Ansicht, der schier unerschöpfliche Wildreichtum, zu dem auch der Truthahn beitrug, habe die amerikanische Fleischobsession hervorgerufen, die europäische Besucher, wie Waverly Root schreibt, seit nunmehr zwei Jahrhunderten immer wieder in ungläubiges Erstaunen versetzt.

Somit symbolisiert der Truthahn in Wirklickeit den übermäßigen Fleischkonsum und die Herz-Kreislauf-Erkrankungen, die dieser nach sich zieht. Die eigentliche Bedeutung des Thanksgiving-Dinners liegt in den Beilagen, nicht im Hauptgericht – in all den unbekannten Köstlichkeiten, die die Neue Welt den ersten europäischen Siedlern wie aus einem magischen Füllhorn bescherte, unter anderem die Cranberry, den Kürbis, die Süßkartoffel, den Mais und eine Vielzahl von Bohnen. Deshalb halte ich es für eine gleichsam religiöse Pflicht, an diesem Festtag jede Menge Schokolade zu essen, in jeder erdenklichen Form. Es wäre eine unverzeihliche Sünde, sich nicht auch für diese Frucht der Neuen Welt zu bedanken.

4. Zwei oder drei Missverständnisse sind dafür verantwortlich, dass unser *turkey* seinen albernen Namen bekam. Sollten Sie annehmen, dieser Name rühre daher, dass Kolumbus irrtümlicherweise glaubte, in Asien gelandet zu sein, so befinden Sie sich auf dem Holzweg. Als die Spanier nur sechsundzwanzig Jahre nach Kolumbus' erster Entdeckungsfahrt den Truthahn zu sich nach Hause brachten, verwechselten die Europäer diesen Vogel mit dem Perlhuhn, einem völlig anderen, schon Aristoteles und Plinius bekannten Vogel afrikanischer Herkunft, und verpassten dem Truthahn einfach den Namen, den sie bereits für das Perlhuhn verwendeten. Die Engländer nannten das Perlhuhn »turkey«, denn sie glaubten, dieser afrikanische Vogel wäre über Länder aus dem türkischen Herrschaftsbereich nach Europa gelangt; und so wurde aus dem Aztekenvogel ebenfalls ein »turkey«. Die Deutschen bezeichneten nicht nur den alten afrikanischen, sondern auch den neuen mexikanischen Vogel als *kalekuttisch Hun*, also als »Kalkuttahuhn« (analog zum niederländischen *kalkoen*), während die Franzosen beide als *coq d'inde* oder einfach als *d'inde* bezeichneten, woraus sich dann das heutige *dinde* entwickelte – was durch die Bank »indischer Hahn« bedeutet. Für die Europäer lagen die Türkei und Indien mehr oder weniger in derselben Gegend.

All dies ist letztlich nur ein nutzloser Ausflug in die Ornithologie. Trotz seiner Unvollkommenheit, was Geschmack und Konsistenz anbelangt, trotz seiner Untauglichkeit als nationales Symbol und trotz seines irreführenden Namens ist der *turkey* ein gastronomisches Muss bei jedem oder doch zumindest bei fast jedem amerikanischen Thanksgiving-Dinner. Angesichts der köstlichen und erzieherisch wertvollen Beilagen nehmen wir auch einen nach nichts schmeckenden, goldbraunen Vogel in Kauf; ein gigantisches Objekt zwischen acht bis fünfzehn Personen aufzuteilen und am selben Tag das Gleiche zu essen wie jeder andere Amerikaner auch, kann ein Gemeinschaftsgefühl stiften, das seinesgleichen sucht; und ist ein Truthahn fachgerecht zubereitet, so wird seine zarte, restlos ausgelassene, betörend duftende Haut nur noch von der eines gebratenen Spanferkels übertroffen.

Und deshalb ist mein allerschönstes Thanksgiving-Dinner ein »Thompson's Turkey«. Das Problem ist nur, dass ich noch nie einen richtig zubereiteten Truthahn à la Thompson gegessen habe – obwohl ich Thompsons Anweisungen bei etlichen Gelegenheiten penibel, ja fast schon mit zwanghafter Gründlichkeit befolgt habe.

Morton Thompson war ein Zeitungsmann, der in den 1930er und 40er Jahren Kolumnen für das *New York Journal* und die *Hollywood Citizen-News* verfasste (obwohl er eher wegen seines Romanbestsellers *Not as a Stranger* [*Und nichts als ein Fremder*] bekannt sein dürfte, der 1954 erschien und im Jahr darauf mit Olivia de Havilland, Frank Sinatra und Robert Mitchum verfilmt wurde). Hin und wieder widmete sich Thompson in seiner Kolumne dem Thema Essen, und in einem November Mitte der 1930er Jahre verriet er seinen Lesern ein aufwändiges Truthahnrezept, das in den darauffolgenden Jahren von vielen

Zeitungen nachgedruckt wurde und seit Thompsons Tod alle zehn oder fünfzehn Jahre in irgendwelchen Broschüren oder populären Zeitschriften auftaucht. Man könnte sagen, die Anhänger des Thompson-Truthahns bilden eine Art Sekte (wenngleich eine kleine und harmlose), deren Mitglieder sich von der übrigen Bevölkerung nur dadurch unterscheiden, dass sie sich nicht vor acht bis zehn Stunden Schwerstarbeit scheuen, um einen außerordentlichen und beispiellos schmackhaften Truthahn zuzubereiten.

Der Thompson-Truthahn ist in einem Zweig der Familie meiner Frau zu einer solchen Tradition geworden, dass der *Nashville Banner* vor zwölf Jahren einen Artikel über ihre Cousine Bonnie Lloyd (eine ehemalige Miss Utah), deren Ehemann Bill, deren sechs Kinder – Ivey, Tiffany, Sheffy, Marty, Westy und Merrilee –, sowie deren Thompson-Truthahn brachte. Es war Bill, der mich zum ersten Mal auf diese Spezialität aufmerksam machte, mit einem vergilbten und zerknitterten Ausschnitt aus einer 1957 erschienenen Ausgabe des Magazins *Gourmet* und einem Zitat des Humoristen, Theaterkritikers und Schauspielers Robert Benchley:

Vor einigen Jahren aß ich einmal einen von Morton Thompson hergerichteten und gebratenen Truthahn. Ich aß nicht den ganzen Truthahn, doch das lag nicht an mir. Es waren noch andere Personen zugegen, die mich daran hinderten. … Ich will nur sagen, dass ich damals zu der Überzeugung gelangte, dass Morton Thompson das größte Genie seit [Brillat-]Savarin war, und nach allem, was ich weiß, war Savarin nicht so gut wie Morton Thompson.

Um einen Thompson-Truthahn zuzubereiten, stellt man zuerst Thompsons aufwändige Farce zusammen, näht diese fest in einen sehr großen Truthahn ein und brät diesen dann bei sehr hoher Temperatur kurz im Ofen an. Anschließend bepinselt man ihn mit einer Paste aus Mehl, Ei und Zwiebelsaft, lässt diese im Ofen antrocknen und bepinselt den Vogel erneut damit, was man so lange wiederholt, bis er hermetisch von einer festen Kruste versiegelt ist. Dann brät man den Truthahn fünf Stunden bei niedriger Temperatur und begießt ihn alle fünfzehn Minuten. Am Ende kommt der Vogel mit einer sich von Flügel zu Flügel erstreckenden pechschwarzen Kruste aus dem Ofen. Aus welchem Grund sollte man einem Truthahn so etwas antun? Nun, Morton Thompson erklärt es so:

Unter dieser verkohlten, harmlosen und nunmehr wertlosen Schale wird ein goldener und dunkelbrauner Vogel zum Vorschein kommen, prall und üppig, verführerisch duftend, krachend knusprig und kross. Und das Fleisch unter diesem betörenden Panorama von den Mund wässrig machender Haut wird so von Feuchtigkeit gesättigt sein, dass der Saft in winzigen Fontänen bis zum Griff der Bratengabel emporspritzt, sobald man durch die Haut hindurchsticht; das Fleisch wird weiß sein, vor ambrosischen Aromen strotzend, überquellend von Dingen, die kurz den Gaumen kitzeln und sich dann ebenso schnell verflüchtigen, wie man schlucken kann; trennt man ein kleines Stück Fleisch mit einem Löffel heraus, so lässt sich dieses genauso leicht und problemlos auf eine Scheibe Brot streichen wie weiche Wurst.

Um diesen Truthahn zu verzehren, muss man nicht die Kunst des Tranchierens beherrschen. Man muss ihn nur in strengem Tonfall ansprechen, und schon wird er von allein in Stücke zerfallen.

Und das wäre im Grunde schon alles. Bis auf die Füllung! Kein Federhalter, es sei denn, er wäre mit Thompsons Sauce gefüllt, kann diese Delikatesse beschreiben – auf der Welt gibt es weder genug Papier, um all die Gedanken und Adjektive festzuhalten, die sie heraufbeschwört, noch genug Marmor, um ihr das gebührende Monument zu errichten.

In der Annahme, dass Sie diese Worte genauso verlockend finden wie ich, werde ich Ihnen Thompsons detailliertes Rezept verraten, sobald ich Ihnen alles Übrige darüber erzählt habe; ich habe die 1945 publizierte Version ausgewählt, also die, die ich sklavisch befolgt habe, zumindest bei meinem ersten Versuch.

Da die Farce insgesamt neunundzwanzig Zutaten enthält, benötigte ich geschlagene drei Stunden, um den Vogel in den Ofen zu bekommen, und nicht bloß deshalb, weil die alphabetische Ordnung meines Gewürzregals durcheinander geraten war; fast jedes Gewürz, das ich besitze, fand seinen Weg in Thompsons Farce. Die fertige Mischung erinnert an keine irgendwie identifizierbare Küche; sie enthält Zutaten wie zerkleinerte Ananas und Wasserkastanien aus der Dose, die wagemutige amerikanische Hausfrauen vor fünfzig Jahren unter fast alle Gerichte mischten, die sie kochten. Und sie enthält Knoblauch, was selbst den meisten Hausfrauen vor fünfzig Jahren zu gewagt gewesen wäre, denn damals stand die amerikanische Küche noch immer unter der Fuchtel der anglo-germanischen Geschmacksphobien. Werden statt Thompsons getrockneter Kräuter frische verwendet und die hier und da vorhandenen Unklarheiten in der Einkaufsliste erfolgreich enträtselt, so ist dies nach meinem Dafürhalten die köstlichste Brotfarce, die man sich vorstellen kann.

Ein Truthahn ist die größte Kreatur, die die meisten von uns jemals zubereiten werden: neun Kilo Muskelfleisch und Knochen und dazu noch einmal knapp zweieinhalb Kilo Füllung. Nach Thompsons Methode muss man den Truthahn mehrmals wenden – für meinen Geschmack ein bisschen zu oft, denn er verwandelt sich binnen kürzester Zeit in eine heiße, glitschige Elfeinhalb-Kilo-Bombe. Es war August, als ich meinen ersten Thompson in Angriff nahm, und obwohl ich sämtliche Klimaanlagen voll aufgedreht hatte, um die Temperatur zu simulieren, bei der die Pilgerväter ihr erstes Thanksgiving gefeiert haben mussten, trug ich in der Küche Shorts, während ich mich damit herumplagte, den Vogel hin und her zu drehen. Er glitt mir aus den Händen und schlidderte in Richtung des geöffneten Geschirrspülers. Ich hechtete vorwärts, um ihn noch rechtzeitig zu erhaschen. Dies gelang mir auch, allerdings erst, nachdem ich mit beiden Schienbeinen gegen den rotglühenden Ofenrost geprallt war. Monate später trage ich noch immer die Narben dieser Bratverletzung. Alle Kochbücher sollten unbedingt den Hinweis enthalten, dass es sich empfiehlt, beim Braten lange Hosen zu tragen.

Mein Truthahn à la Thompson kam genauso aus dem Ofen, wie Thompson es beschrieben hatte: kohlrabenschwarz. Als ich hineinstach, spritzten allerdings keine Saftfontänen heraus. Die schwarze Schicht ließ sich nicht so ohne Weiteres entfernen, und die in Aussicht gestellten Quadratmeilen köstlich krosser Haut konnte ich nirgends entdecken. Doch sonst stimmte alles, was Thompson und

Benchley über »Thompson's Turkey« gesagt hatten. Das Fleisch dieses Truthahns ist das geschmackvollste und saftigste, das Sie jemals kosten werden, tief durchdrungen von den vielfältigen Aromen der Farce, die nun dermaßen miteinander verschmolzen sind, dass keines aus den anderen heraussticht oder diese überlagert. Jeder, der einmal einen Thompson-Truthahn genossen hat, stimmt dem uneingeschränkt zu. *Es ist womöglich der einzige Truthahn, den man nicht nur aus symbolischen, sondern auch aus kulinarischen Gründen verzehren kann.*

Und dies versöhnte mich beinahe damit, dass ich von dem gesamten Truthahn lediglich ein paar Quadratzentimeter knuspriger Haut zu retten vermochte – aber eben nur beinahe. Wäre Morton Thompson heute noch am Leben, so könnte er seine schriftlichen Instruktionen gewiss erweitern und uns mit einem narrensicheren Rezept beglücken. Cousine Bonnie und Cousin Bill, die schon an die fünfzehn Mal einen Thompson-Truthahn zubereitet haben, scheinen es aufgegeben zu haben, dabei eine befriedigende Hautausbeute erzielen zu wollen. Ich hingegen möchte da keine Kompromisse machen. Bis mir jemand erklärt, wie man einen Thompson mit perfekter Haut zubereiten kann, werde ich mich einer traditionelleren Bratmethode bedienen.

»Kein Fleisch kann wirklich gut gebraten werden außer an einem drehbaren Spieß vor einem stetigen, kräftigen Feuer – andere Methoden sind im Grunde nichts weiter als Backen«, schrieb Mary Randolph in *The Virginia Housewife* (1824), einem Kochbuch, das ohne Frage zu den fünf besten Kochbüchern gehört, die hier zu Lande jemals veröffentlicht wurden. (Erstehen Sie bitte ein Exemplar bei der University of South Carolina Press in Columbia; obwohl das Buch inzwischen 168 Jahre alt ist, können Sie auf der Stelle danach kochen, und die Rezepte sind einfach fabelhaft.) Da ich in Norditalien und in manchen Regionen Frankreichs schon des Öfteren am Drehspieß und vor oder über einem Holzfeuer gebratene Vögel oder Säugetiere genossen habe, weiß ich, dass Mrs. Randolph Recht hat, und sobald ich ein Haus mit offenem Kamin bezogen habe, werde ich jeden Monat eine Kolumne zu diesem Thema schreiben, bis mir meine Chefredakteurin Einhalt gebietet.

Vor knapp einem Jahr habe ich einen neuen elektrischen Farberware Standard Smokeless Indoor Grill mit Drehspieß erworben (nachdem ich die Flohmärkte vergeblich nach einem gebrauchten Roto-Broiler abgeklappert hatte, einem elektrischen Drehspieß in einem stromlinienförmigen, verchromten Gehäuse, der in jedem vorstädtischen Haushalt herumstand, als ich noch ein Teenager war) und mit zwei Kilo schweren Hähnchen und Enten fantastische Ergebnisse erzielt, vor allem dann, wenn ich die Vögel straff und kompakt mit Küchengarn dressierte und sie so nahe wie möglich an den elektrischen Heizspiralen platzierte (und, im Falle der Enten, die Haut hier und da einpiekste, damit das Fett ablaufen konnte). Abgesehen von dem vorläufigen Vergnügen, mich an saftigen und knusprigen Vögeln zu delektieren, wann immer ich möchte, betrachte ich dies vor allem als eine Vorbereitung auf den Tag, wo mir endlich ein richtiger Kamin zur Verfügung steht.

Laut Gebrauchsanweisung bewältigt mein Farberware Truthähne mit einem Gewicht von bis zu siebeneinhalb Kilo, und genau dieses Kaliber wollte ich ausprobieren;

der Vogel, so hieß es, sollte ohne Farce und straff dressiert fünf Stunden gebraten werden. Die erste dieser fünf Stunden war kaum verstrichen, als ein Flügel des Truthahns unter dem Garnfaden hervorschlüpfte, sich in einer der elektrischen Heizspiralen verfing und dadurch den Drehspieß blockierte. Auf diese Weise fixiert, wurde der Vogel entlang eines sich vom Hals bis zum Bürzel erstreckenden Streifens schnell braun und dann schwarz; der Faden, mit dem die Keulen fest an den Körper gebunden waren, brannte durch, und beide Keulen rutschten zwischen die glühenden Spiralen. Es waren der Gestank von verbranntem Fleisch und die beißenden Rauchschwaden, die mich in die Küche zurücksausen ließen, wo ich mich während der nächsten Stunde mit siebeneinhalb Kilo heißem, fettigem Fleisch und herausstehenden Knochen abmühte, bis ich den Vogel neu verschnürt und am Spieß in die richtige Balance gebracht hatte. Dann schob ich den Stecker des Farberware wieder in die Steckdose. Als ich nach einer halben Stunde in die Küche zurückkehrte, war kaum ein Fortschritt zu erkennen, denn ich hatte doch tatsächlich den Stecker des Mixers statt den des Farberware eingestöpselt, deren Kabel sich zum Verwechseln ähnlich sehen. Ich halte meine Frau für eine extrem zyklische Person, dem Mond und seinen Phasen vergleichbar, und einer ihrer unangenehmsten Zyklen tritt um Mitternacht ein, wenn das Abendessen noch immer nicht in Sicht ist. Doch ich widerstand ihrem resoluten Drängen, den Bratvorgang zu beschleunigen, bis sich die Garnfäden erneut lösten, mit einem Unheil verkündenden Poltern, woraufhin ich den Vogel in den auf Höchstemperatur vorgeheizten Ofen verfrachtete. Das Resultat war weder schön anzuschauen noch mit Genuss zu essen, doch ich finde, wir sind nun sehr viel besser vorbereitet auf die wahre Bratspieß-Cuisine mit offenem Kamin.

Mary Randolph hätte die nicht enden wollende, fünfstündige Bratzeit des Farberware- oder des Thompson-Truthahns zweifellos missbilligt. In *The Virginia Housewife* empfiehlt sie *eineinviertel Stunden*, um einen Vogel »mittlerer Größe« (womit sie vermutlich an die fünfeinhalb Kilo meinte) gar zu braten. Ihr Feuer muss glutheiß gewesen sein – es sei denn, sie bevorzugte ihr Truthahnfleisch innen noch blutig. Der Grund, warum sie das Braten bei niedrigeren Methoden als »Backen« bezeichnet, ist der, dass der Vogel auf diese Weise in seinem eigenen Saft schmoren kann.

Bis mir jemand erklärt, wie man die Haut eines Thompson-Truthahns retten kann, werde ich mich an Mrs. Randolphs Hochtemperatur-Empfehlung halten, wenn ich zu Thanksgiving ein essbares Symbol zubereite. Die bequemste und praktischste Art, dies zu tun, ist, wie ich finde, Barabara Kafkas erstaunlich einfache Methode, die sie vor einem Jahr in *Gourmet* vorstellte (und die auch in ihrem neuen Buch, *Party Food* [Morrow], enthalten ist). Sie schieben einen großen Truthahn in den auf 260 °C vorgeheizten Ofen, ruckeln hin und wieder an dem Vogel, damit er unten nicht anbrennt, und nach knapp zwei Stunden holen Sie ihn wieder heraus. Ihre Küche dürfte von Rauchschwaden erfüllt sein, und der Bratfond wird am Backblech angebrannt sein, doch das Fleisch ist saftig (wenngleich fade) und die Haut so kross und knusprig und so würzig und aromatisch, wie Sie es sich schon immer in Ihren Träumen ausgemalt haben. Ich werde Ihnen die

Details nach dem Rezept für den Thompson-Truthahn verraten.

Truthahn à la Thompson *Rezept*

[Mit Ausnahme der Sätze in eckigen Klammern handelt es sich hierbei um Thompsons eigene Worte. Sein Rezept wurde unzählige Male publiziert. Diese Version erschien 1945 in einer mit *Joe, the Wounded Tennis Player* übertitelten Anthologie von Kolumnen aus Thompsons Feder (Doubleday, Doran and Co.); meine unschätzbaren Tipps und Verbesserungsvorschläge erscheinen in eckigen Klammern.]

Der Truthahn sollte mindestens 7 Kilo und nicht mehr als 10 Kilo wiegen. Sollen es 8 Kilo oder mehr sein, so kaufen Sie eine Henne, denn dann werden Sie mehr Brustfleisch haben. … [Angesichts der heutigen Zuchtpraktiken ist es unnötig, auf einer Henne zu bestehen, selbst wenn Ihr Schlachter wissen sollte, woran er eine Henne erkennen kann.]

[Sämtliches lose Fett aus dem Inneren des Vogels entfernen, fein hacken und auslassen, indem es mit ½ Tasse Wasser in einem kleinen Topf zum Kochen gebracht wird. Das Ganze so lange vor sich hin köcheln lassen, bis das Wasser restlos verdampft ist und ein klares Fett mit Grieben übrig geblieben ist. Das Fett für die Farce beiseite stellen; die Grieben anbraten und zwischendurch als Snack genießen.]

Den Vogel innen und außen mit Salz und Pfeffer einreiben. Den Magen, den Hals, die Leber und das Herz hacken und zusammen mit 1 Lorbeerblatt, 1 Teelöffel Paprika, ½ Teelöffel Koriander, 1 Knoblauchzehe und 4 Tassen Wasser in eine Kasserolle geben und nach Belieben salzen. Alles vor sich hin köcheln lassen und währenddessen mit der Zubereitung der Füllung beginnen. [Wird die Haut des Truthahns mit Öl bepinselt, bevor man sie mit Salz und Pfeffer einreibt, so lässt sich die schwarze Schicht später fast so problemlos entfernen, wie Thompson behauptet!]

1 [geschälten und entkernten] Apfel und 1 [geschälte] Orange würfeln und zusammen mit 1 großen Büchse zerkleinerte Ananas, der abgeriebenen Schale ½ Zitrone, 1 Büchse vorher abgetropfter Wassernüsse und 3 Esslöffeln gehackter, eingemachter Ingwerwurzel in eine Schüssel geben. [Versuchen Sie es mit ca. 300 Gramm abgetropften, grob gehackten Wasserkastanien und ca. 600 Gramm zerkleinerter Ananas.]

In eine andere Schüssel kommen die folgenden Zutaten: 2 Teelöffel Colman's Mustard [oder ein anderer »englischer«, also scharfer, Cayennepfeffer enthaltender Senf], 2 Teelöffel Kümmelkörner, 3 Teelöffel Selleriesamen, 2 Teelöffel Mohnsamen, 2½ Teelöffel Oregano, 1 großes, zerstoßenes Lorbeerblatt, 1 Teelöffel schwarzer Pfeffer, ½ Teelöffel Muskat, 4 Esslöffel gut gehackte Petersilie, 4 oder 5 fein gehackte Knoblauchzehen, 4 Gewürznelken ohne die Köpfe und gut gehackt, ½ Teelöffel Kurkuma, 4 große, gut gehackte Zwiebeln, 6 gut gehackte Stängel Staudensellerie, ½ Teelöffel Majoran, ½ Teelöffel Bohnenkraut (nach Möglichkeit Sommerbohnenkraut) und 1 Teelöffel handelsübliches Geflügelgewürz. [»Gut gehackt« bedeutet »mittelfein«.] Manche mögen Salbei, andere mögen

Thymian, aber kein Mensch scheint etwas gegen Geflügelgewürz zu haben, und dieses enthält ironischerweise beides. Nach Belieben salzen. [Doch, *ich* habe etwas gegen handelsübliches Geflügelgewürz! Und ich halte die hier angegebene Menge von getrockneten und gemahlenen Kräutern für zu überwältigend und beißend. Statt des Geflügelgewürzes nehme ich jeweils 1 Teelöffel frischen Salbei und frischen Thymian; und ich nehme frischen Oregano, frischen Majoran und frisches Sommerbohnenkraut, fein gehackt und jeweils das Dreifache der im Rezept angegebenen Menge. 1 Teelöffel Salz dürfte genug sein.]

In eine weitere Schüssel werden 3 beim Bäcker gekaufte Päckchen Brotkrumen geschüttet. [700 Gramm frische Brotkrumen scheinen mir die richtige Menge zu sein.] Dazu kommen dann 350 Gramm Kalbshackfleisch, 120 Gramm Schweinehackfleisch, 120 Gramm Butter sowie das (ausgelassene) Fett von den losen Stücken, die dem Truthahn eingangs entfernt wurden. [Diesen Arbeitsschritt habe ich weiter oben beschrieben.] Den Inhalt der drei Schüsseln jeweils durchmischen. Ist der Inhalt jeder Schüssel gut durchgemischt, alles zusammen in eine Schüssel geben. Und wieder gut durchmischen. Benutzen Sie dabei Ihre Hände. Kneten Sie das Ganze durch, bis Ihre Unterarme und Handgelenke zu schmerzen beginnen. Und dann kneten Sie es noch eine Zeit lang weiter. Zum Schluss das Ganze so lange durchrühren und auflockern, bis es keine teigige Masse mehr ist.

Den Truthahn füllen, allerdings nicht zu fest. Aber doch ziemlich fest. Die Halsöffnung füllen und das andere Ende mit Garn zusammenbinden. Die Öffnungen des Vogels zuspießen; die Flügel festbinden. [Den Vogel zuzunähen und die Flügel am Körper anzunähen, ist wesentlich besser, als ihn mit Rouladennadeln zuzuspießen.] Den Ofen so hoch aufdrehen, wie es geht, und ihn glühend heiß werden lassen. [Tun Sie dies bereits 1 Stunde im Voraus – die fertige Farce sollte nicht im Truthahn ruhen, während Sie darauf warten, dass der Ofen die gewünschte Temperatur erreicht.] Den Vogel mit der Brust nach unten auf das Abtropfblech legen oder, am besten, auf einen Rost. Anschließend in einer Tasse eine Paste anrühren, die aus 2 Eigelb, 1 Teelöffel Colman's Mustard [s. o.], 1 fein gehackten Knoblauchzehe, 1 Esslöffel Zwiebelsaft (eine Zwiebel durch den elektrischen Zerhacker laufen lassen und den Saft auffangen), ½ Teelöffel Salz, 2 Prisen Cayennepfeffer, 1 Teelöffel Zitronensaft sowie so viel durchgesiebtem Mehl besteht, dass eine sämige Paste entsteht. Einen Backpinsel oder einen normal großen Malerpinsel bereithalten. [Verdreifachen Sie die angegebenen Mengen für die Paste, denn sonst dürfte diese zu früh zur Neige gehen. Wenn Sie den Rost mit gründlich eingefetteter Aluminiumfolie umwickeln, wird er die Haut des Truthahns nicht lädieren können.]

Den Vogel in den rotglühenden Ofen legen, gut anbräunen lassen und dann wieder herausnehmen. Den Ofen auf 165 °C herunterschalten. Nun den heißen Truthahn ringsum mit der Paste bepinseln und wieder zurück in den Ofen legen. Binnen weniger Minuten wird die Paste angetrocknet sein. Den Vogel herausholen, erneut gründlich bepinseln und wieder zurück in den Ofen legen. Den Vorgang so lange wiederholen, bis keine Paste mehr übrig ist.

Der noch immer vor sich hin köchelnden Sauce aus Magen, Hals, Leber und Herz 1 Tasse Apfelwein hinzufügen.

[Ich empfehle stattdessen 3 Tassen Apfelwein und 1 Tasse Wasser.] Das Ganze nicht mehr kochen lassen. Gut durchrühren und dann auf der Herdplatte warm stellen. Dies ist die Flüssigkeit zum Begießen des Vogels. Begießen Sie ihn alle Viertelstunde! Das heißt, insgesamt 12 bis 15 Mal. Den Vogel nach 1½ Stunden Bratzeit wenden, so dass er auf dem Bauch liegt, mit dem Rücken nach oben, und in dieser Stellung braten lassen bis auf die letzte Viertelstunde, für die er wieder auf den Rücken gelegt wird. Allerdings nur, wenn kein Rost benutzt wird. Wird ein Rost benutzt, muss der Vogel erst bei Anbruch der letzten halben Stunde auf den Rücken gedreht werden.

[Ich fand dieses von Thompson verlangte ständige Wenden unnötig anstrengend und der Unversehrtheit des Vogels nicht gerade förderlich. Ich würde die letzten drei Abschnitte dahingehend modifizieren, dass man den Vogel 15 Minuten anbräunt, mit der Brust nach unten, und noch einmal die gleiche Zeit mit dem Rücken nach unten, auf einem weitgehend offenen Rost. Anschließend den Vogel bepinseln, ohne ihn zu wenden, und ihn für die restliche Bratzeit auf dem Rücken liegen lassen.]

Die Bratzeit sollte mindestens 4½ bis 5½ Stunden betragen. [Die kürzere Zeit empfiehlt sich für einen 8-Kilo-Truthahn, die längere für ein 10-Kilo-Exemplar. Mit der Zeitmessung beginnen, sobald der Ofen auf 165 °C heruntergeschaltet wird. Ein Fleischthermometer sollte in der Keule zwischen 82 und 85 °C anzeigen, in der Brust 77 °C und in der Farce 71 °C.]

Wenn Sie den Truthahn aus dem Ofen holen, wird er pechschwarz sein. Sie werden sich denken: »Oh, mein Gott! Ich habe ihn ruiniert!« Aber keine Panik! Nehmen Sie eine Pinzette und lösen Sie damit die verkrustete Paste ab. Unter dieser verkohlten, harmlosen und nunmehr wertlosen Schale wird ein goldener und dunkelbrauner Vogel zum Vorschein kommen, prall und üppig, verführerisch duftend, krachend knusprig und kross.

Rezept Hochtemperatur-Truthahn

[Das folgende Rezept stammt aus Barbara Kafkas Kolumne »An Opinionated Palate« in der *Gourmet*-Ausgabe vom November 1991. Bei ihrer Methode beträgt die Bratzeit eines großen Truthahns wundersamerweise kaum einmal 2 Stunden. Am besten funktioniert sie nach meiner Erfahrung bei einem 7-Kilo-Truthahn, ungefüllt und nicht dressiert, auf einem Backblech mit niedrigem Rand und bei einer Ofentemperatur von 260 °C. Doch ein Freund bei *Gourmet* hat mir erzählt, diese Methode sei mit Truthähnen unterschiedlicher Größe und Art erfolgreich getestet worden. Meine eigenen Kommentare und Ratschläge erscheinen wiederum in eckigen Klammern.]

Das Wichtigste ist, sich einen frischen Truthahn zu besorgen, also keinen tiefgefrorenen und irgendwie vorbehandelten. Als Erstes wird der Plastikbeutel mit den Innereien aus dem Truthahn entfernt [die zusammen mit dem Hals und etwas Zwiebel und Knoblauch zu einer Brühe verarbeitet werden]. Das Backblech des Ofens in die unterste Schiene schieben und die Backtemperatur bis zum Maximum aufdrehen. In Ihrer Küche dürfte es zu einer gewissen Rauchentwicklung kommen, doch dies wird mehr als wettgemacht durch den saftigsten, am schnellsten gebratenen Truthahn – mit der knusprigsten Haut –, den Sie jemals zubereitet haben.

Ich lege keinen Rost auf das Backblech; die Haut am Rücken des Vogel kann man verschmerzen. Und ich verzichte auch darauf, den Vogel zu dressieren, denn so wird sichergestellt, dass das weiße und das dunkle Fleisch zur selben Zeit gar sind.

Den Truthahn auf Zimmertemperatur bringen. Alle losen Fettklumpen entfernen. Die Körperhöhlung entweder füllen oder auch nur mit Salz und Pfeffer einreiben und 2 Zwiebeln hineinlegen. … 7-Kilo-Truthähne haben die ideale Größe zum Braten. Sollte Ihre Familie sehr groß sein, so empfehle ich statt eines King-Kong-Exemplars 2 kleinere Truthähne.

Den Truthahn mit den Beinen voran in den Ofen schieben. Nach 15 Minuten den Truthahn mit einem Holzspachtel um 180 Grad drehen, damit er unten nicht festpappt. Den Vogel auf diese Weise etwa alle 20 Minuten drehen. Sollte der Vogel zu dunkel aussehen, bevor er gar ist, ihn mit einem Zelt aus Aluminiumfolie bedecken. So lange braten, bis das nahe dem Rückgrat gelegene Keulengelenk leichtem Druck nachgibt und sich auf und ab wippen lässt. Den Truthahn etwa 10 Minuten, bevor er restlos durchgebraten ist, aus dem Ofen nehmen. [Ein Fleischthermometer erleichtert eine Garprobe ungemein; ein elastisches Keulengelenk kann auch bedeuten, dass das Fleisch schon zu gar ist. Eine im Keulenfleisch gemessene Temperatur zwischen 80 und 82 °C ist ideal, und beim Brustfleisch sollte die Temperatur zwischen 74 und 77 °C liegen; dies ist jeweils um circa 2,5 °C niedriger als bei den üblichen Truthahnrezepten.]

Ein ungefüllter Truthahn von 4 bis 4,5 Kilo Gewicht benötigt ungefähr 1 Stunde und 15 Minuten, ein 5,5-Kilo-Vogel nur circa 5 Minuten länger, ein 7-Kilo-Vogel knapp 2 Stunden und ein 9-Kilo-Exemplar 3 Stunden. Wird der Vogel gefüllt, so muss man zu jeder der angegeben Garzeiten noch einmal 30 Minuten hinzuaddieren.

[Ich habe die Erfahrung gemacht, dass ein ungefüllter Vogel sehr viel gleichmäßiger brät; bei einem gefüllten 7-Kilo-Vogel war das dunkle Fleisch noch nicht durchgebraten, während das weiße Brustfleisch bereits trocken wurde. Und im Unterschied zum Fleisch eines Thompson-Truthahns war das Fleisch dieses schnell gebratenen Vogels nicht von den komplexen Aromen der Farce durchtränkt. Deshalb empfehle ich, nebenbei etwas von der Thompsonschen Füllung anzufertigen, den Vogel mit ein wenig Brühe und Apfelwein anzufeuchten und alles mit Aluminiumfolie bedeckt bei circa 165 °C 2 bis 3 Stunden zu backen.]

Wasser

Ich liebe den Geschmack von Kalziumkarbonat, oder ich glaube es zumindest. Zink lässt mich kalt, und Lithiumchlorid finde ich so lala. Doch Silikat kann einfach fantastisch schmecken – bis zu einem gewissen Punkt, natürlich.

Frisches, kristallklares, kaltes Wasser mag ich von allen nichtalkoholischen Getränken am liebsten, mehr noch als den Saft von Blutorangen und sogar mehr noch als Diät-Coke. Die Mehrzahl der Amerikaner ist da anderer Ansicht. Im Jahre 1986 begannen wir von einem Tag auf den anderen mehr Soft Drinks als Wasser zu trinken – nicht bloß Leitungswasser, sondern auch in Flaschen abgefülltes Wasser. In zukünftigen Jahren wird man dies als einen ebenso denkwürdigen wie einschneidenden Moment betrachten, als unseren endgültigen Bruch mit der natürlichen Welt, doch so weit ich mich erinnere, nahm seinerzeit niemand Notiz davon. Ich trank damals vermutlich eine Dose TaB*.

Während der letzten paar Monate habe ich mir mein zu fünfundsiebzig Prozent aus Wasser bestehendes Gehirn zermartert, um herauszufinden, wie vollkommenes Wasser schmecken sollte. Einige Koryphäen auf dem Gebiet der Geschmackswissenschaft haben mir weiszumachen versucht, dass wir alle schlicht und einfach jenes Wasser präferieren, mit dem wir aufgewachsen sind. Ich halte das für

* TaB: Markenname einer in den frühen 1960er Jahren eingeführten kalorienarmen Variante von Coca-Cola, bei der statt Zucker Sacharin und Zyklamat verwendet wurden. (A. d. Ü.)

Humbug. Hätten diese Experten Recht, so müssten jene vierzig Prozent Kalifornier, die ausschließlich in Flaschen abgefülltes oder gefiltertes Wasser konsumieren – hauptsächlich wegen des Geschmacks des überwiegenden Anteils des kalifornischen Leitungswassers –, mit dem zufrieden sein, was sie seit Kindesbeinen zu trinken gewohnt sind. Wir Wasser-Connaisseure sind ständig auf der Suche nach jener reinen, klaren, himmlischen Gebirgsquelle, die wir uns in unserer Fantasie ausmalen, und wir wissen ganz genau, wie ihr Wasser schmecken wird, sollten wir sie eines Tages finden.

In jüngster Zeit habe ich alle möglichen stillen Wässer probiert, und einige davon kommen meiner Idealvorstellung ziemlich nahe. Fiuggi aus Italien ist eines davon, und die französische Marke Volvic ist ein anderes, doch Evian zählt nicht dazu – für meinen Geschmack ist es zu schwer und ölig. In dieser Hinsicht bin ich einer Meinung mit Farrah Fawcett, die, wie man kürzlich lesen konnte, Volvic jedem anderen stillen Wasser vorzieht – sie benutzt Evian, um sich damit die Haare zu richten, und an diesem Punkt hören die Gemeinsamkeiten zwischen ihr und mir auf. Michelangelo war ein großer Fan von Fiuggi, und ich bin voll und ganz seiner Meinung.

Das Water Centre in Edison, New Jersey, hat mehr Sorten von in Flaschen abgefülltem Wasser auf Lager als jedes andere Fachgeschäft in den USA, und gestern rief ich dort an, um mich auf den neuesten Stand zu bringen. Als ich den Besitzer, Stanley Siebenberg, an die Strippe bekam, süffelte er gerade von einer Flasche rarem peruanischem San-Mateo-Wasser; dieses stammt aus einer Region Perus, die im dortigen Volksmund das »Land der Hundertjährigen« genannt wird. Er erzählte mir, Lithia Springs sei sehr beliebt bei Frauen, die schwanger werden wollen; es entspanne sie und mache sie paarungsbereit. M.G. Voda enthalte jede Menge freies Magnesium, von dem man annimmt, es lindere Kopfschmerzen und helfe beim Einschlafen. Stanley selbst hatte siebzehn Pfund abgenommen, indem er Hennieze trank, das meistgekaufte Wasser in der Schweiz, das, wie er sagte, den Energielevel des Organismus anhebe. Außerdem hätte er sich das Gesicht einige Wochen lang mit Deliziosa gewaschen, und die Falten auf seiner Stirn wären restlos verschwunden. Ich erzählte Stanley, ich hätte von einer unterirdischen Felsformation in Louisiana gelesen, in der Wasser gespeichert sei, seit vierzig Millionen Jahren, unangetastet und unverändert; bislang ist es noch nicht in Flaschen erhältlich.

Die Food and Drug Administration untersagt es den Mineralwasserherstellern, ihre Produkte als »gesundheitsfördernd« zu vermarkten, und solange man nicht gigantische Mengen der am stärksten mineralisierten, im Handel erhältlichen Wassersorten in sich hineinschüttet, dürfte man mit der Nahrung wesentlich mehr Mineralien aufnehmen. (Ein Glas Milch enthält mehr Kalzium als ein ganzer Liter des kalziumreichsten Mineralwassers, das ich auftreiben konnte.) Ich erklärte Stanley, dass ich mich – so gern ich auch Falten und Gewicht verlieren, mich entspannen und meine Lebensfrist um ein paar Jährchen verlängern würde – fürs Erste mit einer regelmäßigen Wasserversorgung aus einer himmlischen Gebirgsquelle begnügen wollte. Er wusste genau, was ich meinte, und schon am nächsten Tag lieferte er mir dreiunddreißig Kandidaten ins Haus. Stanleys Stirn war beneidenswert glatt – doch da ich ihn zum ersten Mal im Leben sah, fehlte mir natürlich die Vergleichsbasis.

Als ich die Hälfte der dreiunddreißig Wässer probiert hatte und mir die dramatischen Geschmacksunterschiede zwischen ihnen bewusst geworden waren, begann ich mich zu fragen, warum so wenige Kochbücher die Wassersorte angeben, die man bei ihren Rezepten verwenden sollte. Ich kenne Rezepte für in Meerwasser gedünsteten Hummer und für Matzenklößchen, die mit Selterwasser zubereitet werden, damit sie leicht und locker werden. Ich habe gelesen, dass sehr hartes Wasser (mit einem hohen Kalzium- und Magnesiumgehalt) nicht nur die Farbe und die Konsistenz von Gemüse beeinträchtige, sondern auch die Beschaffenheit von Brotteig, während Brot, das mit Wasser ohne alkalische Mineralsalze zubereitet werde, keine köstliche goldbraune Kruste bekommen kann. Die Briten und die Chinesen richten sich bei der Auswahl der Sorte des von ihnen gebrauten Tees nach der Beschaffenheit des Wassers in ihrer jeweiligen Gegend. Ich rief Paula Wolfert an (die Autorin von *Couscous and Other Good Food from Morocco*, *The Cooking of South-West France* und *World of Food*, alle erschienen bei Harper & Row), die die in ihrem Gehirn gespeicherte kulinarische Enzyklopädie durchforstete und mich mit zusätzlichen Informationen versorgte. Die Jugoslawen benutzen kohlensäurehaltiges Wasser, um ihre *ćevapčići* zuzubereiten, auf dem Rost gegrillte und mit Zwiebeln servierte Hackfleisch-Röllchen; die Serben verwenden es bei ihrem *proja*, einem Maisbrot, und andere mediterrane Völker lockern damit ihre Fleischklöße auf. Das New Yorker Restaurant Four Seasons besteht darauf, sein Schokoladen-Sorbet mit San Pellegrino zuzubereiten, und Paula selbst hat in *World of Food* ein Rezept für Frühlingsgemüse aufgenommen, das nur mit Evian oder Volvic funktioniert.

Das eine weltberühmte Rezept, das ganz und gar von dem dabei verwendeten Wasser abhängt, sind »Karotten Vichy«. Vichy-Wasser ist salzig und moussierend, und es strotzt vor Sulfaten, doppeltkohlensaurem Natrium, Chloriden und Kalzium aus Quellen in Zentralfrankreich, an denen Julius Cäsar einst ein Heilbad errichten ließ. Sein bitterer, salziger Geschmack soll die Süße der Karotten ausbalancieren. In dünne Scheiben geschnittene junge Karotten werden gerade eben mit Vichy-Wasser bedeckt, großzügig mit Zucker und Salz gewürzt und bei niedriger Temperatur so lange gedünstet, bis das Wasser restlos absorbiert worden ist. Bevor man sie isst, gibt man ein paar Flocken Butter auf die Karotten und bestreut sie mit gehackter Petersilie.

In Flaschen abgefülltes Wasser ist teurer als Benzin, selbst in einem Discount-Supermarkt; trotz der in letzter Zeit grassierenden Hiobsbotschaften gibt es in Amerika noch immer jede Menge vorzügliches Leitungswasser, das praktisch nichts kostet. Versetzte man das New Yorker Leitungswasser nicht mit Chlor, so würde es so köstlich schmecken wie alles, was aus einer Flasche kommt, und selbst angesichts der jüngsten ökologischen Bedrohung der im Norden des Bundesstaates New York gelegenen Wasserreservoire der Stadt scheinen Tester aus aller Welt der gleichen Ansicht zu sein. Chlor ist ein grünlich-gelbes Gas mit einem stechenden Geruch. Es reizt die Schleimhaut von Nase und Rachen, aber noch viel mehr reizt es Bakterien, und deshalb ist es in der öffentlichen Wasserversorgung der USA zu einem beinahe universellen Desinfektionsmittel geworden. Chlor riecht wie Clorox-Bleiche, und wenn man darin gebadet hat, reagiert es mit dem Körperschweiß und lässt einen so riechen wie ein gekochter Maiskolben, was manche Experten mit dem Geruch von menschlichem Sperma vergleichen. Laut einem Artikel im *Tea and Coffee Trade Journal* ist Chlor der Todfeind des Geschmacks und des Aromas von Kaffee. Die Europäer (und die meisten Mineralwasserhersteller) desinfizieren ihr Wasser in der Regel mit Ozon, das sich in Wasser nicht so auflöst wie Chlor. Europäer legen offenbar eher Wert auf den Genuss, den köstliches Wasser bereiten kann, als auf dessen keimtötende Sterilität, und mittlerweile experimentieren einige amerikanische Städte mit der Ozonisierung.

Mein Wasser wird vom Central Park aus gut sechs Kilometer die Fifth Avenue hinuntergeleitet und, wenn ich mein Quantum abgezapft habe, weiter bis zur Südspitze von Manhattan. Das Chlor wird ihm an der 90th Street zugesetzt, und da sich dieses im Verlauf der Strecke, die das Wasser zurücklegt, verflüchtigt, muss oben in der Stadt so viel von dem Zeug hinzugefügt werden, dass auch die Leute in der Wall Street in den Genuss von desinfiziertem Wasser kommen – Zeitgenossen, die vermutlich ohnehin nur Perrier trinken. Damit die Wall Street florieren kann, muss ich mich also mit Wasser begnügen, dessen Geschmack einiges zu wünschen übrig lässt.

Dies ist nur ein Beispiel für das Prinzip, dass schlecht schmeckendes Wasser nicht notwendigerweise gesundheitsgefährdend ist und dass gut schmeckendes Wasser einem möglicherweise schaden kann. Zu viel Eisen und Mangan geben dem Wasser einen unangenehmen Beigeschmack; Eisen hinterlässt Rostflecken auf Ihrer Kleidung; Kalzium und Magnesium, die Mineralien, die das Wasser hart machen, verwandeln Seife in einen matschigen Brei, hinterlassen unschöne Rückstände auf Gläsern und Kochtöpfen und verstopfen Ihre Kaffeemaschine. Doch bei normaler Konzentration kann Ihnen keine dieser Chemikalien schaden. Andererseits sind viele schädliche oder suspekte Chemikalien selbst bei gefährlichster Konzentration weder zu riechen noch zu schmecken.

Deshalb schickte ich mein Wasser ein, um es testen zu lassen. Die Zeitschrift *Consumer Reports* empfiehlt eine in New Hampshire ansässige Firma names WaterTest; ich rief dort an und orderte alle Heim-Tests, die sie im Angebot haben. Binnen weniger Tage wurde mir eine Reihe von Analyse-Sets zugestellt: schmucke Styroporbehälter, gefüllt mit halbgefrorenen Cold Packs aus Plastik, die sich um kleine Fläschchen mit farbcodierten Verschlusskappen schmiegten; einige davon enthielten Chemikalien. Ich füllte die Hälfte der Flaschen um sieben Uhr morgens, noch bevor jemand anders seinen Wasserhahn aufgedreht hatte, und die andere Hälfte am Nachmittag. Auf diese Weise ließ sich feststellen, ob der »erste Schub« Wasser, der die ganze Nacht über in der Leitung geruht hatte, kontaminierter war als der »volle Schwall«, also das frei fließende Wasser, das den ganzen Tag über unter den Straßen entlang und durch mein Gebäude geströmt war. Das Leitungswasser in den älteren Städten an der Ostküste und im Nordwesten der Vereinigten Staaten kann mit Blei verschmutzt werden, wenn es durch die (seit 1986 verbotenen) Bleirohre oder durch mit Bleilegierungen verschweißte Rohrgelenke und Messingwasserhähne (die zu etwa acht Prozent aus Blei bestehen) fließt – und je länger das Wasser in den Rohren liegt, um so mehr Blei nimmt es auf. Schon ein geringer Bleianteil kann bei Kindern zu chronischer Legasthenie und bei Erwachsenen zu einer Schädigung des peripheren Nervensystems führen. Manche Leute glauben, die mit Blei ausgeschlagenen Aquädukte und die aus Zinn gefertigten Trinkbecher hätten den Untergang des Römischen Reiches verursacht. Manche Leute glauben einfach alles.

Als ich die Testresultate erhielt, entfuhr mir ein Seufzer der Erleichterung, und ich genehmigte mir einen kühlen Schluck Quibell, ein köstliches Mineralwasser aus West Virginia, um die Flüssigkeitsmenge nachzufüllen, die meinem Körper beim Ausatmen entwichen war. (Wir verlieren täglich drei Liter Wasser durch Atmen, Schwitzen und usscheiden.) Alle elf Metalle, alle Kolibakterien, alle zwölf Pestizide und alle neunundvierzig organischen Verbindungen (Lösungsmittel, Petroleumderivate und Nebenprodukte der Chlorierung, mit Namen wie Isopropylbenzol und Bromchlormethan) tauchten nur in winzigen Bruchteilen der von der Environmental Protection Agency festgelegten »maximalen Kontaminationsgrade« auf, und die meisten davon lagen noch unterhalb der niedrigsten Messgrenze der sensiblen Instrumente von WaterTest. Der einzige Unterschied zwischen dem Wasser, das die ganze Nacht über in der Leitung geruht hatte, und dem frischen Wasser der nachmittäglichen Stichprobe bestand darin, dass Ersteres mehr Eisen enthielt. Blei war kein Problem.

Wäre ich mehr um meine Gesundheit besorgt, so hätten mich die Resultate von WaterTest möglicherweise weniger froh gestimmt. Kritiker werfen der bundesstaatlichen EPA vor, sie lasse Hunderte von potentiellen Verseuchungsstoffen außer Acht und sie übe nicht den nötigen Druck aus, um die lokalen Wasserwerke zur Einhaltung der Regeln zu zwingen. Kritiker dieser Kritiker wiederum meinen, unsere Fähigkeit, derlei Chemikalien noch in unglaublich geringen Dosierungen nachweisen zu können, stelle unser Wissen darüber, was dies alles für die öffentliche Gesundheit bedeute, weit in den Schatten. Diejenigen, die in Flaschen abgefülltes Wasser trinken, um dieser Kontroverse auszuweichen, dürften entsetzt sein, wenn sie die Untersuchungen von McKone und Andelman lesen, aus denen hervorgeht, dass die Menge von organischen Verbindungen, die man beim Baden durch die Haut aufnimmt oder beim Duschen einatmet, sehr viel größer sein kann als die, die man beim Trinken zu sich nimmt. Eigentlich müssten Sie sich in Ihrer Duschkabine so vorkommen wie früher die Delinquenten in der Gaskammer eines US-Staatsgefängnisses!

Ich bin sehr dankbar, dass sich so viele Menschen um die Sicherheit meines Wassers kümmern, denn dies erlaubt es mir, mich um dessen Geschmack zu kümmern.

Das erste Problem, um das ich mich kümmern musste, war dies: Wie beschreibt man den Geschmack eines idealen Wassers? Ich rief Arthur von Wiesenberger an, den Verfasser von zwei Büchern über in Flaschen abgefülltes Wasser (*H_2O*, Woodbridge Press, und *The Pocket Guide to Bottled Water*, Contemporary Books), und er faxte mir großzügigerweise eine Liste mit professionellen Beurteilungskriterien. Wasser sollte sauber schmecken, farblos, geruchlos und erfrischend sein (nicht schwer oder schal) sowie den Durst löschen (und zwar restlos). Wasser wird heruntergestuft, wenn es trübe ist oder metallisch beziehungsweise modrig oder nach Chlor, Plastik, Schwefel oder Chemikalien riecht. Andere professionelle Tester fügen noch hinzu, dass Wasser nicht seifig, salzig, wächsern, schlammig oder sauer schmecken dürfe. Nach diesen Maßstäben bestünde die naturreine, unverfälschte Qualität einer Gebirgsquelle lediglich darin, dass ihr Wasser keines der genannten Defizite aufweist.

Träfe dies zu, so wäre absolut reines destilliertes Wasser (so etwas gibt es nicht, oder jedenfalls nur annäherungsweise) das ideale Wasser. Trotzdem findet fast jeder, dass destilliertes Wasser schauderhaft schmeckt – mit Ausnahme solcher Leute, die Wasser-Destillierapparate für den Hausgebrauch verkaufen, und einiger Bekannter von mir, die, was Chemikalien in ihrer Umwelt betrifft, an einer klinischen Paranoia leiden. Ich kaufte mir im Drugstore einen Vier-Liter-Kanister destilliertes Wasser, nahm ein paar Schlucke davon und würgte sie widerwillig hinunter. Ich dachte mir, dass das Wasser vielleicht nur aufgeschäumt werden musste, und ließ eine Tasse davon ein paar Minuten in meinem Mixer herumwirbeln. Es schmeckte noch immer unangenehm, auf eine schwer zu beschreibende Weise – keineswegs schwefelig oder sonst wie chemikalisch, sondern nur schal, unerfrischend und ein wenig bitter. Es war offenkundig, dass vollkommen reines Wasser nicht an die himmlische Gebirgsquelle heranreichen konnte.

Ich rief zwei Wissenschaftler an, die wichtige Untersuchungen zum Geschmack von Wasser durchgeführt haben, Linda Bartoshuk in Yale und Michael O'Mahoney an der University of California in Davis. Sie erklärten mir, dass destilliertes Wasser deswegen so unangenehm schmecke, weil es kein bisschen wie Speichel schmeckt. Ja, Sie haben richtig gelesen: wie Speichel!

Speichel ist salzig. Da sich unsere Geschmacksknospen an den Salzgehalt des Speichels gewöhnen, nehmen wir seine ständige Anwesenheit in unserem Mund nicht mehr wahr. Und aus diesem Grund haben wir den Eindruck, dass weniger salzige Dinge so etwas wie einen unter null angesiedelten Geschmack haben. Bartoshuk beschreibt diesen als bitter (eine der vier grundlegenden Geschmacksempfindungen – bitter, salzig, süß und sauer). Wenn wir uns den Speichel einige Minuten lang mit destilliertem Wasser von der Zunge abwaschen, so verliert diese ihre Gewöhnung an die Salzigkeit des Mundraums und wir empfinden reines Wasser nicht mehr als bitter. O'Mahoney lehnt es ab, diesen Geschmack als bitter zu klassifizieren; für ihn ist es lediglich der »Geschmack von destilliertem Wasser«. Hier tat sich ein tiefer Graben in der akademischen Welt des Geschmacks auf: Die O'Mahoney-Schule sieht keine physikalische Basis für vier grundlegende Geschmacksempfindungen. Wenn ich das perfekte Wasser gefunden habe, werde ich mich der Frage widmen, was dies für die Welt der grünen Bohnen und der Crème brûlée bedeutet.

Ich besorgte mir in der Bibliothek ein Buch über Speichel – eine überaus faszinierende Lektüre. Wussten Sie zum Beispiel, dass jeder von uns täglich drei Tassen Speichel produziert? Speichel enthält auf eine Million Teile Flüssigkeit etwa 600 Teile Natriumchlorid – gewöhnliches Tafelsalz. Nach meinen Berechnungen war Speichel etwa acht Mal weniger salzig als Hühnersuppe. Gespannt schüttete ich die entsprechende Menge Tafelsalz in mein destilliertes Wasser und kostete unverzüglich davon. Das Resultat von nur einem Monat Arbeit war … leicht gesalzenes Wasser. Eine Gebirgsquelle ist Speichel nicht.

Was aber ist es dann? Die meisten wissenschaftlichen Untersuchungen zur Zusammensetzung von Trinkwasser suchen nach den Verunreinigungen, die es schädlich oder unangenehm machen können – und nicht nach den Sachen, die ein wirklich gutes Wasser so gut schmecken lassen –, und Mineralwasserhersteller machen ein Staatsgeheimnis daraus, welche natürlichen Mineralien ihren Produkten einen köstlichen Geschmack verleihen. Ich hatte gehört, Pepsi-Cola sei besonders sorgfältig, was die Zusammensetzung des von der Firma verarbeiteten Wassers betreffe, doch die Leute vom Pepsi-Forschungslabor in Valhalla, New York, ließen jeglichen »Pepsi Spirit« missen, als ich sie darum bat, mir ihre Ergebnisse mitzuteilen. Tafelsalz ist nicht in vielen der im Handel erhältlichen stillen Wässer enthalten, dafür aber jede Menge anderer Substanzen. Ich habe Mineralwässer entdeckt, die Gold und Silber, Platin und Kupfer, Chrom und Zinn enthielten. Doch ich war mehr an den Mineralsalzen interessiert, die das Wasser aufnimmt, wenn es durch die unterirdischen Felsschichten und Hohlräume sickert und sprudelt. Einige davon – Kalzium, Kalium, Magnesium, Chloride und Bikarbonate – sind auch im Speichel enthalten. Könnte es vielleicht sein, dass Speichel minus Tafelsalz einer Gebirgsquelle entspricht?

Ich vertiefte mich in einige Artikel aus wissenschaftlichen Fachzeitschriften. Ein Team von japanischen Wissenschaftlern, das seine Forschungsergebnisse im *Journal of Fermentation Technology* publizierte, gelangte zu dem Schluss, Kalzium und Spuren von Kalium seien für den Wohlgeschmack von Wasser unentbehrlich, während Magnesium für einen groben und bitteren Geschmack sorge. Außerdem fanden sie heraus, dass die Kieselerde, die das Wasser aufnimmt, wenn es durch Lehm hindurchfließt, eine wichtigere Rolle spielte, als andere Forscher bis dahin angenommen hatten. Eine andere Untersuchung besagte, dass Wasser, das mehr als 500 Teile Mineralien auf eine Million Teile Flüssigkeit enthält, salzig, alkalisch, erdig, bitter oder brackig schmecke. (Gemäß der herkömmlichen Definition enthält Mineralwasser mehr als 500 Teile Mineralien auf eine Million Teile Flüssigkeit.) Volvic und das New Yorker Leitungswasser enthalten etwa ein Drittel dieser Menge, und wie ich nach längerem Probieren herausgefunden habe, behagen sie meinem Geschmack am meisten. Evian und Speichel befinden sich nahe dem oberen Limit von Mineralgehalt und Akzeptabilität.

Eine in Massachusetts ansässige Firma namens Ionics, die Wasseraufbereitungsanlagen nach Saudi-Arabien, Bahrain und Santa Barbara verkauft, hat diese Geschmacksurteile im Großen und Ganzen bestätigt. Sobald Ionics das beste vor Ort erhältliche Wasser vollständig aufbereitet hat, fügt sie diesem Mineralsalze hinzu, damit es frisch, sauber und ausgewogen schmeckt. Nach einer gründlichen Befragung von Testgruppen hat Ionics sich dazu entschlossen, auf eine Million Teile Flüssigkeit fünfundvierzig Teile Kalzium, einundsechzig Teile Bikarbonate, fünfundvierzig Teile Chlorid, zwei Teile Sulfate und 1,8 Teile Natrium zu verwenden. Beim Chlorid habe ich so meine Zweifel.

Jetzt war ich also in der Lage, mein eigenes Wasser herzustellen. Ich schrieb einen Einkaufszettel, schnappte mir die Gelben Seiten und fand heraus, dass eines der größten Chemikalien-Fachgeschäfte Manhattans nur ein paar Blocks von meiner Wohnung entfernt war. Im dortigen Büro zauberte ich meine Liste aus der Tasche und versuchte, zwei Angestellte für mein Jahrhundertprojekt zu begeistern. Chemikalien werden in unterschiedlichen Reinheitsgraden verkauft, und ich verlangte, wo immer dies möglich war, den »für die Nahrungsaufnahme geeigneten Grad«.

Aus heiterem Himmel sagte einer der Männer zu mir, ich wäre verrückt. Ich zitierte aus *Hamlet* mit Mel Gibson und Glenn Close, »ist dies schon Tollheit, hat es doch Methode«, aber die beiden Chemie-Fritzen hatten offensichtlich Angst vor der Prozesslawine, die ihnen drohte, wenn ich nach der Einnahme ihrer für die Nahrungsaufnahme geeigneten Chemikalien das Zeitliche gesegnet hatte. Ich bot ihnen an, ein Papier zu unterzeichnen, in dem ich versprach, nichts von dem zu verzehren, was sie mir verkauften. Dieser Trick hatte in der Vergangenheit Wunder gewirkt, doch diesmal kam ich nicht damit durch.

Also versprach ich ihnen hoch und heilig, alle von mir zusammengebrauten Mixturen nur an meinem Hundebaby zu testen. (Ich habe kein Hundebaby.) Bis dahin waren diese beiden Angestellten desinteressiert und lethargisch gewesen, doch die Erwähnung eines Hundebabys erweckte sie zum Leben. Es versetzte sie unerklärlicherweise, aber sichtlich in Rage. Ich stand gerade im Begriff, eine Sentenz von Horaz zu zitieren, *»Ira furor brevis est«* (»Zorn ist kurze Raserei«), als sie mich aus ihrem schäbigen, kleinen Büro hinauswarfen. Hinauswarfen! Mich!

Von einem Münzfernsprecher an der nächsten Straßenecke rief ich meine Frau an, um sie um moralische Unterstützung zu bitten. Ich bekam welche und ging anschließend zu meinem Apotheker, der mir gern behilflich war. Wir studierten gemeinsam seinen Chemikalien-Katalog und bestellten dann sechzehn Mineralsalze. Der erste Arbeitsschritt bestand darin, ein paar Teile jedes dieser Salze in jeweils einer Million Teile Flüssigkeit aufzulösen – was einer winzig kleinen Prise in einer mit destilliertem Wasser gefüllten Badewanne entspricht. Da ich nicht so viel destilliertes Wasser und nicht so viele Badewannen hatte, löste ich von jedem Salz einen Teelöffel in einem Liter Wasser auf, nahm dann einen halben Teelöffel von dieser Lösung und rührte das Ganze in einen frischen Liter Wasser. Voilà: sieben Teile Salz auf eine Million Teile Flüssigkeit, fertig zum Mischen und Probieren.

Irgendwo zwischen meinen sechzehn Flaschen, Einmachgläsern, Vasen und Glaskrügen sprudelt meine naturreine, unverfälschte Gebirgsquelle. Wenn ich herausgefunden habe, wo sie ist, werde ich es Sie wissen lassen. Bis dahin werde ich mich mit den in Flaschen abgefüllten Wässern begnügen, die diesem Ideal sehr nahe kommen: Naya, Volvic, Connoisseur, Bourassa, Quibell, Fiuggi, Lora, Poland Spring, St. Michel, St. Jean und Clairval.

Taro! Taro! Taro!

Von meinem in der Business-Class zum Lunch servierten Vorspeisenteller war nur noch eine Rosette aus Schwarzwälder Schinken übrig, als wir von der chinesischen Küste in Richtung der japanischen Inseln sausten. Glitzernd wie ein silbernes Tablett voll winziger Sahnebaisers erstreckte sich unter uns das Ostchinesische Meer. Mit einiger Mühe schaffte ich es, den Schinken zu zersäbeln, nahm einen köstlichen Schluck Diät-Coke und kaute nachdenklich auf dem rosaroten, rauchigen Fleisch herum. Stammte dieser Schinken tatsächlich aus dem in Süddeutschland gelegenen Schwarzwald und war er wirklich Tausende von Kilometern nach Shanghai und dann, rechtzeitig zum Lunch, an Bord eines Jets der Northwest Airlines gereist? Warum sollte eine vernünftige Fluggesellschaft einen so aberwitzigen Aufwand treiben, wo China doch für seine erstklassigen Schinken berühmt ist?

Die Sache ließ mir einfach keine Ruhe. Hatten irgendwelche Marketingexperten herausgefunden, dass sich das Passagieraufkommen einer Fluglinie verdreifachte, wenn man echten und authentischen Schwarzwälder Schinken an die Fluggäste verfütterte? Ich dachte inbrünstig an die Großpackungen mit M&Ms, die Erdnuss-Variante, aber auch die normalen, die ich mir am Flughafen von Shanghai gekauft hatte, denn obwohl diese in China hergestellt worden waren, gaben sie mir dennoch das Gefühl, beinahe wieder zu Hause zu sein. Vielleicht war das Flugzeug ja gerammelt voll mit deutschen Touristen, die nach einem vergleichbaren Vorgeschmack auf ihr Vaterland lechzten? Oder war dieser Schinken in einem trostlosen Hinterhof irgendwo im riesigen, eine Milliarde Seelen zählenden Reich der Mitte dreist gefälscht worden? Er hatte keine Ähnlichkeit mit seinem berühmten Namensvetter, der weltweit zu den schmackhaftesten Spezialitäten zählt, die das liebe Borstenvieh hergibt. (Das in dünne Scheiben geschnittene Fleisch sollte einen weißen Speckrand haben und außen trocken, krustig und rötlich und nach innen hin weich und roséfarben sein. Unser Schinken war überall blass und durch und durch mehlig.) Trotzdem genehmigte ich mir noch einen weiteren Bissen davon – in einem Flugzeug wissen Sie ja nie, welches Ihr letzter Bissen sein könnte.

Noch in derselben Sekunde verspürte ich auf meiner Zunge und meinen Lippen ein merkwürdiges Brennen. Es kroch an den Innenseiten meines Mundes entlang, nach hinten bis zu meiner Rachenöffnung und unter meine Zunge, wo es beträchtliche Schmerzen auslöste. Ich unterdrückte einen Anflug von Panik und wirbelte zu dem neben mir sitzenden Passagier herum. Glücklicherweise war dieser Passagier meine Frau.

Während meine Kehle anzuschwellen begann, gab ich meiner Frau eine Reihe erstaunlich kohärenter und eindringlicher Anweisungen. Die Ursache meiner Pein, so erklärte ich ihr, war vermutlich das Essen, das ich gerade zu mir genommen hatte – das *wir* gerade zu uns genommen hatten. Sie sollte es, zumindest eine Zeit lang, nicht mehr anrühren. Das Ganze war entweder eine örtlich begrenzte Reizung der Mundhöhle oder eine ausgewachsene Allergie. Da jeder in der Business-Class mehr oder weniger das Gleiche gegessen hatte, hätte eine simple Schleimhautreizung nur von etwas Unbekömmlichem speziell an meiner Portion herrühren können – ein Schuss Konservierungsmittel vielleicht, ein Spritzer Desinfektionslösung, ein paar Tropfen Flugzeugklimaanlagen-Flüssigkeit, in jedem Fall etwas, das nicht auf den Vorspeisentellern der anderen Fluggäste gelandet war. Diese Möglichkeit erschien mir eher unwahrscheinlich.

Die Alternative war beängstigend. Jeder in Amerika behauptet heutzutage, er habe diese oder jene Nahrungsmittelallergie, doch in Wahrheit leiden nur sehr wenige Erwachsene – nicht mehr als ein oder zwei Prozent – an echten Nahrungsmittelallergien. Allergisch zu sein bedeutet, dass das Immunsystem des Organismus Antikörper gegen spezielle Nahrungsmittel entwickelt hat (am häufigsten gegen Erdnüsse, Nüsse im Allgemeinen, Milch, Eier, Weizen, Fisch und Schalentiere). Verzehrt man diese, so stellt sich – in der Regel binnen zwanzig Minuten – eine Histaminreaktion ein. Diese verursacht auf den Lippen, im Gesicht und im Hals einen Juckreiz oder ein brennendes Gefühl, aber auch Nesselausschlag und, in gravierenden Fällen, extreme Schwellungen der entsprechenden Gewebepartien, die zu einer Blockade der Kehle und der Atemwege und schließlich – das Wort will mir kaum über die Lippen kommen – zum *Tod* durch einen so genannten anaphylaktischen Schock führen können.

Obwohl ich mir bis dahin sicher gewesen war, an keiner Nahrungsmittelallergie zu leiden, packte mich nun der Zweifel. Lag es womöglich an den Erdnüssen in der extragroßen Tüte mit M&Ms, die ich auf dem Shanghaier Flughafen verdrückt hatte? Ich hätte diesen logischen Faden noch weiter aufrollen können, doch nun, zum ersten Mal in meinem Leben, wurde ich hin und her gerissen zwischen meinem sprichwörtlichen Wissensdurst und dem Wunsch, am Leben zu bleiben. Die Reaktion meiner Frau war nicht die, die ich erwartet hatte. »Ich wette, es tut dir jetzt wahnsinnig Leid, dass du dich dein halbes Leben lang über Leute mit Nahrungsmittelallergien lustig gemacht hast – meine Wenigkeit eingeschlossen!«, gluckste sie, wobei ihr ein rosarotes, halb durchgekautes Stück Schinken aus dem Mund fiel und vorn über ihre Bluse kullerte.

Ich ignorierte diese kleine Stichelei. »Hör mal. Sollte es sich hierbei tatsächlich um eine Nahrungsmittelallergie handeln, so muss ich innerhalb der nächsten fünfzehn Minuten eine Epinephrin-Spritze bekommen. Uns bleiben also noch zehn Minuten, bis wir die Stewardess von meinem Zustand in Kenntnis setzen müssen. Erzählen wir es ihr, bevor wir uns völlig sicher sind, könnten wir uns bis auf die Knochen blamieren – wie all diese Hypochonder, über die ich geschrieben habe. Doch in spätestens zehn Minuten …« An dieser Stelle unterbrach ich meinen Redefluss, denn ich befürchtete, meiner Frau könnten zum ersten Mal, seitdem wir uns kannten, Tränen in die Augen schießen und ihr Mascara verschmieren.

Ihre Augen blieben staubtrocken, und so fuhr ich fort: »Wir haben zehn Minuten, um der Sache auf den Grund zu gehen. Ich werde dir etwa alle dreißig Sekunden meine Symptome schildern. Im Moment entwickelt sich der Schmerz unter meiner Zunge zu mehr als einer simplen Reizung, und mein Rachen fühlt sich hinten so an, als würde er brennen, aber meine Atemwege scheinen sich noch nicht zu schließen.«

Wir führten unsere geistige Detektivarbeit fort. Unter der Voraussetzung, dass es sich nicht um eine Nahrungsmittelallergie handelte, war die Ursache wahrscheinlich etwas, das von uns beiden nur ich gegessen hatte. Sie hatte tatsächlich ein paar M&Ms konsumiert, doch da sie in dieser Beziehung ein blutiger Laie ist, konnte sie mir nicht mehr sagen, welchen Geschmack diese gehabt hatten; da die Tüte mit den normalen M&Ms noch ungeöffnet war, musste sie, so wie ich, die mit Erdnussgeschmack genossen haben. Dann, kurz vor dem Start, hatten wir uns einen winzigen Business-Class-Teller mit einem Potpourri aus warmen, gerösteten Nüssen geteilt. Es war möglich, dass ich mir in null Komma nichts sämtliche Paranüsse einverleibt hatte, bevor meine Frau sie sich schnappen konnte, aber eher unwahrscheinlich – meine Frau ist ein Mensch, der sich bei Tisch, wie es so schön heißt, nicht die Butter vom Brot nehmen lässt.

Die Rosette aus Schinken war mit den anderen Vorspeisen – ein paar dünne Scheiben Melone sowie ein halbes Wachtelei mit einem Klacks Kaviar – auf einem runden Plastikteller serviert worden, mit einer Art dunkelgrünem Blatt als dekorativer Unterlage. Beide von uns hatten das Wachtelei, ein wenig Melone und etwas Schinken gegessen. Meine Kehle begann sich allmählich zu schließen, und obwohl ich noch halbwegs gut atmen konnte, begann ich zu keuchen. Das brennende Gefühl unter meiner Zunge wurde unerträglich. Es blieben noch fünf Minuten, bis wir die Flugbegleiterin und ihre Epinephrin-Spritze in Anspruch nehmen müssten.

Und dann, als wir hektisch unsere Teller inspizierten, entdeckte ich es! Bei dem kräftigen Gesäbel, das mein Schinken erfordert hatte, war das darunter liegende Blatt ebenfalls zerschnitten worden. Ich hatte bloß einen winzigen Fitzel davon konsumiert, aber das Blatt meiner Frau war noch unversehrt.

Inzwischen bereits nach Luft japsend, teilte ich ihr meine Entdeckung mit. Sie hörte nicht hin und bezichtigte mich stattdessen der Hypochondrie und des Simulantentums. Sie meinte, das Ganze wäre vermutlich nichts weiter als eine negativ-ästhetische Überreaktion auf die minderwertige Qualität des offensichtlich versalzenen Schinkens. Um dies zu beweisen, forderte sie mich auf, ein Stück von meinem Blatt abzuschneiden und sie es essen zu lassen.

Ich willigte ein und gab ihr nicht mehr als ein Achtel von dem Ding. Sie steckte es sich in den Mund und kaute herzhaft darauf herum. »Entweder du hast die unwahrscheinlichste Nahrungsmittelallergie, von der die Welt je gehört hat«, kicherte sie, »oder du bist der größte Schwindler im Umkreis des Ostchinesischen Meeres … .« Genau in diesem Moment entfuhr ihrer Kehle ein Schrei, der mit dem »Aaaaarrrrrgggggghhhhh!« der Comic-Hefte nur ansatzweise wiedergegeben wäre. Ihre Hände schnellten zu ihrem Hals empor, ihr Oberkörper krümmte sich nach vorn, ihre Augen quollen hervor, und sie gab noch mindestens drei weitere »Aaaaarrrrrgggggghhhhh!« von sich.

Wie durch ein Wunder ließen meine eigenen Schmerzen zu diesem Zeitpunkt allmählich nach. Meine Kehle fühlte sich zwar immer noch wund an, doch mein Keuchen war verschwunden; das Feuer unter meiner Zunge war nicht schlimmer geworden, und das Brennen an den Innenseiten meines Mundes war mehr oder minder abgeklungen. Als meine unterdrückte Angst, an einem anaphylaktischen Schock sterben zu müssen, verflogen war, geriet ich vor Erleichterung fast aus dem Häuschen, was meine Frau als Schadenfreude angesichts ihres jämmerlichen Zustandes fehlinterpretierte. Ich führte ihr ein Glas Diät-Coke an die Lippen und erklärte ihr, dass sie von diesem mysteriösen grünen Blatt soeben zwanzig Mal mehr zu sich genommen hatte als ich. Entweder das Blatt selbst oder irgendetwas darauf hatte uns beide vergiftet.

Unsere nette Flugbegleiterin mit dem Spitznamen Jinx war eine halbe Minute lang skeptisch – schließlich hatte sich niemand sonst im Flugzeug beschwert, und der nämliche Vorspeisenteller war schon seit einem Jahr oder länger bei mindestens der Hälfte der wöchentlichen Northwest-Flüge von Shanghai nach Tokio serviert worden. Doch als ich ihr meine Visitenkarte präsentierte, erbleichte sie und assistierte mir bereitwillig bei meiner Detektivarbeit. Ich halbierte das Blatt mit dem Messer, und sie organisierte derweil zwei fest verschließbare Plastiktütchen, damit Northwest das Blatt chemisch und biologisch untersuchen lassen konnte, während ein Teil des Beweisstücks in meinem Besitz blieb. Sie versprach mir, dass ich eine Kopie des Untersuchungsberichts erhalten würde, egal, ob ihr Arbeitgeber dies befürwortete oder nicht. Vom Aussehen des Blattes her war die Pflanze schwer zu identifizieren, denn es war offensichtlich kreisrund zurechtgeschnitten worden, damit es auf den Teller passte.

Am Narita Airport trennten sich unsere Wege: der von Jinx führte nach Seattle, wo sie zu Hause war, der meiner Frau nach Tokio, wo sie noch drei Tage bleiben wollte, aus geschäflichen Gründen – aus welchen genau, ist mir weiterhin schleierhaft, denn sie litt noch immer an schwerer Dysphonie und Dysphagie (zwei Begriffe, auf die ich später in einem Buch über Pflanzentoxikologie stieß) –, und meiner zurück nach New York City; zu der Zeit verspürte ich nur noch einen leichten Juckreiz im hinteren Rachenbereich. Wie durch Zauberei tauchte ein gewisser Herr Noriyuki Okuzaki auf, der für Japan zuständige Northwest-Bordservice-Manager, und versicherte mir, vermutlich aus Angst vor schlechter Publicity, man werde die Identität der heimtückischen Pflanze festgestellt haben, sobald ich zu Hause eingetroffen wäre. Während wir beide uns unterhielten, entschwand meine Frau auf dem Personenförderband nach und nach aus meinem Blickfeld. Als sie sich noch einmal zu mir umdrehte, schien aus ihrem Gesichtsausdruck eine gewisse Verbitterung darüber zu sprechen, dass Northwest Airlines sich so eifrig um ihren Gatten bemühte, während sie selber praktisch noch immer ein Häufchen Elend war.

Der mich am Kennedy Airport in Empfang nehmende Angestellte der Fluggesellschaft hatte die Antwort parat: *Colocasia esculenta*, eine eher unter dem Namen Taro bekannte, vermutlich aus Indien stammende Pflanze, deren große, stärkehaltige, unterirdische Knolle ein wesentlicher Bestandteil der Ernährung der meisten Pazifik-Insulaner ist (darunter auch die Eingeborenen von Hawaii, die die Knolle zerstampfen und sie *poi* nennen). Als Nahrungsmittel erfreut sie sich auch in ganz Südostasien, Afrika und der Karibik großer Beliebtheit. Doch bei den Blättern ist große Vorsicht geboten. Der Angestellte versprach, dass Northwest bei allen Flügen unverzüglich auf die Taroblatt-

Dekoration verzichten werde. Und man würde mich in dieser Angelegenheit selbstverständlich auf dem Laufenden halten.

Wenig später brachte man mich mit Peter Wilander in Kontakt, dem geschäftsführenden Direktor für den Bordservice bei Northwest Airlines, der sich während der nächsten drei Monate stets als ein findiger und umgänglicher Mann erwies. Von seiner entlegenen Dienststelle in Minneapolis, was meines Wissens in Minnesota liegt, muss Peter sich um Catering-Firmen in neunzig Städten kümmern, die die 350 Hauptgerichte und achtzig Vorspeisen zubereiten, die Northwest derzeit bei seinen Flügen serviert. Peter und ich machten uns daran, die Antworten auf drei wesentliche Fragen zu finden: Welchen Schaden kann der Verzehr eines rohen Taroblatts anrichten? Warum waren meine Frau und ich die einzigen Passagiere, die davon attackiert wurden? Und wie konnte es in ein Northwest-Airlines-Essen gelangen?

Peter begann im Internet nachzuforschen, und ich rief bei der US-Seuchenbehörde CDC in Atlanta an. Peter fand heraus, dass rohe Taroblätter, so wie Spinat, Oxalsäure enthalten, die unsere Schleimhäute reizen kann. Ich erfuhr, dass die CDC-Leute nicht das Geringste über Taro und nur sehr wenig über Oxalatvergiftungen wussten. Und hinsichtlich der Möglichkeit, dass irgendein Pestizid das Problem war, versicherte mir ein Experte bei der Environmental Protection Agency, dass der Kontakt mit Pestiziden kaum Auswirkungen auf den Mund oder den Rachen des Menschen habe. Als ich dann die Bibliothek des New York Botanical Garden durchforstete, wurde mir alles klar – jedenfalls bis zu einem gewissen Punkt.

Die in einer Reihe von bitteren Grüngemüsen enthaltene Oxalsäure kann uns auf zweierlei Weise schaden. Konsumiert man zu viel davon, so verursacht diese Säure eine Kristallbildung in den Nieren und reizt die Magenwände dermaßen stark, dass man daran sterben kann; Menschen nehmen jedoch fast nie so viel Oxalsäure zu sich, obwohl ich einen Bericht über einen Todesfall fand, der auf einen übermäßigen Konsum von Sauerampfersuppe zurückgeführt wurde. Und bei einigen Pflanzen, wie zum Beispiel Taro, verbindet sich die Oxalsäure mit Kalzium zu Kalziumoxalat, das mitunter die Form von Raphiden annimmt – lange, nadelähnliche, mikroskopisch kleine Kristalle, die ohne Weiteres unsere Schleimhäute durchbohren können. Sie sind hinterhältig konstruiert, mit langen Rillen, die ein anderes in Taro enthaltenes – und noch nicht identifiziertes – Gift in die Wunde leiten. Rohe Taroblätter sind also im Grunde nichts anderes als abscheuliche, mikroskopisch kleine Giftproduktions- und -übertragungssysteme!

Junge Taroblätter werden an vielen Orten der Welt verspeist, doch erst, nachdem man sie gekocht hat, denn dies neutralisiert ihre beißend-brennenden Eigenschaften. Ich konsultierte meinen philippinischen Freund Romy Dorotan vom New Yorker Restaurant Cendrillon, wo er *laing* serviert – getrocknete Taroblätter, die er so lange in Kokosmilch dünstet, bis sie an Rahmspinat erinnern, und dann mit frischen Taroblättern umwickelt und weiter dünsten lässt. Romy kauft seine frischen Taroblätter im Flatbush-Viertel von Brooklyn, wo koreanische Gemüsehändler die auf Taro oder, wie sie es nennen, *callaloo*, versessene Einwohnerschaft karibischer Herkunft mit dieser Gemüsepflanze versorgen.

Es war erstaunlich und eigentlich unbegreiflich, dass meine Frau und ich die einzigen Passagiere gewesen sein sollten, die sich beschwert hatten. Der überwiegende Teil der Passagiere bei den wöchentlichen Shanghai-Narita-Flügen von Northwest sind Japaner, Chinesen und Amerikaner. Weder Japaner noch Chinesen teilen die amerikanische Neigung, sich alles, was grün und roh ist, in den Mund zu stopfen. Aber hätte man nicht erwarten können, dass wenigstens noch ein weiterer Amerikaner an Bord versucht hatte, sein Taroblatt zu verzehren? So sehr wir uns auch bemühten, Peter und ich schafften es nicht, dieses Rätsel zu lösen.

Und wie war diese tückische Garnierung auf den Northwest-Vorspeisenteller gelangt? Die bei Northwest-Flügen von und nach Japan servierten Mahlzeiten werden für gewöhnlich in Japan »konzipiert« und getestet und anschließend von Peter und seiner Abteilung beurteilt – das Mikromanagement durch die Zentrale in Minneapolis ist also weniger streng als bei den Bordmahlzeiten für Flüge von und nach den Vereinigten Staaten. Und die Mahlzeiten bei weniger häufigen Northwest-Flügen wie dem einmal wöchentlich stattfindenden von Shanghai nach Tokio werden noch schwächer kontrolliert. Die Northwest-Zentralen in Tokio oder Minneapolis entwerfen für jedes Gericht ein ungefähres Konzept, die Catering-Firma in Shanghai bereitet Proben davon zu, und dann einigt man sich auf ein endgültiges Rezept – aber meist kann die Catering-Firma die Dekoration und sogar die Garnierungen, wie zum Beispiel das toxische Taroblatt, nach eigenem Ermessen zusammenstellen. Peter Wilander erweckte nie den Eindruck, als wollte er irgendetwas vertuschen, doch sein Bericht zielte mir zu sehr darauf ab, die Hauptschuld an der Dysphonie meiner Frau – die inzwischen nur noch eine amüsante Erinnerung war – bei der örtlichen Catering-Firma in Shanghai oder allenfalls bei der japanischen Northwest-Zentrale zu suchen.

Ich bestürmte Peter, eine Hexenjagd in die Wege zu leiten und die Northwest-Archive in Minneapolis und Tokio zu durchkämmen, um auf diese Weise herauszufinden, wer auf die Idee mit der Taroblatt-Dekoration gekommen war und wer das Ganze abgesegnet hatte. Nur dieses eine Mal reagierte Peter ausweichend und schließlich räumte er ein, dass er nicht bereit war, in der japanischen Zweigstelle das Unterste zuoberst zu kehren – mit all dem Gesichtsverlust, der daraus resultieren würde –, nur um mir zuliebe einen Schuldigen zu finden. Ich maße mir kein Urteil darüber an, ob Peters Entscheidung vernünftig war oder nicht. Northwest verhielt sich so wenig wie eine Fluggesellschaft und Peter so wenig wie ein offizieller Firmenvertreter, dass es undankbar wäre, wenn ich mich über irgendetwas beschweren würde. Doch irgendwo in ihrer japanischen Zweigstelle gibt es eine Person, die noch immer straffrei in der Weltgeschichte herumwandelt.

Die Tarogate-Affäre kam zu einer gewissen Auflösung, als ich nach zehn vergeblichen Versuchen endlich Mr. Wilson Lee an die Strippe bekam, den stellvertretenden Generaldirektor der Shanghai Eastern Air Catering Co. Ltd. Ja, er habe dort gearbeitet, als der Vorspeisenteller mit dem Schwarzwälder Schinken erfunden wurde, und er sei bereit, die Verantwortung für jedes von ihm angerichtete Missgeschick zu übernehmen. Sein Boss, so sagte er, entschuldige sich für die Unannehmlichkeiten, die man mir bereitet habe – aber in ihrer Firma hätte man sich nicht im Traum vorgestellt, dass jemand tatsächlich ein rein dekoratives und dazu noch giftiges Taroblatt verzehren würde, insbesondere deshalb, weil die Chinesen nie etwas Rohes äßen außer frischem Obst.

Später erfuhr ich dann auf Umwegen, dass es einige Jahre zuvor bei der United Airlines, die ebenfalls von der Shanghai Eastern Air Catering beliefert worden war, Passagierbeschwerden über rohe Taroblätter gegeben hatte. United ersetzte diese durch eine andere Garnierung – ich glaube, es waren Zitronenblätter –, sah jedoch davon ab, die Konkurrenz zu warnen. Aber man warnte die Direktion der Shanghai Eastern Air Catering. Hatte die Shanghai Eastern die Northwest informiert?

Zum Schluss noch ein Wort zur Authentizität und zur Odyssee des Schwarzwälder Schinkens: Im Jahre 1996 verhängte China ein generelles Einfuhrverbot für Schweinefleischprodukte aus Europa, eine Maßnahme, die mit tatsächlichen oder angeblichen Gesundheitsgefährdungen begründet wurde. Die Shanghai Eastern Air Catering wechselte zu *prosciutto crudo di Parma* über, der natürlich in Australien hergestellt wurde. Wie er jedoch als Schwarzwälder Schinken auf dem Northwest-Vorspeisenteller auftauchen konnte, ist ein Mysterium, das zu meinem Bedauern wohl niemals gelüftet werden wird.

Schokoladenträume

Es war das schönste Weihnachtspräsent, das ich mir jemals hätte erhoffen können. Das Geschenk war schon früh eingetroffen, etwa Mitte Dezember, vor zwei Jahren. Es war ein Artikel im angesehenen *British Medical Journal*, dem zufolge Männer, die Süßigkeiten essen, eine höhere Lebenserwartung haben als solche, die keine essen.

Als ein Mann, der Süßigkeiten isst, reagierte ich darauf mit Erleichterung und Freude. Die Autoren waren zwei Epidemiologen von der Harvard School of Public Health, die über einen Zeitraum von fünf Jahren die Schicksale von 7841 älteren Männern verfolgt hatten. Das Resultat war verblüffend. Während dieser Zeit lag die Sterbewahrscheinlichkeit der Süßigkeitenesser um dreißig Prozent niedriger als die der Süßigkeitenverweigerer. Dies läuft auf ein komplettes zusätzliches Lebensjahr hinaus, allein durch den Verzehr von Naschwerk!

Solange ich mich zurückerinnern kann, sind süßigkeitenessende Männer in Film und Fernsehen als schwache, genusssüchtige, weibische, unbeherrschte und charakterlose Weichlinge vorgeführt, angeprangert und verunglimpft worden. Die meisten von uns sind in den Untergrund gedrängt worden. Wir essen unsere Süßigkeiten allein und im Geheimen. Nie machen wir die beglückende Erfahrung, unsere Näschereien in trauter Runde genießen zu können – es sei denn, wir lassen bei der Auswahl unserer Mitverschworenen äußerste Vorsicht walten. Wir schütten uns Lakritzbonbons gleich schachtelweise in die Jackentaschen und stecken sie uns, einen nach dem andern, auf Sitzungen oder im Bus verstohlen in den Mund. (Ständig finde ich diese kleinen rosa-weißen Köstlichkeiten in jedem Kleidungsstück, das ich besitze – ich muss bloß aufpassen, dass ich mir keine einverleibe, die in der chemischen Reinigung gewesen sind.) Wir fiebern der mehrstündigen Anonymität eines Transatlantikflugs entgegen und kaufen uns, bevor wir an Bord gehen, eine Familienpackung Mini-Milky-Way-Schokoriegel. Eine der epochalen Leistungen von Präsident Ronald Reagan bestand darin, dass er ein Glas mit Weingummis auf seinem Schreibtisch platzierte – was ungefähr so war, als erblickte man den Marlboro-Mann mit einem Lutscher in der Hand. Doch die Menschen haben nun mal ein kurzes Gedächtnis.

Und dann, in jener vorweihnachtlichen Woche vor zwei Jahren, enthüllte das *British Medical Journal*, dass wir schon immer die Stärkeren und Klügeren gewesen sind, und die wesentlich höher Entwickelten. Mich erfüllte eine gewisse Häme, als ich las, männliche Süßigkeitenverweigerer seien in der Regel ältere Semester mit einer ausgeprägten Neigung zum Nikotin- und Alkoholkonsum. Ich stellte sie mir vor, wie sie sich arthritisch humpelnd in irgendwelche schummrigen, verqualmten Kaschemmen verdrückten und kraftlos in ihre nikotinverfärbten, süßigkeitenfreien Hände husteten.

Die beiden Harvard-Forscher hatten keine stichhaltige Erklärung für die lebenspendende Qualität von Süßigkeiten. Sie verwiesen jedoch auf einen ständig wachsenden Stapel von wissenschaftlichen Untersuchungen, aus denen hervorging, dass der Verzehr von *Schokolade* gut für uns sei, und sie vermuteten, dass die Männer, die Süßigkeiten konsumierten, zwangsläufig auch Schokolade aßen.

Im Laufe der Jahre ist der Schokolade alles Mögliche nachgesagt worden – dass sie Migräne und Akne verursache; dass sie die gleichen chemischen Substanzen enthalte, die unser Gehirn durchfluten, wenn wir verliebt sind; dass sie vor gesättigtem Fett strotze, das unsere Arterien verstopft; dass Frauen ihr prämenstruelles Syndrom gewohnheitsmäßig mit Schokolade bekämpfen; dass der Verzehr von Schokolade für Hunde und Pferde tödlich sein könne; und dass Schokolade das Prozac unter den Süßigkeiten sei. In letzter Zeit haben die positiven Bewertungen sprunghaft zugenommen. Nun ist Schokolade angeblich gut für unser Herz. Ja, es heißt sogar, sie minimiere das Krebsrisiko.

Ich hasse es, wenn das passiert. Im TV-Magazin *60 Minutes* wird fälschlicherweise erklärt, die Franzosen erlitten weniger Herzinfarkte als wir, weil sie viel Rotwein trinken, und am nächsten Tag verdoppelt sich in den USA der Rotweinabsatz. Irgendwelche Wissenschaftler, die gern im Fernsehen auftreten, erzählen uns, Brokkoli beuge Krebserkrankungen vor, und plötzlich betrachtet jeder dieses Grünzeug als eine wahre Wundermedizin. Einen Monat später wird Brokkoli dann von Porridge verdrängt. Und irgendwann einmal wird jedes Nahrungsmittel in Gottes Schöpfung seine berühmten fünfzehn Minuten gehabt haben – und dann können wir wieder von allem ein bisschen essen, was ohnehin das Vernünftigste ist.

Seit meiner frühen Kindheit habe ich ein Faible für gute Schokolade. Sie ist mir von allen pflanzlichen Produkten nach wie vor das liebste. Bei allen Geschäfts- und Erholungsreisen, die mich länger als drei oder vier Stunden von zu Hause entführen, habe ich in meiner Laptop-Tasche stets einen Vorrat von Valrhona Noir Gastronomie dabei, meiner liebsten Allzweckzartbitterschokolade. Selbst wenn ich nach Frankreich verreise, verproviantiere ich mich vorsichtshalber mit Valrhona, denn die Geschäfte könnten ja bei meiner Ankunft geschlossen sein, womöglich wegen der zahllosen Ferien, die es dort gibt. Ich brauche keinen Harvard-Epidemiologen, der mir die Erlaubnis erteilt, Schokolade zu essen. Der Verzehr von Schokolade rechtfertigt sich von allein. Aber trotzdem …

Bei einer gründlichen Recherche habe ich herausgefunden, dass es in den USA kaum ein Presseerzeugnis gibt (von *The Nation* bis zu *Forbes*, von der *New York Times* bis zum *Sacramento Bee*), das im letzten oder vorletzten Jahr keine Story über die angeblich wissenschaftliche Behauptung gebracht hat, der zufolge der Konsum von Schokolade gesundheitsfördernd sei. Die Vorstellung als solche amüsiert die Journalisten und deren Chefredakteure so sehr, dass die meisten dieser Artikel sehr kurz gehalten sind und es im Grunde damit bewenden lassen, dem Leser noch einmal den uralten Witz zum Thema gesunde Ernährung aufzutischen (Sie wissen schon, der Naturkostladen, in dessen Schaufenster ein Schild mit der Aufschrift »Wegen Krankheit geschlossen« hängt).

Und so beschloss ich, dass es an der Zeit war, die Schokolade genauer unter die Lupe zu nehmen, Dichtung und Wahrheit zu unterscheiden, die Schafe von den Böcken zu trennen. Ich las eine Menge und telefonierte viel herum. Die Punkte Akne, Migräne und Allergien waren schnell abgehakt – alle drei sind jahrelang auf den Verzehr von Schokolade zurückgeführt worden. Eine Vielzahl von wissenschaftlichen Untersuchungen hat jedoch inzwischen die Wahrheit ans Tageslicht gebracht: Es gibt keinerlei Verbindung zwischen Akne und dem Verzehr von Schokolade; sie verursacht weder Migräne noch Kopfschmerzen; und Schokoladenallergien sind äußerst selten. Und damit basta! Bis eine seriöse Untersuchung das Gegenteil beweist, darf niemand Akne, Migräne oder Allergien zur Rechtfertigung seiner Aversion gegen Schokolade ins Feld führen. Niemand darf diese Dinge auch nur im selben Atemzug nennen.

Als Nächstes stellte ich eine Liste zusammen:

WORAUS BESTEHT SCHOKOLADE?

Zucker – Koffein – Minerale – gesättigtes Fett – Theobromin – Flavanole (wie sie auch im Rotwein enthalten sind) – *Phenyläthylamin* (eine das Liebesempfinden steigernde amphetaminähnliche Verbindung) *Anandamid* (das den bewusstseinsverändernden Wirkstoff des Marihuanas nachahmt)

Und dann machte ich mich ans Werk.

Enthält Schokolade lebenswichtige Minerale, die in anderen Nahrungsmitteln kaum vorkommen? Ja, sicher: Kupfer und Magnesium. Aber man kann auch jeden Morgen eine entsprechende Tablette schlucken.

Was ist mit dem Koffein? Ein herkömmlicher Riegel Milchschokolade enthält die gleiche Menge Koffein wie eine Tasse *koffeinfreier* Kaffee. Man müsste schon extrem koffeinempfindlich sein, um sich vor einem läppischen, kleinen Schokoriegel zu fürchten.

Strotzt Schokolade nicht vor gesättigtem Fett, also der Sorte, die unsere Arterien verstopft, den Blutfluss zu unserem Herzen hemmt und uns sterben lässt? Ja und nein, aber in erster Linie nein. Dies ist jedoch ein so eminent wichtiges Thema, dass ich ihm gleich noch mindestens 1000 Wörter widmen werde. Keine Bange, ich hab bloß Spaß gemacht!

Aber es *ist* wichtig. Zartbitterschokolade besteht zu etwa einem Drittel aus Fett. Das natürliche, in Schokolade enthaltene Fett ist Kakaobutter – es sei denn, Sie kaufen eine extrem billige und scheußliche Sorte, bei der preiswerte und gefährliche hydrierte Pflanzenöle oder sogar Schweineschmalz beziehungsweise Rindertalg an die Stelle der wertvolleren Kakaobutter treten (die dann mit Aufgeld an die Kosmetikindustrie verkauft wird). Und Kakaobutter ist, von ihrer chemischen Struktur her, ein gesättigtes Fett. Daher wird vermutet, Schokolade sei schlecht für unser Herz.

Aber glücklicherweise gibt es ja einen Gott im Himmel. Medizinische Forscher haben inzwischen herausgefunden, dass man nicht alle gesättigten Fette über einen Kamm scheren darf und dass Kakaobutter unseren Cholesterinspiegel *nicht* erhöht; einer Studie zufolge kann ein »exzessiver Konsum« von Kakaobutter ihn sogar senken. Ich werde diese Sache auf jeden Fall weiterverfolgen. Und nun lese ich, dass – Achtung, halten Sie sich fest! – ein hoher Anteil der Kakaobutter, die wir zu uns nehmen, gar nicht von unserem Körper absorbiert wird (laut manchen Untersuchungen bis zu vierzig Prozent). Dies würde bedeuten, dass Schokolade ihre eigene, völlig natürliche Form von

Olestra* enthält! Und es könnte auch bedeuten, dass ein Schokoriegel, dessen Nährwert laut Verpackungsaufdruck 400 Kalorien beträgt, unter dem Strich lediglich 300 hat.

Im Folgenden wollen wir uns den geistig-seelischen Aspekten von Schokolade zuwenden. Oder, anders formuliert, hebt Schokolade unsere Stimmung tatsächlich auf die gleiche Weise wie eine illegale, psychoaktive Droge? Werfen wir noch einmal einen kurzen Blick auf unsere Liste mit Zutaten. Vier davon können sich auf unsere Psyche auswirken. Da wir das Koffein bereits aussortiert haben, wollen wir uns nun die zweite Droge vornehmen: das Theobromin. Wie kam es zu seinem Namen, und was macht es mit uns? Vielleicht wissen Sie ja noch, dass Carl von Linné, der große schwedische Botaniker und Begründer der modernen biologischen Systematik, dem Kakaobaum passenderweise den Namen *theobroma* verlieh, »Götterspeise«; und als Chemiker dann viele Jahre später erstmals eine der in Schokolade enthaltenen psychoaktiven Verbindungen isolieren konnten, nannten sie sie kurzerhand Theobromin. Es handelt sich dabei um ein bitteres, flüchtiges Alkaloid, das von seiner chemischen Struktur her dem Koffein ähnelt. Aber im Vergleich zum Koffein übt es auf Menschen nur einen schwachen stimulierenden Effekt aus. Pferde und manche Hunde reagieren jedoch sehr empfindlich darauf, und deshalb wird auch davor gewarnt, Hunde mit Schokolade zu füttern. Manche Leute werden Ihnen erzählen, ihr vierbeiniger Freund habe einmal ein ganzes Pfund M&Ms verschlungen, ohne einen Hirn- oder

* Olestra (oder Olean): ein in diversem, als »light« apostrophiertem Naschzeug enthaltenes, aus Pflanzenöl und Zucker hergestelltes Fettsurrogat, das kalorienfrei und unverdaulich ist. (A. d. Ü.)

Herzinfarkt davonzutragen. Dies scheint von der Hunderasse abzuhängen. Da Sky King, mein unvergleichlicher Golden Retriever, als Dessert des Öfteren Schokolade verlangt, werde ich über kurz oder lang eruiert haben, ob an dieser Theobromin-Warnung tatsächlich etwas dran ist. Derweil können wir Menschen davon ausgehen, dass der stimmungsverändernde Effekt von Schokolade – so sie denn einen hat – nicht mit dem Theobromin zusammenhängt.

Droge Nummer drei ist das Phenyläthylamin, das Fenühl-ÄTÜHL-ah-min ausgesprochen wird – allein schon zu wissen, wie man das Wort korrekt ausspricht, dürfte Ihre Stimmung beträchtlich heben. Es handelt sich dabei um eine amphetaminähnliche, psychoaktive Droge, deren Wirkung, so wie die der Partydroge Ecstasy, dem Gefühl gleichen soll, das von einem Besitz ergreift, wenn man verliebt ist. Ja, Schokolade enthält einen winzigen Anteil Phenyläthylamin. Ein Salami-Sandwich enthält jedoch viel mehr davon, und außer mir kenne ich niemanden, der Liebesgefühle offenbart, nachdem er ein Pfund Salami verspeist hat.

Ein anderer interessanter Punkt: In vielen psychologischen Untersuchungen habe ich gelesen, das Verlangen nach Schokolade sei weiter verbreitet als das Verlangen nach Salami. Folglich kann es nicht das Phenyläthylamid sein, das uns zur Schokolade hinzieht, denn sonst wäre Salami zum Valentinstag ein wesentlich beliebteres Geschenk.

Die vierte und letzte der in Schokolade enthaltenen Drogen ist das Anandamid oder etwas, das diesem ähnelt. Anandamid ist eine natürliche, in unserem Gehirn vorkommende chemische Verbindung, die die Wirkung von gerauchtem oder gegessenem Marihuana oder Haschisch nachahmt. Außerdem scheint es die stimmungsverbessernde Kraft jenes Marihuanas zu verstärken, das bereits durch Rauchen oder Essen – selbstverständlich unbeabsichtigt – in unseren Organismus gelangt ist. Ein sehr naher Verwandter des Anandamids (*ananda* ist der Sanskrit-Begriff für »Seligkeit«) kann in Schokolade nachgewiesen werden. Ist es möglich, dass so ein Küchenklassiker wie die Haschischkekse aus dem *The Alice B. Toklas Cookbook (Das Alice B. Toklas Kochbuch,* Byblos)* genau auf dieser Synergie beruht? Kann der Verzehr von Schokolade auf preiswerte Weise den angenehmen Effekt des Rauchens von Marihuana verbessern und steigern, einer Droge, deren Preis, wie ich jüngst gelesen habe, in astronomische Höhen emporgeschnellt ist? Kann unser Verlangen nach Schokolade auf eine Anandamidsucht zurückgeführt werden? Senkt Anandamid nicht auch unseren Herzrhythmus und unsere Pulsfrequenz? Bedeutet all dies womöglich, dass Schokolade die absolute Wunderdroge ist?

Die traurige Wahrheit ist leider die, dass man, selbst wenn all diese Spekulationen wahr wären, auf einen Schlag neun bis dreizehn Kilo Schokolade vertilgen müsste, um das Ananda des Anandamids erleben zu können. Selbst ich möchte dies nicht versuchen – das ist die doppelte Menge Schokolade, die der Durchschnittsamerikaner jährlich konsumiert.

Wenn keine der stimmungshebenden Drogen, die der

* Alice B. Toklas (1877–1967): amerikanische Schriftstellerin und Verlegerin, die in Frankreich lebte; langjährige Lebensgefährtin und Muse von Gertrude Stein. (A. d. Ü.)

Schokolade ihren Glamour verleihen, eine nennenswerte Wirkung auf ihre Esser ausübt, wie kommt es dann, dass so viele Menschen Schokolade auf eine fast schon süchtige Weise lieben? Wir sind nicht die Ersten, die diese Frage stellen. Da mir persönlich die Schokoladensucht völlig fremd ist, zog ich ein weiteres Mal die psychologische Fachliteratur zu Rate. Ich werde versuchen, mein Resümee möglichst kurz zu halten:

Wenn Männer Appetit haben, so gilt dieser in der Regel deftigen Speisen. Frauen haben Appetit auf Süßigkeiten. (Vielleicht werden Männer, die Süßigkeiten essen, deshalb so scheel angesehen.) Schokolade ist das Nahrungsmittel, auf das Amerikanerinnen den größten Appetit haben; die Hälfte der amerikanischen Frauen goutiert Schokolade. An den Tagen vor und direkt zu Beginn der Menstruation verspüren Frauen einen größeren Appetit als sonst, doch das Ausmaß ihrer Vorliebe für Schokolade wird davon nicht beeinträchtigt.

Eine Untersuchung an spanischen Männern und Frauen ergab, dass spanische Frauen zwar einen größeren Appetit auf Schokolade haben als spanische Männer, doch nur ein Viertel der untersuchten Frauen hatte einen ausgeprägten Appetit auf Schokolade, ungefähr genauso viele wie unter den Männern. Dies impliziert, dass die bei amerikanischen Frauen festgestellte Vorliebe für Schokolade keine chemischen, sondern kulturelle Ursachen hat. Dies ist von klinischen Tests bestätigt worden, bei denen amerikanische Frauen ähnlich reagierten, nachdem sie Kapseln mit weißer oder dunkler Schokolade geschluckt hatten. Weiße Schokolade enthält keine der Stimulanzien, die wir weiter oben erörtert haben.

Süßigkeiten und andere Kohlenhydrate erhöhen die vom Gehirn über den Blutkreislauf aufgenommene Menge der Aminosäure Tryptophan, zumindest bei Laborratten. Das Tryptophan regt die Produktion von Serotonin an. Es heißt, die Präsenz von Serotonin in den Synapsen zwischen den Nervenendigungen lindere Depressionen. Frauen, die angesichts ihrer Dysphorie während der späten Lutealphase (die psychiatrische Fachbezeichnung für prämenstruelles Syndrom) jede Menge Süßigkeiten verputzen, könnten sich auf diese Weise selbst verarzten, um ihre Depressionen zu lindern – wohingegen sie Schokolade aus kulturellen Gründen verzehren. Das Problem an dieser Theorie besteht jedoch darin, dass die Zunahme des Serotonins selbst unter den günstigsten Umständen sehr gering ist und dass Kohlenhydrate, werden sie gemeinsam mit Fetten oder Proteinen aufgenommen, in jedem Fall eine noch geringere Auswirkung auf die Freisetzung von Tryptophan haben. Schokolade enthält etwa die gleichen Mengen von Fett und Zucker.

Es herrscht zunehmend Übereinstimmung darüber, dass Frauen Süßigkeiten und insbesondere Schokolade verzehren, wenn sie schlecht drauf sind, denn dies macht sie glücklich. Es macht sie glücklich, weil Süßigkeiten so gut schmecken, und Schokolade schmeckt den meisten Frauen sogar noch besser. Etwas Gutes zu essen, regt im Gehirn die Produktion von Endorphinen an, eine natürliche Form von Morphium. Oder, anders formuliert, die Menschen haben Appetit auf Schokolade, weil diese ihnen ein großes sinnliches und ästhetisches Vergnügen beschert. Und dies hebt ihre Laune gewaltig.

Zu guter Letzt haben wir also doch noch die Antwort

gefunden. Die geheime chemische Ingredienz in Schokolade ist … Schokolade! Und damit hat sich's.

Nun müssen wir das Reich der bewusstseinsverändernden Drogen verlassen und uns in die schwer durchschaubare Welt der Flavanole begeben. Diese bilden eine der Gruppen von chemischen Verbindungen, die nach wissenschaftlicher Überzeugung zu erklären vermögen, warum Menschen, deren Nahrung einen hohen Anteil von Obst und Gemüse enthält, am seltensten an einer Herzerkrankung sterben. Flavanole finden sich vor allem in Tee, Rotwein, Äpfeln, Blaubeeren, Moosbeeren und Schokolade. Unter den getesteten Äpfeln wiesen die Sorten Red Delicious und Granny Smith die meisten auf, Macintosh und Yellow Delicious die wenigsten.) Flavanole können, zumindest im Reagenzglas, Oxidierungsschäden an unseren Zellen und unserer DNA verhindern. Bevor sich die Lipoproteine (das schlechte Cholesterin) in Ablagerungen verwandeln können, die unsere Arterien verengen und verkalken, muss das Cholesterin durch Oxidierung beschädigt werden, was von Antioxidanzien verhindert wird.

Es gibt viele Arten von essbaren Antioxidanzien, darunter die Vitamin-E-Tabletten, die ich jeden Morgen zu schlucken pflege. Doch Schokolade geht sehr viel angenehmer die Kehle hinunter, und überdies reduzieren die in ihr enthaltenen Flavanole nicht nur die Verklumpung der Thrombozyten, sondern wirken auch der Gerinnungstendenz unseres Blutes entgegen; und sie ermöglichen es unseren Arterienwänden, sich zu entspannen. Die Niederländer sind dermaßen von den gesundheitsfördernden Eigenschaften flavanolreicher Nahrungsmittel überzeugt, dass sie die Essgewohnheiten in ihrem Land untersucht haben, um die Flavanolquellen in der Ernährung der Menschen zu lokalisieren – unter anderem mit der Absicht, Ernährungsempfehlungen zu geben. Fünfundfünfzig Prozent der Flavanole in der niederländischen Nahrung stammen von Tee und zwanzig Prozent von Schokolade. Norman K. Hollenberg, Doktor der Medizin sowie der Geisteswissenschaften und Professor an der Harvard Medical School, hat geschrieben: »Die gesundheitsfördernden Eigenschaften von Kakao und Schokolade sind offenkundig genauso groß wie die von grünem Tee und Rotwein, wenn nicht sogar noch größer.«

Dies klingt wie eine Absolution für die Fans von Schokolade. Unglücklicherweise stimmen die meisten Forscher darin überein, dass, falls der Konsum von Rotwein tatsächlich das Herzinfarktrisiko minimieren sollte, es der Alkohol ist, der dieses Kunststück vollbringt, und nicht die Flavanole. *Weder in Wein noch in Schokolade sind genug Flavanole enthalten, um von nennenswerter Bedeutung zu sein. Das ist wirklich alles, was wir wissen müssen.* Leider hat es bislang noch keine der Harvard-Süßigkeiten-Studie vergleichbare Untersuchung gegeben, die auf diese oder jene Art bewiesen hätte, dass Männer, die Schokolade essen, länger leben. Aber was nicht ist, kann ja noch werden – ich drücke mir jedenfalls die Daumen.

Ein Großteil der neueren, die Schokolade nicht verteufelnden Forschung ist von der Firma Mars (der Hersteller von Snickers, Milky Way, M&M's und Dove-Schokoriegeln) gesponsert worden, die ein Interesse daran hat, dass die Konsumenten mehr Schokolade essen, vor allem natürlich *Mars*-Schokolade. Doch diese Forschungsarbeit ist von sehr angesehenen Wissenschaftlern an der Pennsylvania State University, der University of California in Davis und in Irvine und anderswo durchgeführt worden. Obwohl ich die Firma Mars (die 1911 von Fred und Ethel Mars gegründet wurde und sich noch immer in Familienbesitz befindet) schon immer wegen ihrer bahnbrechenden Leistungen auf dem Gebiet der Schokoriegelproduktion bewundert habe, speziell in der Ära der Milky Ways, und ich ihr heute wegen der von ihr gesponserten medizinischen Forschung größte Hochachtung zolle, war ich jüngst doch ziemlich beunruhigt, als ich von ihrem Cocoapro-Marketingkonzept erfuhr. Im Rahmen einer Kampagne, mit der man, wie es schien, aus dem neuen, gesunden Image der Schokolade Profit schlagen wollte, verkündete Mars, man habe streng geheime Verfahren entwickelt, um zu gewährleisten, dass keines der unschätzbaren Flavanole verloren gehe, wenn die Kakaobohnen zu Schokolade verarbeitet werden. Dies klingt wie eine typische Marketingmasche, doch Dr. Harold Schmitz, der Leiter der Forschungs- und Entwicklungsabteilung von Mars, konnte mich davon überzeugen, dass ich mit dieser Vermutung falsch lag. Mars hat tatsächlich herausgefunden, dass die richtige Behandlung der Kakaobohnen während der Kultivierung und in jedem Verarbeitungsstadium – Fermentierung, Rösten und Alkalibehandlung – den Flavanolgehalt der daraus resultierenden Schokolade auf dramatische Weise erhöhen oder mindern kann.

Ist eine Schokolade auf optimale Weise produziert worden – von der Kakaobohne bis zum fertigen Schokoriegel –, so erhält sie das Cocoapro-Gütesiegel. Nur Mars-Produkte kommen dafür in Frage. Die Firma will mir nicht verraten, wie *meine* Lieblingsschokoriegel oder die Produkte der Konkurrenz bei den Tests abschneiden, denn, so sagt Schmidt, wenn ein Schokoladenhersteller nicht penibel darauf achtet, dass die Flavanole erhalten bleiben, so kann sich der Flavanolgehalt von Partie zu Partie beträchtlich unterscheiden. Aber wenn die Leute von Mars so davon überzeugt sind, dass ihre Produktionsmethoden für den Fortbestand einer zu tieferen Empfindungen fähigen menschlichen Rasse unerlässlich sind, müssen sie dann nicht ein fürchterlich schlechtes Gewissen haben, weil sie die anderen Schokoladenhersteller nicht in diese Geheimnisse einweihen?

Von all den guten Neuigkeiten zum Thema Schokolade versucht auch die Firma Hawaiian Vintage Chocolate zu profitieren, die vor etwa zehn Jahren mit den einzigen in den USA kultivierten Kakaobohnen auf dem Markt auftauchte. Eine Zeit lang war ihre Schokolade der Renner, doch dann, Patriotismus hin, Patriotismus her, merkten die Leute mit der Zeit, dass sie einfach nicht so gut schmeckte wie viele andere Marken. Dies ist womöglich der Grund dafür, dass die Firma zum Valentinstag des letzten Jahres etwas herausbrachte, das sie als »funktionale« Schokolade bezeichnet. Ihre »Liebestrüffel« sollen einen ähnlichen Effekt haben wie Viagra. Und dergleichen mehr. Ob die Leute von Hawaiian Chocolate Aphrodisiaka unter ihre Süßigkeiten mischen oder ob sie gesetzlich geschützte Geheimmethoden der Schokoladenherstellung einsetzen, ist ihrem nebulösen Werbematerial nicht zu entnehmen.

Der Irrsinn, der kürzlich beim Schokoladenhersteller Hershey ausgebrochen ist, lässt sich nur schwer mit dem Verlangen nach einer Umsatzsteigerung erklären. Die Firma hat ihr Hotel Hershey um The Spa erweitert, ein

Wellness-Center mit einer Vielzahl von Behandlungen wie einem »Kakao-Schaumbad«, einer »Kakaobutter-Einreibung« oder einer »Schokoladenfondue-Packung«. Das Fondue ist eine exklusive Rezeptur aus erwärmtem Moorschlamm und Kakaoessenz. Und das Schaumbad wird in der Broschüre folgendermaßen angepriesen: »Genießen Sie in unserem schäumenden Schokoladenmilchbad ein relaxendes und wohltuendes Hershey-Erlebnis der ganz besonderen Art. Die Milch wird ihre Haut entspannen und regenieren, während Sie sich diesem einmaligen Schokoladenerlebnis hingeben.« Bei allen Schokoladentests, an denen ich während der letzten fünf Jahre teilgenommen habe, landete die Schokolade von Hershey entweder auf dem allerletzten Platz oder irgendwo im unteren Viertel. Kümmerten sie sich mehr um den Geschmack, so müssten sie ihr Produkt womöglich nicht mit erwärmtem Moorschlamm vermischen.

Meine Recherchen bei Mars waren im Grunde abgeschlossen, doch eine Frage brannte mir noch auf den Nägeln. Ich fragte mich, warum meine heißgeliebten Milky-Way-Riegel nicht mit dem Cocoapro-Gütesiegel von Mars ausgezeichnet werden. Schmitz erklärte mir, dass die bei Milky Way verwendete Schokolade nicht auf optimale Art hergestellt werde. Täte man dies, so mutmaßte er, könnte sich das »Geschmacksprofil« von Milky Way verändern – und die Folge wäre, dass enttäuschte und verbitterte Milky-Way-Fans der Marke den Rücken kehrten.

Ich denke, Mars hat Recht. Manche Dinge im Leben können nicht verbessert werden, und nicht alles, was wir essen, muss uns ein ewiges Leben bescheren.

Es muss auch manchmal Kaviar sein

Es gibt Kaviarfreunde, die schwören Stein und Bein, sie könnten die Identität des Meisters [des Kaviarmachers] herausschmecken, wenn sie nur ein paar Kaviarkörner über ihre Zunge rollen lassen.
Susan Friedland, Caviar
(Scribner's, 1986)

Ich bin ein genauso begeisterter Kaviarfreund wie jeder andere. Ich nehme Kaviar sicher genauso wichtig wie Galileo, der seiner Tochter, die als Nonne in einem Kloster lebte, regelmäßig Kaviar zukommen ließ. Ich bin auf Kaviar mindestens genauso versessen wie der vom Schicksal gebeutelte Papst Leo X. (die Reformation begann in seiner Amtszeit), der ihn auf gerösteten Brotscheiben zu Forellen aus dem Genfer See genoss. Und ich schwärme garantiert genauso für ihn wie Batu Khan, der Enkel des Dschingis Khan, der an den Ufern der Wolga, im Kloster zur Wiederauferstehung, den Verlockungen von Kaviar und kandierten Äpfeln erlag, mitten während seiner Eroberung der gesamten Kaspischen Senke – damals wie heute die Quelle des besten Kaviars der Welt. Aber konnte Galileo die Identität des Meisters, der den Kavier gemacht hatte, herausschmecken? Konnte Leo es? Kann ich es?

Vor mir auf dem Tisch stand ein eisgekühltes Glas Wodka neben sechs flachen Dosen Kaviar – im Gesamtwert von 500 Dollar – und einem Satz perlmutterner Löffel.

Ich pickte mir eine Löffelspitze gesalzener Störeier heraus, führte sie an meine Lippen und ließ sie von rechts nach links über meine Zunge rollen. Dann ließ ich eine zweite Löffelspitze von vorn nach hinten und anschließend eine dritte kreisförmig über meine Zunge rollen. Ich machte eine Faust, zerdrückte ein pyramidenförmiges Häufchen Kaviar auf dem weichen Fleisch zwischen Daumen und Zeigefinger und kostete ihn von meiner Hand, denn so machen es echte Profis, wie ich einmal irgendwo gelesen habe. Ich presste jeden Löffel Kaviar gegen meinen Gaumen und ließ die kleinen Eier zerplatzen, so dass sie ihr würzig-pikantes Öl überall in meinem Mund versprühten.

Selbst wenn es auf Leben und Tod gegangen wäre, hätte ich nie identifizieren können, welcher geniale Kopf hinter all diesen Köstlichkeiten steckte, hinter den kleinen schwarzen Obsidianperlen des »Beluga«, den elfenbeinfarbenen Kugeln des »Ossietra«, den subatomaren Sphäroiden des »Sevruga«. Ich habe nie einen Kaviarmeister kennen gelernt – das sind die Männer, die die Eier nicht nur nach Farbe, Größe, Konsistenz und Geschmack einstufen, sondern auch darüber entscheiden, wie viel Spezialsalz hinzugefügt werden muss, und dann das Salz behutsam mit ihren Händen unter die Eier mischen – ihre Arbeit ist mit der von begnadeten Weinmachern verglichen worden. Ich kann mir noch nicht einmal vorstellen, was für ein Gefühl es wäre, wenn ich wüsste, welcher Kaviarmeister meinen Kaviar gemacht hat.

Abgesehen davon sind meine Kaviarprobleme im Grunde sehr viel einfacher als dies – und sehr viel ernster. Es bereitet mir schon genug Schwierigkeiten, wirklich guten Kaviar welcher Sorte auch immer zu finden, ohne dass ich dabei in die elysischeren Gefilde der Kaviarwertschätzung vordringe. Derzeit frage ich mich sogar, ob wir überhaupt Kaviar essen sollten, zumindest Beluga-Kaviar. Meist weiß ich noch nicht einmal, wie Kaviar eigentlich schmecken sollte. Und das ist ein großes Problem für Kaviarfreunde wie mich und Batu Khan.

Doch nun ist mir möglicherweise der Durchbruch gelungen. Ich schaffte dies, muss ich gestehen, indem ich dem Problem mit Geld zu Leibe rückte, einem Haufen Geld. Während der letzten paar Monate habe ich mir Kaviar im Wert von vielleicht 3000 Dollar gekauft, Geld, das nun unwiederbringlich futsch ist. Es können auch 4000 Dollar gewesen sein. Ich hatte mir gedacht, dass irgendetwas dabei herauskommen müsste – eine Art Kriterienkatalog zur Bewertung von Kaviar –, wenn ich über einen gewissen Zeitraum Kaviar unterschiedlicher Sorten und Qualitätsstufen und unterschiedlicher nationaler oder ethnischer Provenienz verzehrte. Bei anderen Nahrungsmitteln hatte dieser Trick schon des Öfteren funktioniert, allerdings ohne dass ich dafür so horrende Summen hinblättern musste, und möglicherweise hat er auch diesmal funktioniert.

Doch zunächst einmal die Fakten. Bei *Kaviar* handelt es sich per Definition immer um gesalzene Störeier. Die gesalzenen Eier anderer Fische dürfen ebenfalls Kaviar genannt werden, doch nur, wenn dem Begriff der Name des jeweiligen Fisches vorangestellt wird, wie zum Beispiel Lachskaviar oder Maränenkaviar. Die drei Hauptsorten des Kaviars (also des Störkaviars) sind Beluga, Ossietra (auch bekannt als Osseter, Ossiotr, Ossetra, Assetra, et cetera) und Sevruga. Dahinter verbergen sich keine Qualitätsstufen, Farben oder Körnergrößen. Es sind einfach die russischen Namen der drei wichtigsten Störarten*, die im Kaspischen Meer vorkommen, dem größten Binnenmeer der Welt und der Quelle von neunzig Prozent des weltweit konsumierten Kaviars. Steht *Malossol* auf dem Etikett, so besagt dies, dass die Eier nur mild gesalzen sind. Andererseits kann ich mich nicht daran erinnern, dass mir jemals eine Dose Kaviar untergekommen wäre, auf deren Etikett das russische Äquivalent für »stark gesalzen« gestanden hätte.

Der Belugastör ist ein wahrer Goliath, der größte Süßwasserfisch, den es gibt, etwa eine Tonne schwer und bis zu neun Meter lang (im Anglerlatein rings um das Kaspische Meer hat der größte jemals gefangene Stör selbstverständlich noch viel gewaltigere Dimensionen). Belugaeier sind dunkelgrau, sehr groß (mit einem Durchmesser von gut drei Millimetern), dünnschalig und ein wenig weich, und im Allgemeinen erzielen sie auch den höchsten Preis, derzeit 100 Dollar und mehr pro Unze, was weniger als zwei gestrichen vollen Esslöffeln entspricht – das teuerste Nahrungsmittel auf Erden. An zweiter Stelle rangiert der Ossietrastör. Diese Fische und ihre Eier sind von mittlerer Größe, und für ihren Preis gilt das Gleiche (er beläuft sich derzeit auf etwa achtzig Dollar pro Unze). Ihre Eier sind goldfarben, dunkelbraun oder grau; hartschaliger als die des Beluga, zerplatzen sie sehr angenehm am Gaumen, und ihr Geschmack scheint der vielschichtigste zu sein, häufig mit einem Hauch von Butter oder Nüssen und manchmal sogar von Obst. Sevrugastöre sind die kleinste dieser drei

* Die entsprechenden deutschen Namen lauten Hausen, Waxdick und Scherg (auch Scherk oder Sternhausen). (A. d. Ü.)

Störarten, und ihr Ansehen ist nicht so hoch wie das der beiden anderen; ihre Eier sind schwarz und haben den puren, unverfälschten, kräftigen Kaviargeschmack. Das hatte ich zumindest geglaubt.

Von dem Augenblick an, wo feiner Kaviar die Hände des Meisters verlässt, muss er gut gekühlt werden, am oder unter dem Gefrierpunkt von Wasser, aber über dem Gefrierpunkt von Kaviar, also bei etwa minus 3 °C, doch das hängt auch von seinem jeweiligen Salzgehalt ab. Die Ausnahme von dieser Regel ist pasteurisierter Kaviar, der so lange in seinem Glas erhitzt wird, bis er steril geworden ist. Dieser Kaviar kann als hübsches kleines Gewürz dienen, doch die Pasteurisierung raubt ihm viel von dem Geschmack und der Konsistenz, die wir an frischem Kaviar so sehr schätzen. Wann immer Sie Kaviar in Gläsern und ungekühlten Regalen zu Gesicht bekommen, ist dieser pasteurisiert worden.

Fischeier zu verzehren, hat nichts Exotisches. Die alten Ägypter legten sie schon 2500 v. Chr. in Salz ein – nicht als Delikatesse, sondern als alltägliches Nahrungsmittel. Heutzutage können wir den Rogen von Krebsen, Forellen oder Seeigeln genießen, aber auch den von Löffelstören, Schwertstören, Seehasen, Süßwasserheringen, Karpfen und, wie ich gelesen habe, sogar von Schnecken. Die gesalzenen, gepressten und getrockneten Eier von Meeräschen oder Thunfischen nennt man in Italien *Bottarga*, und schabt man sie über weiße Bohnen oder Pasta, so schmecken sie äußerst pikant und delikat. Die Japaner färben und aromatisieren auf kunstvolle Weise den geschmacksneutralen, hartschaligen Rogen von Fliegenden Fischen und nennen diesen Kaviarersatz *Tobikko*. Frischer und unverfälschter Lachskaviar kann genauso köstlich sein wie gesalzener Störrogen, mit einer völlig transparenten, eine leichte, zarte Flüssigkeit enthaltenden Schale, auch wenn der handelsübliche Lachskaviar in der Regel eine klebrig-dotterige, breiig-matschige oder vertrocknete, unappetitliche Angelegenheit ist.

Im späten neunzehnten Jahrhundert waren die USA ein Zentrum der weltweiten Kaviarproduktion. Ja, Sie haben richtig gelesen: die Vereinigten Staaten von Amerika! Es heißt, im Hudson River habe es dermaßen von Stören gewimmelt, dass man auf dem Rücken der Fische von Manhattan nach New Jersey hinüberspazieren konnte. Ihr Rogen war so billig, dass man ihn als Köder für Hummerfallen verwendete oder in Kneipen gratis servierte, wie Salzbrezeln oder Erdnüsse, in der Hoffnung, damit den Durst der Gäste anzuheizen.

Es ist schwer vorstellbar, dass der Kaviar, der damals in den tausend Kneipen von Manhattan über den Tresen geschoben wurde, um auf Stullen geschmiert und mit Bier heruntergespült zu werden, von einem angesehenen Meister hergestellt, sorgfältig und hygienisch in Gläser oder Dosen abgepackt und vorschriftsmäßig gekühlt wurde, wie es heute der Fall wäre. Die New York Public Library verfügt über eine schöne Sammlung von Restaurant- und Bankettspeisekarten, und blättert man diese durch, so taucht der Kaviar dort erstmals im Jahre 1880 auf, und danach wurde er mehr oder weniger regelmäßig zu so plebejischen Hors d'oeuvres wie Oliven, Salzhering, Sellerie und Radieschen gereicht. Eine Kaviarbeschreibung in *The Epicurean*, einem 1893 erschienenen Kochbuch von Charles Ranhofer, dem Küchenchef des damals als bestes

Restaurant von Amerika gepriesenen Delmonico's, bezeugt, dass Kaviar zu jener Zeit noch nicht das Objekt kulinarischer Anbetung gewesen sein kann, das er heute ist. »[Kaviar] besteht aus Störrogen, den man gären lässt, nachdem er vorher mit Pfeffer und Zwiebeln in Salz eingelegt wurde«, schrieb Ranhofer. »Er ist ein sehr fettes Nahrungsmittel und sehr schwer verdaulich. Sollte der Rogen zu hart sein, so kann man ihn aufweichen, indem man ihn in Olivenöl und Zitronensaft mariniert.« Heutzutage würden wir dies nicht als Kaviar wiedererkennen.

Zur selben Zeit eröffnete ein Einwanderer namens Henry Schacht am Delaware River eine Kaviarfabrik, wo er »nur das feinste deutsche Salz« verwendete. Den Löwenanteil seiner Ware exportierte er nach Deutschland, zum damals stolzen Preis von einem Dollar pro Pfund, wo es dann an Russen verkauft wurde. Ein Teil davon wurde dann in die USA zurückimportiert. Laut einem Zeitungsbericht von 1900 stammten »volle neun Zehntel des auf dem amerikanischen und europäischen Markt verkauften Kaviars von im Delaware River gefangenen Stören«. Wenig später waren der Delaware und der Hudson völlig überfischt, und die amerikanische Kaviarindustrie brach zusammen.

Während der ersten Hälfte des zwanzigsten Jahrhunderts kontrollierte Russland die Störfischerei im nördlichen Teil des Kaspischen Meeres, und die Fangrechte für den südlichen erwarb es vom Iran; neunzig Prozent des in den USA konsumierten Kaviars stammten seinerzeit aus russischer Produktion. Dann, in den 1950ern, unter dem Schah und mit amerikanischer Hilfe, entwickelte der Iran seine eigene Fischindustrie und das nötige Know-how in

Sachen Kaviarverarbeitung. 1979, kurz nach Ayatollah Khomeinis Machtergreifung, wurde ein Staatsbetrieb namens Shilat gegründet, dem die gesamte iranische Kaviarproduktion unterstellt wurde. Bei der Kontrolle der Fischerei im südlichen Kaspischen Meer operierte Shilat zunehmend professioneller und effizienter; man kümmerte sich um die Störbestände, hielt die Qualität des Kaviars hoch und hygienisch und dokumentierte die Lebensgeschichte jeder einzelnen 1800-Gramm-Dose Kaviar, die von den Ufern des Kaspischen Meeres über Teheran nach Europa und Amerika gelangte. Russen und Iraner unterhielten riesige Brutanlagen, aus denen Jahr für Jahr Millionen von jungen Stören ins Kaspische Meer ausgesetzt wurden. Die Welt war zu einem Paradies für Kaviarfreunde geworden.

Und dann, 1987, zogen dunkle Wolken am Himmel auf. Zuerst verhängte die US-Regierung ein totales Einfuhrverbot für Waren aus dem Iran, darunter natürlich auch Kaviar, und fortan waren wir in dieser Sache auf Gedeih und Verderb den Russen ausgeliefert. Drei Jahre später zerfiel die Sowjetunion, und deren Störfischerei entwickelte sich zu einem Zankapfel zwischen den Regierungen von Russland, Aserbaidschan, Kasachstan und Turkmenistan, den vier ehemaligen, ans Kaspische Meer anrainenden Sowjetrepubliken. Die Arbeitslosigkeit grassierte, und jeder, der ein kleines Boot besaß, konnte einen Stör fangen, um sich und seine Familie zu ernähren. Im unwahrscheinlichen Fall, dass man dabei einen weiblichen, ausgewachsenen und schwangeren Fisch erwischte, waren dessen Eier eine willkommene Draufgabe. Schon bald wurde dieses Chaos an jedem Kaviarumschlaghafen von örtlichen

Vertretern einer Vereinigung organisiert, die wir inzwischen die Russenmafia nennen. Wilderei und Überfischung waren gang und gäbe, und die Qualität des Kaviars aus dem nördlichen Kaspischen Meer sackte in den Keller. Russische Einwanderer kontrollierten den amerikanischen Markt aus ihren neuen Wohnquartieren in Brooklyn.

Schließlich, im März 2000, zeigte sich ein Silberstreif am Horizont, als Außenministerin Madeleine K. Albright angesichts der demokratischen Wahlen im Iran das Handelsembargo gegen Teppiche, Pistazien und Kaviar aufhob. Binnen kurzem strömte der Kaviar wieder ins Land, in 1800-Gramm-Büchsen, eingedost in den iranischen Versandhäfen am südlichen Kaspischen Meer und mit dem Siegel von Shilat versehen. Der iranische Kaviar wird üblicherweise mit einer geringfügigen Dosis Borax (Natriumtetraborat) behandelt, denn dessen desinfizierende Wirkung ermöglicht es, weniger Salz zu verwenden, und gewährleistet ein frischeres und festeres Produkt. Die U.S. Food and Drug Administration hat sich bei anderen Nahrungsmitteln gegen eine Konservierung mit Borax ausgesprochen, doch da die FDA keine rechtliche Handhabe gegen das Zeug hat und niemand so viel Kaviar vertilgt, dass er sich eine Vergiftung zuziehen könnte, stellt Borax für die Importeure bislang kein Problem dar. Der iranische Kaviar ist mittlerweile zum besten der Welt avanciert.

Heute liefern Störe aus allen möglichen Ecken der Welt den begehrten Kaviar: Wildstöre in China, Zuchtstöre von Fischfarmen an der französischen Gironde und in Kalifornien, Löffelstöre aus dem Tennessee River und dem Ohio River. Selbst im Hudson soll es inzwischen wieder Störe geben – vor einigen Jahren behauptete die Hansen Caviar Company, sie verwendete deren Rogen. Doch einige Arten des im Kaspischen Meer lebenden Störs sind vom Aussterben bedroht.

Der Stör zählt nicht unbedingt zu Mutter Naturs Vorzeigefischen wie der geschmeidige, imposante Bluefin-Thunfisch, der possierliche, gewitzte Delphin oder der weise, majestätische Wal. Der Stör ist ein sehr großer und sehr hässlicher Fisch – ja sogar potthässlich, vor allem im Gesicht. Er sucht seine Nahrung am Grunde der Gewässer und haust in einer Dämmerwelt aus Schlick und Modder. Seine eng beieinander liegenden kleinen Knopfaugen sind nahezu blind. Der Stör erspürt seine Nahrung – Raupen, Flusskrebse, Würmer, Larven, Pflanzen – mit platten, fadenförmigen Sinnesorganen, die wie ein strubbeliger Schnurrbart von seinem Maul herabhängen und deshalb »Barteln« genannt werden. Diese Barteln verleihen dem Stör so etwas wie einen Unterwassergeschmackssinn, und ist etwas Essbares in Reichweite, so kosten sie die Nahrung, bevor diese ins Maul des Störs gelangt, ähnlich wie die Schnurrhaare des Catfish. (Wünschten Sie sich nicht auch, Sie könnten Ihr Essen kosten, bevor es in Ihren Mund gelangt?) Unterhalb und hinter seiner riesigen Schnauze, die, je nach Störart, wie eine monströse Schaufel oder wie eine furchterregende Sense aussieht, befindet sich ein großes, zurückgesetztes und zahnloses Maul, dessen wulstige Lippen sich zu einem Trichter formen können, durch den die Beute dann eingesaugt wird.

Der Mensch ist der einzige natürliche Feind des Störs. Manche Naturschützer behaupten ungerechtfertigterweise, es seien allein wir Kaviarfreunde, die das mögliche Aussterben des Störs zu verantworten hätten. Die Wahrheit ist jedoch die, dass die Störpopulation des Kaspischen Meeres und die Zahl der ihr entnommenen Eier seit Jahrzehnten rückläufig ist. Die Russen haben seit sechzig Jahren Staudämme an der Wolga errichtet, die zunehmend verhindern, dass der Stör stromaufwärts wandern kann; das Kaspische Meer trocknet seit Jahrhunderten aus, und die Umweltverschmutzung macht es in steigendem Maße für Fische unbewohnbar. Doch das Schlimmste steht vielleicht erst noch bevor: Geologen vermuten unterhalb des Kaspischen Meeres das größte, noch nicht erschlossene Erdölvorkommen der Welt. Die Überfischung könnte also bald nur noch ein sekundäres Problem sein.

Seit nunmehr fast drei Jahren genießen alle siebenundzwanzig Störarten, die es weltweit gibt, den Schutz des Washingtoner Artenschutzabkommens, der so genannten Convention on International Trade in Endangered Species of Wild Fauna and Flora oder, kurz, CITES: Zwei Störarten sind unmittelbar vom Aussterben bedroht; der Handel mit einigen anderen Arten muss strengstens reglementiert werden, und die übrigen müssen sorgfältig überwacht werden, da deren Eier leicht mit denen der bedrohten Arten zu verwechseln sind. Legal gehandelter Kaviar muss eine CITES-Genehmigung des Landes haben, das ihn exportieren möchte, und die Gesamtmenge darf die dem jeweiligen Land zugebilligte Quote nicht übersteigen. Kürzlich veranlasste der U. S. Fish and Wildlife Service zwei aufsehenerregende Strafverfahren gegen Kaviarschmuggler. Die Iraner halten sich peinlich genau an die internationalen Vereinbarungen, und in den von ihnen kontrollierten Gewässern wird kaum gewildert, einmal abgesehen von

Berichten, denen zufolge geringe Mengen über Dubai nach Europa und Amerika geschmuggelt werden.

Der überwiegende Teil des aus der ehemaligen Sowjetunion ausgeführten Kaviars, nach manchen Schätzungen bis zu neunzig Prozent, ist illegal. Und der Fortbestand des Belugastörs ist ernsthaft gefährdet. Von ihm stammen mittlerweile nur noch knapp zwei Prozent des aus dem Kaspischen Meer gewonnenen Kaviars. Bei einer CITES-Konferenz wurde unlängst vorgeschlagen, den Belugastör als akut bedroht einzustufen und den Handel mit seinem Rogen weltweit zu verbieten. Doch der Iran und die ehemaligen Sowjetrepubliken argumentierten erfolgreich dagegen: Der wirtschaftliche Schaden für ihre am Kaspischen Meer gelegenen Fischereibetriebe und die dort beschäftigten Menschen wäre immens, und außerdem deutete alles darauf hin, dass die eingeleiteten Maßnahmen zur Regenerierung der fraglichen Fischbestände erfolgreich seien. (Die iranischen Brutanstalten haben bereits eine der bedrohten Arten wiederaufleben lassen, den Karaburun, eine Unterart des Ossietra mit bräunlichen Eiern und feinem Geschmack, die heute für mehr als die Hälfte der iranischen Kaviarausbeute sorgt.) Doch bis sich die ehemaligen Sowjetrepubliken – Russland, Kasachstan, Aserbaidschan und Turkmenistan (falls Letztere überhaupt Kaviar exportiert) – dazu aufraffen können, den Fischfang in ihren Gewässern unter Kontrolle zu bringen, scheint mir die einzige Möglichkeit zur Verhinderung des massiven Wilderns von Belugastören darin zu bestehen, jeden Belugakaviar zu ächten, der nicht nachweislich aus iranischer Produktion stammt. Mein eigener kleiner Boykott ist bereits in Kraft getreten.

Kaviar zu kaufen, ist für die meisten Menschen ein qualvolles und demütigendes Erlebnis. Man steht im Begriff, viel Geld – zwischen 100 und 1000 Dollar – zu berappen, und hat kaum einen Schimmer, welchen Kaviar man favorisieren sollte oder welchen man tatsächlich favorisiert und ob man ihn auch bekommen wird. Ich habe schon lange herausgefunden, dass die Mehrzahl der Probleme, die die materielle Existenz betreffen, also zum Beispiel Dinge wie Wohnung, Auto oder Bekleidung, im Grunde keine Wohnungs-, Auto- oder Bekleidungsprobleme sind. Es sind Geldprobleme. Reiche Menschen haben keine Wohnungsprobleme. Vielleicht, so dachte ich mir, gilt für Kaviar ja das Gleiche.

Doch je mehr Geld ich ausgab, umso verwirrter und nervöser wurde ich – bis zu einer schicksalhaften Begegnung mit einer Dose frischem Sevruga. Während der letzten Monate habe ich vier kleine, informelle Kaviarverkostungen veranstaltet und dabei jedes Mal ungefähr ein Pfund Kaviar der unterschiedlichsten Sorten von diversen Importeuren, Wiederverkäufern und Einzelhändlern zu beurteilen versucht. Obwohl ich bei jeder dieser Verkostungen aus Vergleichsgründen ein oder zwei Unzen Beluga mit einbezog, bestanden die Testproben hauptsächlich aus Ossietra (manche Sorten trugen auf dem Etikett Beinamen wie »Imperial«, »Royal«, »Tsar« oder auch mehr als einen davon), Goldenem Ossietra, Sevruga (manche davon ebenfalls mit hochtrabenden Beinamen), amerikanischem Kaviar vom Weißen Stör, produziert von der Stolt Sea Farm in Elvarta, Kalifornien (www.stoltseafarm.com), und Kaviar vom in den Nebenflüssen des Mississippi lebenden Löffelstör.

Meine Erwartungen wurden regelmäßig enttäuscht. Beluga ist der teuerste und angeblich beste Kaviar, doch bei meinen Verkostungen war er dies meist nicht, vor allem dann, wenn er aus der ehemaligen Sowjetunion stammte. In Kalifornien kaufte ich Gläser mit Ossietra von Petrossian (www.petrossian.com) und, auf dem örtlichen Whole-Foods-Markt, von Urbani und wünschte mir, ich hätte es bleiben lassen. Der Beluga von Tsar Nicoulai (www.tsarnicoulai.com) in San Francisco war ziemlich perfekter Beluga, doch ich fand heraus, dass ich Ossietra in der Regel den Vorzug gab. Von Caviar Russe in New York überzeugte mich nichts; fast alles, was ich bei Paramount Caviar bestellte (www.paramountcaviar.com), war von hoher Qualität, wenn auch nicht immer der Auslöser einer kulinarischen Spitzenerfahrung oder gar eines religiösen Moments. Der (aus geplatzten Eiern diverser Störarten hergestellte) Presskaviar, den die Russen angeblich wegen seines kräftigen Geschmacks schätzen und mit Blini und saurer Sahne verzehren, war ziemlich schmackhaft in »halbgepresster« Form von der Caviarteria (www.caviarteria.com) an der Park Avenue, wie alles aus diesem Geschäft mit Ausnahme des Beluga. Die Qualitätsunterschiede verblüffen mich nach wie vor. Fast der gesamte iranische Kaviar stammt von Shilat, das seine Produkte an nur elf Großhändler verkauft. Die Mehrzahl des legalen russischen Kaviars wird von Petrossian in die Vereinigten Staaten eingeführt, einer Firma, die seit den 1920er Jahren schon verschiedene Male eine Monopolstellung innegehabt hat – vor allem in den Jahren zwischen 1979 und 1989, als der iranische Nachschub durch einen amerikanischen Boykott unterbrochen wurde.

Der heute von den Kennern favorisierte Goldene Ossietra bescherte mir, was Geschmack und Konsistenz betraf, ein oder zwei Mal einen Genuss von solcher Intensität, dass er die Ausrottung jeder Fischart und sogar mancher Säugetiere ohne Weiteres rechtfertigen würde. Nein, keine Sorge, ich habe nur Spaß gemacht. Der denkwürdigste Kaviar bei all meinen Verkostungen war ein Goldener Ossietra, der von der Browne Trading Company (www.browne-trading.com) unter dem Namen »Daniel Boulud's Private Stock« vermarktet wird. (Daniel zählt zu den besten französischen Küchenchefs der Vereinigten Staaten.) Er wies alle fundamentalen Eigenschaften auf, die man von Anfang an erwartet (ich werde sie später auflisten), und dazu noch einen ganz erstaunlichen Geschmack – der butterigste, nussigste, wärmste und üppigste, an den ich mich erinnern kann. Als ich einen Monat später erneut etwas davon bestellte, war er sehr angenehm, aber nicht mehr weltbewegend. Bei dieser Verkostung schoss der normale, dunkel-perlgraue iranische »Assetra« von Browne Trading den Vogel ab. Richard Hall, der äußerst versierte Kaviartester von Browne Trading, erzählte mir, dass ein Kaviar, der am selben Tag von Porimex (eine in Lachen in der Schweiz ansässige Firma, der Shilat fünfundzwanzig Prozent der iranischen Gesamtproduktion zuteilt) bei ihnen eintreffe, in fünfzehn identisch aussehenden und – seit sie nahe den Ufern des Kaspischen Meeres versiegelt worden waren – ungeöffneten 1800-Gramm-Dosen, nie die gleiche Farbe und den gleichen Geschmack habe, sondern sich von Dose zu Dose unterscheide.

Das derzeit herrschende Faible für den Goldenen Ossietra beruht meiner Meinung nach auf den Legenden, die sich um diesen blassgoldenen Kaviar ranken und denen zufolge er einst für den Schah reserviert war oder, je nachdem, wer einem die Geschichte erzählt, für den Zaren. Ich habe neuere Fotos von diesen Eiern gesehen und alle möglichen Berichte über ihre Herkunft gelesen. Demnach stammen sie entweder vom Albinobelugastör oder von jedem beliebigen Albinostör, vom seltenen Goldenen Ossietrastör oder vom Gelbbäuchigen Sterlet, von den Ansammlungen blassfarbener Eier hinter den Kiemen mancher Beluga- oder Ossietrastöre oder von Stören, die Anfang März durch ins Eis gehackte Löcher von Kosaken geangelt werden. Die Vorstellung, sich eine Delikatesse leisten und einverleiben zu können, die einstmals für die schlimmsten Autokraten der Welt reserviert war, muss für einen jungen Investment-Banker oder New-Economy-Unternehmer eine geradezu Schwindel erregende Vision sein. Doch der Goldene Kaviar kann fade, nichtssagend und extrem teuer sein – wie der Beluga kann er einen sehr leicht enttäuschen. Der schmackhafteste Kaviar bei meiner vierten Verkostung war ein Sevruga von Petrossian. Beluga oder Goldenen Ossietra zu kaufen, weil er teuer oder weil sein Name ein Synonym für Luxus ist, zeugt von Borniertheit oder mangelndem Geschmacksvermögen.

Der Goldene Ossietra war einmal mein absoluter Lieblingskaviar, doch inzwischen habe ich gelernt, dass sich bei Kaviar eine solch einseitige Bevorzugung verbietet. Letztlich kommt es allein auf Folgendes an: Qualitätskaviar hat große, gleichmäßige Eier, kugelförmig und unversehrt, klar voneinander geschieden und von einer feinen, glänzenden Ölschicht überzogen. Die Eier sind fest, aber nicht hart, und sie zerplatzen angenehm am Gaumen. Sie haben ein frisches Seearoma, riechen oder schmecken aber nie fischig. Ihr Geschmack ist nie bitter, und sie schmecken auch nicht aufdringlich nach Jod.

Es lohnt sich nicht, stolze Summen für Kaviar hinzublättern, wenn die Eier aufgeplatzt oder leck sind und in Öl schwimmen. Oder wenn sie trocken oder breiig sind. Oder viel kleiner, als man angesichts des Kaufpreises erwarten dürfte. Oder konkav oder zu weich, um am Gaumen zu zerplatzen. Oder wenn sie bitter, matschig oder mehlig schmecken. Dies ist dann minderwertiger Kaviar, den man, wenn man ihn zum Schnäppchenpreis ergattert, sehr gut beim Kochen verwenden oder mit Rührei, gehackten Zwiebeln und saurer Sahne vermischen und mit geschmolzener Butter auf Blini servieren kann. Die Russen aßen diese Beilagen traditionellerweise zu Presskaviar – einem kräftigen, festen Gewürz aus aufgeplatzten oder minderwertigen Eiern. Sie zu Qualitätskaviar zu reichen, ist in europäischen Augen eine gastronomische Unsitte von uns Amerikanern.

Sobald Sie sich einmal dafür entschieden haben, dass hochwertiger, einwandfreier Kaviar ihr Ding ist, hängt es ausschließlich von Ihrem Geschmack und Ihrer Stimmung ab, welcher Kaviar der beste ist. Der Petrossian-Sevruga, den wir gegen Ende jener verschwenderischen Tage kosteten, hatte ein starkes Aroma, war aber nicht bitter. Er hatte einen sauberen ozeanischen Geschmack, aber darüber schwebten noch andere, erstaunlich süße und fruchtige Aromen. Die Eier waren klar voneinander geschieden, explodierten aber nicht gerade am Gaumen; trotzdem hätte ich noch stundenlang davon essen können.

Manchmal jedoch ist man in der Stimmung für die riesigen, dunklen, perligen Eier des iranischen Beluga (unser

Boykott gegen das nördliche Kaspische Meer ist noch immer nicht aufgehoben!); die Eier werden sanft zerplatzen und ihre Öle und Säfte nur so verströmen; sie werden wahrscheinlich zarter und sogar neutraler sein als jeder andere Kaviar. Oder man bevorzugt den exklusiven und fashionablen Goldenen Ossietra und die Möglichkeit, dass einem dabei eine Gotteserscheinung zuteil wird. Mir widerfuhr Letzteres nur ein einziges Mal – bei einer Investition von insgesamt 4000 Dollar.

Tja. Das eine, ultimative Kaviarerlebnis gibt es also nicht. Es gibt jede Menge guten Kaviar auf dieser Welt, aber noch viel mehr, dem es an Frische, physischer Integrität oder frischem Seegeschmack mangelt. Aber solange Sie nicht in eigener Person ein halbes Pfund von dem Zeug kaufen, werden Sie ihn vermutlich nie im Voraus kosten können. Ja, manche Importeure und Einzelhändler sind in der Regel verlässlicher als andere, doch niemand ist vollkommen. Die Lösung besteht entweder darin, einen Haufen Geld auszugeben, oder sich mit preiswerteren Alternativen zu begnügen, zum Beispiel den köstlichen, transparenten Lachs- oder Forelleneiern.

Und selbst dann liegen Ihre Chancen, die Identität des Kaviarmeisters herausschmecken zu können, weit unter null.

Supergans!

In diesem Jahr deuteten alle Anzeichen auf eine Gans hin – auf einen goldbraun glänzenden, köstlichen, krossen, krachend knusprigen, herrlich duftenden Gänsebraten. Irgendwie hatte ich genug von Truthahn, jedenfalls fürs Erste. Zur Abwechslung sollte es diesmal Schwein sein, doch dann plagte mich mein Gewissen und ich stornierte meine Bestellung, als der Bauer vom Greenmarket nur noch wenige Stunden davon entfernt war, das kleine, unschuldige und, wie ich vermute, rosafarbene Geschöpf ins Jenseits zu befördern, und ich eigentlich schon mit den Vorbereitungen hätte beginnen müssen: den Backofen vorheizen, das Tranchiermesser polieren und dergleichen. Der Bauer fütterte das Tier noch ein paar Monate und schlachtete es dann trotzdem, um es zu Schinkenspeck, Würsten und Koteletts zu verarbeiten.

Danach verlagerten sich meine Ambitionen auf Wildgeflügel, insbesondere auf Moorhuhn und Waldschnepfe, aber eine Krickente wäre auch nicht übel gewesen. Ich mag Waldschnepfe – in Frankreich heißt sie *bécasse*, und obwohl sie dort unter Jagdverbot steht, zieht der Franzose sie allen anderen Vögeln vor, mit Ausnahme des Ortolans vielleicht –, und im vergangenen Herbst tat ich mich in London an einem Moorhuhn gütlich. Wie ich inzwischen mit beinahe kindlichem Entzücken herausgefunden habe, wimmelt es in den amerikanischen Wäldern und Teichen nur so von diesen Vögeln. Doch wie in Frankreich ist es auch bei uns den Jägern generell verboten, ihre Beute zu verkaufen. Daher bestand meine einzige Option darin, die Kunst des Schießens von der Pike auf zu erlernen, um so vom Sammler beziehungsweise Kunden zum Jäger degenerieren zu können. Nach nur drei Stippvisiten bei Holland & Holland, dem Jagdbedarfs-Fachgeschäft in der East 57th Street, stand für mich fest, dass allein schon die Auswahl des richtigen Outfits ein wochenlanges Studium erfordert hätte.

Und so landete ich schließlich bei einer Gans. In meiner Unwissenheit hatte ich bis dahin immer geglaubt, im Winter eine Gans zu braten, sei irgendein antiquierter, bizarrer britischer Brauch ohne jeden kulinarischen Wert, eine merkwürdige Marotte, die Charles Dickens oder jemand in der Art überflüssigerweise unsterblich gemacht hatte.

Die Lektüre der Sagen und Mythen aller großen Weltkulturen belehrte mich jedoch eines Besseren. Wie verblendet musste ich gewesen sein, dass ich die Bedeutung der Gans dermaßen angezweifelt hatte? Gibt es einen anderen essbaren Vogel, der in den Legenden der Menschheit eine ähnlich herausragende Rolle spielt? In einem Schöpfungsmythos der alten Ägypter legte eine himmlische Gans ein kosmisches Ei, dem, wie es der Zufall wollte, Re entschlüpfte, der göttliche Vogel des Lichts, der dann die Welt ausbrütete und schuf. Die Nähe, die die Gans als Zugvogel zur Sonne hatte, rückte sie in den Mittelpunkt von rituellen Gelagen nahe der Wintersonnenwende, mit denen man die Rückkehr der Sonne am dunkelsten Tag des Jahres heraufbeschwören wollte. Die Christen legten dann später ihr Weihnachtsfest auf diesen Tag. Die Verheißung ewigen Lichts ist eine der Bedeutungen des Chanukkafestes, zu dem meine Großmutter stets eine Gans zu braten pflegte. Maguelonne Toussaint-Samat schreibt in *A History of Food* (Blackwell), dass »fast alle Zivilisationen der Welt, die die Bekanntschaft von Gänsen machten, diese als Vermittler zwischen Himmel und Erde ansahen«. Das Opfern (und Verzehren) von Gänsen zum Wechsel der Jahreszeiten war eine feste Tradition in Europa und Vorderasien sowie unter den nordafrikanischen Berbern und den Indianern Nordamerikas.

Trotz ihrer späteren Vernarrtheit in den Vogel waren die Briten Nachzügler, was den Verzehr von Gänsen betraf. Julius Cäsar wusste zu berichten, dass sie Gänse und Hasen mieden, vermutlich aus religiösen Gründen, obwohl sie offensichtlich mit großem Vergnügen Hahnenkämpfe zwischen Gänserichen veranstalteten. Derweil kannten die benachbarten Gallier, Skandinavier und andere germanische Völker sowie die Slawen keinen größeren Gaumenkitzel als eine lecker zubereitete Gans. Das habe ich jedenfalls gelesen.

Angesichts dieser schlagenden Beweise für das kosmische und irdische Prestige der Gans wurde mir schlagartig klar, warum zu einem mittwinterlichen Festmahl ein Gänsebraten auf den Tisch gehört. Das Problem ist nur, dass ich bislang noch nie eine Gans gebraten habe, die ich hinterher auch essen mochte. Und ich war nicht geneigt, die Herbstmonate mit dem Erwerb des nötigen Knowhows zu verbringen, nur um an einem dunklen Dezemberabend einen goldbraun glänzenden Vogel an den Esszimmertisch zu tragen, ihn dort dreißig Sekunden zur Schau zu stellen, die obligatorischen Komplimente einzuheimsen und ihn dann wieder zum Tranchieren in die Küche zurückzuschleppen. Doch mir blieb tatsächlich keine andere Wahl.

Die potentiellen Mängel einer gebratenen Gans sind mannigfaltig: labberige Haut, zähes, sehniges und geschmackloses (oder bitter schmeckendes) Fleisch, übergares, ausgetrocknetes Brustfleisch und allenfalls halbgares, nicht ausgelassenes Fett in Falten, Taschen und dicken Schichten überall unter der Haut. Im Laufe der Jahre hatte ich unzählige Rezepte ausprobiert, doch keines davon war in der Lage gewesen, mehr als ein oder zwei dieser Probleme gleichzeitig zu beheben.

Mein Projekt gestaltete sich folgendermaßen: Zuerst wollte ich eine Reihe von Gänsen braten und dabei jedes Mal versuchen, lediglich einen der besagten Defekte zu eliminieren. Anschließend würde ich die jeweiligen Lösungen zu einer einzigen, ultimativen Bratmethode kombinieren. Es war möglich, aber doch eher unwahrscheinlich, dass mir auf diese Weise die Zubereitung einer Supergans gelingen würde.

Problem Nr. 1: Die Einrichtung einer verlässlichen Versorgungskette für Gänse vom Bauernhof zur *Vogue*-Testküche, die, zusammen mit dem *Vogue*-Lebensmittellabor, seit nunmehr zehn Jahren vorübergehend mein halbes Loft in New York City beansprucht. Ich rief Ariane Daguin an, die Miteigentümerin von D'Artagnan, Inc., einem Unternehmen im südwestfranzösischen Auch, das gemeinhin als Gänsehauptstadt der Welt gilt, aber wo dieser Vogel, wie ich gelesen habe, noch nie besonders romantisiert, mystifiziert, verehrt oder angebetet worden ist. Ariane verdeutlichte mir das Versorgungsproblem. Fast alle Gänseküken schlüpfen im oder um den Juni herum. (Versuche, diesen Zeitpunkt mittels künstlicher Besamung zu verschieben, haben nicht den gewünschten Erfolg gebracht.) Fünf bis sechs Monate später sind die Gänse schlachtreif, die ersten Anfang November, und das größte Angebot gibt es zur Zeit der Wintersonnenwende. Ende August, als meine Experimente begannen, konnte Ariane mir keine regelmäßige tägliche Lieferung garantieren. In Manhattan, wo es meinem Eindruck nach die landesweit höchste Anzahl echter Fleischereien pro Kopf der Bevölkerung gibt, konnte ich nur zwei Schlachter ausfindig machen, die mir versicherten, sie könnten mir eine Parade von drallen, voll ausgewachsenen, frischen, niemals tiefgefrorenen Gänsen von jeweils fünf Kilo Gewicht liefern und auch sofort damit beginnen. Es handelte sich um zwei der renommiertesten Fleischereien am Ort: Citarella und Lobel's.

Lösung Nr. 1: Die Amish. Das erste Exemplar von Citarella kam leider nur teilweise aufgetaut bei mir an, und das zweite bestand lediglich aus Haut und Knochen. Die Gänse von Lobel's waren sehr ansehnlich und schön drall, und sie kosteten auch nur das Doppelte von dem, was man sonst in Manhattan für dieses Federvieh bezahlen musste. Die Amish-Farm in Pennsylvania, die Lobel's beliefert, war also meine Rettung. Wie die Amish das Kunststück vollbrachten, bereits gegen Sommerende mit üppigen, voll ausgewachsenen Gänsen aufwarten zu können, ist mir noch immer schleierhaft. Ich habe mich übrigens beim U.S. Bureau of Labor Statistics kundig gemacht: In Manhattan gibt es vier Mal mehr Fleischereien und Schlachter als im landesweiten Durchschnitt.

Problem Nr. 2: Ein Gänsebraten schmeckt nie so gut wie zum Beispiel ein Roggenbrot-Sandwich mit Pastrami.

Lösung Nr. 2: Legen Sie Ihren Vogel in Salzlake ein! Heutzutage pökelt jeder buchstäblich alles ein, was er in die Finger bekommt. Dies bedeutet, dass Sie Ihre Gans, Ihren Truthahn oder Ihre Schweineschulter in Salzwasser legen und das Ganze ein oder zwei Tage im Kühlschrank, im Keller oder auf einem winterlich-frostigen Fensterbrett ruhen lassen. Die Salzlake kann zusätzlich mit Zucker, Kräutern und Gewürzen aromatisiert werden. Etwas einzupökeln kann ein Heidenspaß sein, und es verschafft Ihnen die Möglichkeit, während der Feiertage mal etwas Neues zu machen. Die sich in Frankreich und China so großer Beliebtheit erfreuenden Rezepte, nach denen man Gänse in einer gut gewürzten Brühe schmoren soll, zielen allesamt darauf ab, diesem dunklen, stark nach Wild schmeckenden Vogel einen milden, abgerundeten Geschmack zu verleihen und sein Fleisch saftiger und zarter zu machen – aber ich hatte vorher noch nie davon gehört, dass jemand eine Gans einpökelte.

Aber warum nicht? Und so ließ ich einen 5,5-Kilo-Vogel in einen zur Hälfte mit Wasser gefüllten Plastikeimer plumpsen; anschließend aromatisierte ich das Wasser mit Salz (eine viertel Tasse auf jeweils einen Liter Flüssigkeit), Gewürznelken, Kardamom, Lorbeerblättern, Stangenzimt und schwarzen Pfefferkörnern. Der Eimer war nun ziemlich schwer und passte auch nicht in meinen Kühlschrank hinein, wo sich bereits drei andere rohe Gänse samt den für sie vorgesehenen Beilagen breit gemacht hatten. Ich simulierte ein zur Winterzeit geöffnetes Fenster, indem ich den Eimer unmittelbar vor einer Klimaanlage platzierte und diese auf »Turbofreeze« einstellte. Zweiundzwanzig Kilo Gans und überschwappende Salzlake wiederholt über eine Strecke von achtzehn Metern zu tragen und dann auf ein hohes Fensterbrett zu wuchten, erwies sich als unerwartet strapaziös. Nachdem ich eine Schmerztablette genommen und ein stärkendes Nickerchen gemacht hatte, ging ich in den Eisenwarenladen bei mir um die Ecke, um eine Sackkarre zu erstehen, eines jener knapp anderthalb Meter hohen, l-förmigen Metalldinger mit großen Gummirädern, die für gewöhnlich beim Transport von Kühlschränken zum Einsatz kommen. Ich war nur um Haaresbreite davon entfernt, die leichteste, vom Design her ansprechendste und teuerste Sackkarre in ganz Manhattan zu kaufen – ich wollte schon immer meine eigene Sackkarre haben –, als mir ein Licht aufging. Mir fiel plötzlich ein, dass die Gemüseschubladen in meinem Kühlschrank ein nahezu perfektes Gansformat haben. Ich eilte unverzüglich nach Hause zurück, um meinen Geistesblitz an der Realität zu überprüfen. Heureka! Nun kann ich auf semiprofessionelle Weise zwei Gänse gleichzeitig einpökeln, bei genau der richtigen Temperatur, und dabei nur halb so viel Wasser, Salz und Gewürze verwenden, und ohne meine Klimaanlage im Oktober voll aufdrehen zu müssen.

Die Wirkung war phänomenal, vor allem, was den Geschmack betraf. Da ich in der populären Presse keine logische Erklärung für das, was beim Einpökeln passiert, gefunden hatte, schickte ich meinem Freund Harold McGee eine E-Mail; seine beiden Bücher *On Food and Cooking* (Scribner) und *The Curious Cook* (North Point Press) sind unverzichtbar für Menschen mit einem Interesse an wissenschaftlichen Erklärungen für das, was sich in ihrer Küche abspielt. Das Ganze habe mit Osmose zu tun, erklärte mir Harold. Die Osmose war mir schon immer ein Buch mit sieben Siegeln – ich muss an jenem Tag in der Grundschule gefehlt haben. Jetzt, wo ich erfahren habe, wie kompliziert die Osmose ist, sollte sie meiner Ansicht nach erst gegen Ende der Collegezeit gelehrt werden, wenn überhaupt.

Die Sache läuft ungefähr so ab: Zuerst entzieht das Salz in der Lake der Gans das Wasser und dringt dann selbst in das Gänsefleisch ein; das Salz würzt das Fleisch und macht es weicher, indem es einige der im Muskelgewebe enthaltenen Proteine auflöst. Gleichzeitig bewirkt die erhöhte Konzentration aufgelöster Gewebepartikel in den Säften der Gans, dass das Wasser aus der Lake gewissermaßen wieder in das Fleisch zurückgesogen wird, wodurch dieses saftiger wird; dabei schmuggeln sich die in der Lake enthaltenen Würzstoffe und Aromen in das Fleisch – ein, wie ich finde, faszinierender Vorgang. Inzwischen ist das Einpökeln zu meinem Hobby geworden, und bei der Zubereitung einer Supergans ist es praktisch unabdingbar.

Eine Gans einpökeln. Man nimmt einen Behälter, der so viel Platz bietet, dass die Gans ringsum mit Lake umgeben werden kann. Die Gans hineinlegen und mit Wasser bedecken, dessen Menge beim Einfüllen unbedingt gemessen werden muss! Pro Liter Wasser anschließend in einem Topf jeweils ¼ Tasse Salz und eine kräftige Prise Zucker mit ein paar Tassen Wasser zum Kochen bringen und so lange köcheln lassen, bis sich Salz und Zucker vollständig aufgelöst haben. Von der Kochstelle nehmen und je nach Geschmack würzen (ich persönlich bevorzuge die folgende, für 4 Liter Flüssigkeit gedachte Gewürzmischung: 5 leicht zerdrückte schwarze Pfefferkörner, ½ Stange Zimt, 1 Gewürznelke, ¼ Teelöffel gemahlenen Kardamom und ½ Lorbeerblatt). Abkühlen lassen und in das Wasser im Behälter mit der Gans gießen. Das Ganze etwa 24 Stunden kühl stellen, bei einem Riesenvogel entsprechend länger. Danach die Gans aus der Lake heben, trocken tupfen und entweder sofort zubereiten oder maximal 2 Tage im Kühlschrank aufbewahren. Vor dem Braten (nach welcher Methode auch immer) ein kleines, nadelspitzes Messer nehmen und die Haut der Gans mit 100 schnellen Stößen ringsum einstechen. Das Messer dabei fast waagerecht halten, so dass die Haut samt der darunter befindlichen Fettschicht durchstoßen wird, aber nicht das Fleisch. Sich anschließend auf solche Stellen konzentrieren, wo unter der Haut große Fettansammlungen erkennbar sind. Die Gans vor dem Braten etwa 3 bis 4 Stunden auf Zimmertemperatur kommen lassen.

Problem Nr. 3: Eine komplette Gans oder auch einen kompletten Truthahn zu braten, ist die am wenigsten geeignete Methode, will man perfekt zubereitetes Fleisch haben oder mehr erreichen als eine knusprige Haut – die nicht zu verachten ist, ganz gewiss nicht, aber eben nur einen Aspekt darstellt. Außerdem verbrennt man sich regelmäßig an allen möglichen Körperstellen, wenn man etwas brät, das größer ist als ein Hähnchen.

Lösung Nr. 3: Es gibt keine Lösung! Ich brate zwei- bis dreimal wöchentlich dies oder das, auch einfach nur zum Lunch. Trotzdem ist mir das Braten nach wie vor ein Rätsel. Man benötigt eine hohe Temperatur, damit die Haut knusprig wird, aber eine niedrigere Temperatureinstellung, damit das Fleisch saftig bleibt. Die meisten Rezepte verlangen zu Anfang eine hohe Temperatur und gegen Ende hin eine niedrigere; bei manchen verhält es sich genau umgekehrt. Die Brust ist immer vor den Keulen gar, weil sie hervorsteht und relativ dünn ist, aber auch wegen der Art des Fleisches, aus dem sie besteht. Deshalb verlangen viele französische Rezepte für Gans und Truthahn, aber auch für Huhn oder Täubchen, dass man den Vogel zerlegt und Keulen und Brust separat brät. Danach versuchen manche Leute, den Vogel wieder zusammenzubasteln, aus Präsentationsgründen, und die Nahtstellen werden mit Petersilie oder Ähnlichem kaschiert.

Doch sich als Stamm oder Klan zu versammeln, um ein Tier zu erlegen und es dann in einem Stück zu braten und gemeinsam zu verspeisen, ist ein vorzeitliches, atavistisches Ritual, eine säkulare Kommunion, etwas, das nicht nachempfunden werden kann, wenn man eine kalorienarme Putenbrust, einen Gänsefleischeintopf oder einen gebratenen Winterkürbis unter sich aufteilt. Und deshalb ist die dreißigsekündige Zurschaustellung der kompletten gebratenen Gans am Esszimmertisch unverzichtbar. Das amerikanische Thanksgiving-Dinner ist das markanteste und extremste Beispiel für dieses uralte Bedürfnis des Menschen. Nicht nur wir – meine Frau, ich und unsere Gäste – teilen uns einen gebratenenen Truthahn an unserem Tisch, sondern auch alle anderen Amerikaner – in Wahrheit sind es nur einundneunzig Prozent – essen zur selben Zeit das Gleiche, ob sie es nun mögen oder nicht. Truthähne werden sogar in öffentlichen Obdachlosenküchen serviert, selbst wenn die Obdachlosen vielleicht lieber einen

Cheeseburger hätten. Mir fällt keine Mahlzeit ein, die dem auch nur annähernd entspräche, nirgends auf der Welt. Für dieses eine Abendessen werden fünfundvierzig Millionen Truthähne hingemetzelt – das grauenerregendste Beispiel ritueller Tierschlachtung in der Geschichte der Menschheit. Dermaßen wichtig ist uns das.

Aber zurück zum eigentlichen Problem: Sämtliches Hausgeflügel, mit Ausnahme von Huhn und Perlhuhn, stammt von Zugvögeln ab, die eine kräftige, Dauerbelastungen gewachsene Brustmuskulatur benötigen. Aktive, strapazierfähige Muskeln sind dunkel gefärbt von dem Pigment Myoglobin, das an der Sauerstoffspeicherung beteiligt ist. Deshalb haben Enten und Gänse stets dunkles Fleisch. Ihre Brüste, die während des Fliegens für die Bewegung der Flügel zuständig sind, werden also immer zäher sein als etwa die eines knusprigen Brathähnchens. Was die Keulen von Gänsen und Enten (und auch die von Truthähnen) zusätzlich zäh macht, ist der hohe Anteil von Bindegewebe zwischen den Muskelsträngen. Aus diesem Grund können wir eine nur halb durchgebratene, in dünne Scheiben geschnittene Entenbrust genießen, aber nie eine nur halb durchgebratene Keule. Das Bindegewebe in den Keulen wird aufgelöst, wenn man diese langsam in reichlich Flüssigkeit schmort oder, wie in Südwestfrankreich üblich, für ein *confit d'oie* oder ein *confit de canard* im Fett des jeweiligen Vogels pochiert.

Bei welchen Fleischtemperaturen käme wohl die am schmackhaftesten gebratene Supergans heraus? Ich zerlegte ein oder zwei Gänse und briet jeweils eine Brust und eine Keule gleichzeitig im Ofen, bei einer Temperatur von 165 °C, wobei ich die Temperatur des Fleisches in regelmäßigen Abständen maß. Zu meiner Überraschung war die Gänsebrust nach nur zwanzig Minuten am delikatesten; mein digitales, sofort ablesbares Fleischthermometer zeigte eine Temperatur von 55 °C an, also die eines perfekten Steaks. Dies entspricht der Garstufe *à point* oder *medium-rare*, und das Fleisch triefte vor köstlichen, dunkelrosafarbenen Säften, fein gewürzt von der aromatischen Salzlake. Ich bin nicht der Erste, der auf die *rare* gebratene, also im Kern noch blutig rote Gänsebrust gestoßen ist. Von Ariane Daguin erfuhr ich, dass man in Südwestfrankreich die zähen Keulen der Stopflebergänse in deren Fett konserviert, während man ihre Brüste häufig grillt oder auf dem heißen Blech brät wie Entenbrustfilets, mit der eingeschlitzten Haut und Fettschicht nach unten.

Gibt es überhaupt eine Methode, mit der es möglich ist, im selben Ofen und in derselben Zeit eine Gans zu braten, deren Brust *medium-rare* ist und deren Keulen durchgebraten sind? Trotz etlicher Versuche habe ich keine gefunden, und ich kann mir, ehrlich gesagt, auch keine vorstellen. Harold McGee hat für Truthähne eine Lösung gefunden. Harold meint, die ideale Temperatur für die Truthahnbrust liege bei circa 68 °C und die für die Keulen bei mindestens 80 °C. Harold schafft dies auf eine ziemlich brachiale Weise: Während er den Rest des Vogels auf Zimmertemperatur kommen lässt, bedeckt er die Putenbrust mit dicken Eisbeuteln; da die Brust anfangs sehr viel kälter ist als die Keulen, bleibt es auch bis zum Ende der Bratzeit bei dieser Temperaturdifferenz, doch wie ich herausgefunden habe, erzielt diese Methode bei Gänsen nicht den gewünschten Erfolg. Daher probierte ich etwas anderes aus: Ich stellte eine Gans aufrecht in einen Suppentopf, hakte sie mit den Flügeln oben am Topfrand ein, füllte den Topf bis zur Hüfte des Vogels mit Brühe auf und versuchte, seine untere Hälfte zu pochieren – um den ganzen Vogel anschließend bei hoher Temperatur im Ofen zu braten, bis das Brustfleisch gar und die Haut kross war. Beim ersten Mal lösten sich die Haut und das Fleisch von der unteren Gänsehälfte ab und fielen in die Brühe. Beim zweiten Versuch schaffte es die Gans unversehrt in den Ofen, wo sich die pochierte Hälfte dann allerdings blau verfärbte.

Bei höheren Temperaturen verwandelt sich die Gänsebrust in eine graue Gummimasse und wird erst wieder weich, wenn sie übergar ist. Im Elsass ist Gänsebraten das traditionelle Festmahl zum Martinstag und zum ersten Weihnachtsfeiertag. Die dortigen Köche bedienen sich dabei einer Kombination aus Braten und Schmoren. Zuerst wird die Gans in ihrem eigenen Fett ringsum angebräunt, dann kurze Zeit bei hoher Temperatur gebraten und schließlich zusammen mit Gemüsen vier Stunden bei niedriger Temperatur in Brühe geschmort. Bereite ich eine Gans nach dieser Methode zu, so fülle ich sie vorher locker mit Äpfeln und verpasse ihr zum Schluss bei hoher Temperatur eine schöne Kruste. Nicht ein Stück der Gans präsentiert sich hinterher in einem absolut perfekten kulinarischen Zustand, doch als ein traditioneller Gänsebraten lässt sich das Ganze sehr gut essen.

Eine 5,5-Kilo-Gans ergibt, nebenbei bemerkt, etwa anderthalb Kilo knochenloses Fleisch, eine Menge, die für acht Personen reicht, wenn man dazu jede Menge Beilagen und vier bis fünf Tassen flüssiges Fett serviert – Gänsefett zählt zu den köstlichsten Fetten der Welt.

Problem Nr. 4: Wie erreicht man eine Superkruste? Lässt sich das Fleisch einer Gans schon nicht vom Schnabel bis zum Bürzel perfekt braten, so wird der Zustand ihrer Haut umso wichtiger – sie sollte sich fest um den gesamten Körper des Vogels spannen und auf durchscheinende Weise goldbraun sein, nahezu fettfrei, ein schier unglaublicher Gaumenkitzel, der Inbegriff einer knusprig-krossen Kruste.

Lösung Nr. 4: Paradoxerweise poduzieren drei sehr unterschiedliche Zubereitungsmethoden die köstlichste Kruste, die man sich vorstellen kann: eine extreme schnelle Methode (einstündiges Braten bei höchster Temperatur), eine sehr langsame (neunstündiges Braten bei möglichst niedriger Temperatur) und die Verwendung meines Roto-Broil ›400‹ – das ist der Markenname eines in den 1950er Jahren hergestellten chromglänzenden, elektrischen Tischgrills mit drehbarem Bratspieß. Ich bin zu einem kleinen Roto-Broil-›400‹-Sammler geworden: zwei habe ich geschenkt bekommen, zwei habe ich mir gekauft und vier bei eBay ersteigert. (Derzeit habe ich zwei in Gebrauch und zwei, wegen der Ersatzteile, in Reserve.) Ich finde, kein nach 1957 auf den Markt gekommener Tischgrill kann dem Roto-Broil ›400‹ auch nur annähernd das Wasser reichen. Er brät eine 5,5-Kilo-Gans mit vollkommen perfekter Haut in weniger als zwei Stunden – ein wahres Mittwinterwunder! Der Nachteil war der, dass von den Keulen und Schultern des Vogels ein paar Zentimeter amputiert werden mussten, denn sonst hätte er nicht einmal in den seltenen King Size Roto-Broil ›400‹ gepasst, das größte Modell dieses Grills.

Der erste Schritt bei all diesen Methoden besteht immer darin, die Haut und das Fett des Vogels an vielen Stellen einzustechen. Dies ermöglicht es, dass beträchtliche Mengen geschmolzenen Fetts durch die Einstichlöcher ausfließen und dadurch die Haut gleichsam von selbst begießen – wodurch sie beinahe verbrutzelt – und eine dünne Schicht von die Haut überziehenden knusprigen Fettpartikeln hinterlassen, eine Art feine Glasur. Die vollkommene Haut ist nicht papierdünn. Füllt man die Gans, so kann dies, nebenbei bemerkt, negative Auswirkungen auf die Konsistenz der Haut haben, denn diese wird durch die Dämpfe der Farce gegen Ende der Bratzeit aufgeweicht.

Problem Nr. 5: Ergibt all dies eine Supergans?

Lösung Nr. 5: Superbrustfleisch ist *medium-rare* und saftig. Superkeulen sind durchgebraten, aber trotzdem noch immer irgendwie saftig. Supergeschmack kommt vom Einpökeln. Superhaut ist fest und kross.

Der Menschheit ist es bislang noch nicht gelungen, alle vier Bedingungen beim selben Vogel gleichzeitig zu erfüllen, jedenfalls nicht in meiner Küche. Verabschiedet man sich von der Vorstellung *medium-rare* gebratenen Brustfleischs und ist man bereit, sich stattdessen mit etwas halbwegs Saftigem und Schmackhaftem, aber dennoch ziemlich Durchgebratenem zu begnügen, so empfehle ich, die komplette, eingepökelte, eingestochene und ungefüllte Gans behutsam zu dünsten, bis sie in der tiefsten Stelle der Keule eine Temperatur von 77 °C erreicht hat, was etwa eine Stunde benötigt; dann tupft man sie trocken und brät sie sofort etwa dreißig Minuten bei 220 °C auf dem Rost, um die Haut knusprig werden zu lassen. Eine komplette Gans dünsten? In dem riesigen, schwarz emaillierten Hummertopf, den Sie bislang nur einmal benutzt haben, ist das ein Kinderspiel. Legen Sie die Gans einfach in eine große, flache Schüssel, um die Säfte aufzufangen, und setzen Sie das Ganze dann in den Dampftopf.

Ja, die Zubereitung der Supergans ist weiterhin eine harte Nuss. Aber, ganz im Vertrauen gesagt, ich setze große Hoffnungen in meine neueste Entdeckung. Im Augenblick frittiere ich gerade eine Gans in vier Litern brodelndem, goldenem Gänsefett.

Zum Schluss noch ein Wort zur Zeremonie. Sobald sie fertig gebraten ist, präsentieren Sie die herrliche, herrliche Gans immer Ihren Gästen, intakt und auf einer Platte. Halten Sie einen Moment inne, während alle am Tisch ein universeller, urzeitlicher Schauer durchfährt. Dann tragen Sie die Gans in die Küche zurück, um sie zu tranchieren. Beherrschen Sie es nicht aus dem Effeff, so sollten Sie davon absehen, einen großen Vogel in aller Öffentlichkeit zu tranchieren.

Rezept Elsässischer Gänsebraten

1 frische Gans, 5–5 ½ Kilo
1 Kilo süße Äpfel, geschält, entkernt und in 2 Zentimeter dicke Würfel geschnitten, ca. 6 Tassen
jeweils eine Tasse geschälte und grob gehackte Mohrrüben, Staudensellerie und Knollensellerie
8 kleine Birnen, geschält, aber nicht entstielt

die abgeriebene Schale von 2 gründlich gewaschenen, ungespritzten Orangen
½ Teelöffel gemahlener Kardamom
3 Tassen leicht gesalzene Hühnerbrühe, hausgemacht oder aus der Dose
3 Tassen elsässischer Wein, z. B. Gewürztraminer

Mindestens einen Tag vorher die Gans innen wie außen gründlich unter kaltem fließendem Wasser waschen. Die vorderen Flügelenden in Höhe des Gelenks mit dem Hackmesser abschlagen und zusammen mit Hals, Herz und Magen beiseite legen; die Leber für eine anderweitige Verwendung aufheben. Alles überschüssige weiße Fett aus dem Inneren des Vogels entfernen und ebenfalls beiseite legen. Den Hautlappen am Hals bis auf wenige Zentimeter abschneiden.

Die Gans nach dem weiter oben abgedruckten Rezept einpökeln und einstechen.

Den Ofen auf 220 °C vorheizen.

Eine schwere Bratpfanne auswählen, die groß genug ist, um die Gans bequem in der Diagonalen aufzunehmen. (Meine misst dreißig mal vierzig Zentimeter, ist antihaftbeschichtet und für diese Aufgabe bestens geeignet.) Die Hälfte des beiseite gelegten Fetts in ca. 1 Zentimeter dicke Stücke schneiden und bei mittlerer Hitze auf der Herdplatte in der Bratpfanne auslassen.

Das Innere der Gans mit etwas frisch gemahlenem schwarzem Pfeffer einreiben und locker mit den gewürfelten Apfelstücken füllen (diese also nicht zu fest hineinstopfen). Die beiden Hautlappen an der Öffnung der Körperhöhlung zusammenziehen, kurze Rouladennadeln oder auch Zahnstocher hindurchstechen und diese dann kreuzweise mit Küchengarn verschnüren (oder die Öffnung mit groben Stichen zunähen). 2 Garnfäden von unterschiedlicher Länge um den Körper der Gans wickeln und zuknoten: einen in Höhe der Brust, um die Flügel am Körper zu fixieren, den anderen an den dicksten Partien der beiden Keulen.

Die festen Partikel aus dem geschmolzenen Fett entfernen und die Gans darin ringsum anbräunen. Die Temperatur so einstellen, dass das Fett nicht verbrennt. Die Gans an den Seiten der Bratpfanne balancieren oder an den Keulen festhalten, um auch weniger leicht zugängliche Körperpartien bräunen zu können. Unterdessen die beiseite gelegten Teile (Hals, Flügelspitzen und Innereien) in ca. 2,5 Zentimeter große Stücke hacken.

Wenn die Gans schön angebräunt ist, die Bratpfanne von der Herdplatte nehmen, die Gans auf den Rücken legen und die Hals- und Flügelstücke um sie herum arrangieren. Die Bratfanne in den vorgeheizten Ofen schieben und die Gans 30 Minuten braten und sie nach 10 und nach 20 Minuten mit dem Bratensaft begießen. Das Fett in eine Schüssel abgießen oder abschöpfen; für Aufgaben wie diese nehme ich stets die 1- und 2-Liter-Messbecher von Pyrex. Das gehackte Gemüse und die Birnen rings um die Gans verteilen, mit etwas von dem gerade abgegossenen Gänsefett beträufeln und alles 15 Minuten braten. Mit einem Löffel oder, wie die Kochprofis, mit einer (auch zum Begießen verwendbaren) Gummiballon-Pipette so viel Fett wie möglich aus der Pfanne entfernen.

Die geriebene Orangenschale und den gemahlenen Kardamom über die Birnen streuen, die Hälfte der Brühe und die Hälfte des Weins darübergießen, und alles wieder für 15 Minuten in den Ofen schieben. Die Temperatur auf 150 °C herunterschalten, den Rest der Brühe und des Weins über die Gans gießen und alles noch etwa 1 Stunde braten (die Birnen nach einer ½ Stunde herausnehmen und in eine Backform legen), bis ein in die dickste Stelle der Keulen gestecktes digitales Fleischthermometer eine Temperatur von 76 °C anzeigt.

Die Bratpfanne aus dem Ofen holen. Die Temperatur wieder auf 205 °C hochdrehen. Die Gans auf eine Platte heben und sofort die Apfelfüllung entfernen und zu den Birnen in die Backform geben. Den Bratensaft durch einen Seiher in einen Kochtopf füllen, das Fett weitgehend abschöpfen und die Flüssigkeit auf der Herdplatte auf etwa eine Tasse einkochen lassen. Die Bratpfanne auswischen, und die Gans für weitere 15 Minuten in den Ofen schieben, damit ihre Haut knusprig werden kann. Etwas Gänsefett und etwas von dem halb reduzierten Bratensaft über die Apfelfüllung und die Birnen gießen; beide Beilagen in der Backform zu der Gans in den Ofen stellen, um sie aufzuwärmen und leicht anzubräunen.

Die Gans 20 Minuten ruhen lassen und dann, garniert mit den kleinen Bratbirnen und der Apfelfüllung, auf einer großen Platte servieren.

Anmerkung: Die gerade beschriebene allgemeine Zubereitungsmethode findet man in publizierten Rezepten elsässischer Küchenchefs wie Christine Ferber und Antoine Westerman. Das Rezept für die Pökellake stammt von mir (eine Mixtur aus milden, warmen Gewürzen, wie sie im Elsass und, zur Weihnachtszeit, überall in Nordeuropa beliebt sind). Das Rezept für die Obstbeilagen sowie eine Reihe vertraulicher Hinweise verdanke ich Christine; die Apfelfüllung ist eine leichtere, traditionell elsässische Alternative zu der eher üblichen, schweren Farce aus Schweins- und Kalbsgehacktem, mit der diese Gans eine Festtafel von zwölf Personen satt und glücklich gemacht hätte.

Topfguckereien

Es gibt keine Milz in Paris und nur sehr wenig Rinderhaxe. Meine Freundin Frédérick und ich schwirren in ihrem Kleinwagen von Schlachter zu Schlachter und haben schon fast die gesamte Innenstadt abgeklappert. Ihre Mission besteht lediglich darin, die Zutaten für das morgige Abendessen zu besorgen, während ich einen kulinarischen Gipfel in Angriff nehmen, erstürmen und ein für allemal bezwingen will: den *pot-au-feu*. Dieser ist nämlich nicht nur das französische Nationalgericht – das Fundament eines Weltreichs, wie ein französischer Staatsmann einmal gesagt hat –, sondern, weitaus wichtiger, auch das Fundament der privaten Festivitäten, die ich für den kommenden Winter ins Auge gefasst habe.

Wir finden einen Parkplatz in der Rue du Faubourg Saint-Honoré, direkt vor der Fleischerei Les Boucheries Nivernaises, und gehen hinein. »Haben Sie *pot-au-feu*?«, fragt Frédérick den erwartungsvoll dreinblickenden, in eine blitzsaubere Schürze gehüllten Schlachter. Sie fragt nicht nach einer fertigen Portion zum Mitnehmen und auch nicht nach einer tiefgefrorenen Version des Nationalgerichts, sondern, in verkürzter Form, nach den Rindfleischzutaten, die man dafür benötigt. Wir geben uns betont lässig, obwohl uns innerlich bereits eine gewisse Panik befallen hat, denn dies ist die letzte Fleischerei auf unserer Liste, und bislang haben wir in der französischen Hauptstadt nichts außer ein paar Suppenknochen von der

Haxe aufgetrieben, *crosse* und *nourrice* (Knie und Knöchel oder Knöchel und Knie; ich kann mir nie merken, wie herum es nun richtig ist), sowie etwas, das sich *macreuse* nennt. Obwohl ich nun schon seit Jahren über französischen und amerikanischen Diagrammen von zerlegten Kühen brüte, habe ich noch immer nicht herausgefunden, wo dieses ominöse *macreuse* einzusortieren ist – aber wir haben jede Menge davon (oder von ihnen?) im Auto.

»*Pot-au-feu* ist alle.« Der Schlachter zuckt die Achseln, wendet sich wieder seinem Hauklotz zu und beginnt, einen Berg von rotem Fleisch zu zerhacken.

»Und wie steht's mit Ochsenschwanz?«, fragt Frédérick ihn unbeirrt.

»Hmm«, antwortet der Schlachter und verschwindet hinten im Kühlraum. Wenig später kommt er mit ein paar langen roten Tierschwänzen zurück.

»Haben Sie *paleron*?«, frage ich ihn.

»Wusch«, sagt der Schlachter, verschwindet für eine Minute und kehrt mit dem kompletten Vorderbein einer Kuh zurück. Er sagt nicht wirklich »wusch«. So buchstabiere ich nur die den Parisern eigentümliche Aussprache von *oui* – ein geräuschvolles Einatmen mit geschürzten Lippen.

Und in diesem Stil geht es dann weiter. In Wahrheit hat der Schlachter alles auf Lager, was man für einen zünftigen *pot-au-feu* benötigt – alles bis auf die *rate*, also die Milz, eine Zutat, die niemand vorrätig zu haben scheint, es sei denn, man bestellt sie einige Tage im Voraus, aber die nach Ansicht eines Autors, dem Frédérick und ich in dieser Sache blind vertrauen, für den würzigen Geschmack der Fleischbrühe und für deren goldene Farbe einfach unverzichtbar ist. Ich nehme an, man muss einem Schlachter erst demonstrieren, dass man es tatsächlich ernst meint, bevor er einem diese eher einfachen Fleischwaren verkauft, die in einer Ära des Steaks und des Roastbeefs zunehmend schwieriger zu bekommen sind – sogar in Paris. Aber vielleicht verhält es sich gegen Ende des Sommers ja auch so, dass die Zutaten für den *pot-au-feu*, ein typisches Kaltwetteressen, knapp sind und deshalb für Stammkunden reserviert werden.

Es dauert nicht lange, und der Schlachter und ich sind die dicksten Freunde. Wir fertigen Zeichnungen des Vorderbeins und der Hinterhaxe an, wobei wir blutige Fingerabdrücke auf meinen französischen und amerikanischen Kuh-Diagrammen hinterlassen. Er versieht seine Zeichnungen mit den lateinischen Namen der verschiedenen Knochen – *cubitus*, *humerus* und *scapula* –, die Verkehrssprache gebildeter französischer Schlachter. Ich denke, dass ich das Ganze nun einigermaßen auf die Reihe kriege.

Paris ist noch nie schöner gewesen als an diesem sonnigen Septembertag, doch in Gedanken zieht es mich in die tiefste Dunkelheit des Winters, während ich mir das vollkommene Festtagsdiner ausmale. Worum es mir geht, ist *Konvivialität*, Geselligkeit und angeregte Konversation, acht oder zehn von uns an einem Tisch, ringsum flackernder Kerzenschein und irgendwo im Hintergrund ein knisterndes Kaminfeuer. Der Geruch von Gewürznelken und Orangen, von Zimt und Bratäpfeln liegt in der Luft. Durchs Fenster sehen wir im Lichtkegel einer Straßenlaterne leise den Schnee rieseln.

Doch Moment mal! Dieses Bild ist nicht wirklich *kon-*

vivial, oder jedenfalls noch nicht, denn dazu fehlen noch zwei entscheidende Dinge: Essen und Trinken. Bis zu Beginn der Neuzeit bedeutete Konvivialität nichts weiter als »gemeinsam essen und trinken«, und ein »Konvive« war ein Tischgenosse. Konversation und Kerzen dürften dabei eine eher untergeordnete Rolle gespielt haben. (Das englische »convive« war ursprünglich ein Lehnwort aus dem Lateinischen. Im neunzehnten Jahrhundert beschlossen die Briten mit einem Mal, dass das Wort aus dem Französischen stammte und hoben es fortan durch Kursivschreibung hervor – sie hatten offenbar einen Großteil ihrer *joie de vivre* verloren.) Heute bezieht sich der Begriff Konvivialiät auf fast jede festliche Gruppenaktivität, ob mit oder ohne Speis und Trank. Ich für meinen Teil bevorzuge jedoch die ältere Definition. Und wahre Konvivialität ist das, was den besonderen Reiz eines *pot-au-feu* ausmacht.

Pot-au-feu (wörtlich übersetzt: »Topf auf dem Feuer«) ist theoretisch ein ziemlich einfaches Gericht aus Gemüsen, Markknochen und Fleischstücken, die man in einer klaren, goldenen Brühe köcheln lässt und dann mit sauer eingelegten Cornichons und Perlzwiebeln, diversen Sorten Senf, grobkörnigem grauem Meersalz und vielleicht ein oder zwei Saucen verzehrt. Das Mahl beginnt mit einem Teller Brühe, die über einen getoasteten Crouton gegossen wird – die köstlichste Bouillon, die man jemals im Leben gegessen hat. Als Nächstes gibt es ein oder zwei Markknochen, deren Inneres herausgelöffelt und wie Butter auf geröstete Landbrotscheiben gestrichen und mit grobkörnigem Meersalz bestreut wird. Anschließend folgt der eigentliche *pot-au-feu*: Scheiben vom Ochsenschwanz, vielleicht ein Stück Hühnerfleisch, butterweich gekochtes

Rindfleisch der einfacheren Sorte, Lauch, Mohrrüben und Navetten. Ich habe irgendwo gelesen, dass die Franzosen mehr Mohrrüben konsumieren als jedes andere Volk der Welt und dass der Lauch das Wappensymbol der Gallier war.

Für die Franzosen ist der *pot-au-feu* ein *plat unique,* ein Eintopfgericht, aber auch ein *plat convivial,* ein geselliger Festschmaus. Insofern ähnelt er der Bouillabaisse und dem Cassoulet, aber auch dem elsässischen *choucroute* oder der südwestfranzösischen *garbure* (eine passierte Gemüsesuppe, die so dick und nahrhaft ist, dass eine Gabel darin aufrecht stehen bleibt). In den Vereinigten Staaten haben wir den größten *plat convivial* überhaupt, unseren Festtagstruthahn, den wir mit 245 Millionen Amerikanern teilen, darunter auch die Mitglieder der Streitkräfte, denen die Regierung selbst in die entlegensten Winkel der Welt per Flugzeug Truthähne zustellen lässt, koste es, was es wolle. Es ist ein unheimliches, geradezu berauschendes Gemeinschaftsgefühl, ein und dasselbe Gericht mit einer viertel Milliarde Landsleute gleichzeitig zu genießen. Dies ist nicht der Tag für mäkeliges Herumstochern im Essen, für irrationale Vorlieben oder Aversionen, für modische Diätmacken oder hypochondrische Anwandlungen. Man speist und trinkt in geselliger Runde, verzehrt dabei ein archetypisches, fundamentales Nahrungsmittel und dazu noch alle erdenklichen Beilagen.

Irgendwie erweist sich der *pot-au-feu* immer nur in der Theorie als einfach. Zuerst muss man sich für ein Rezept entscheiden. Frédérick und ich haben schon alle möglichen ausprobiert. Da ist Michel Guérards berühmte Version, die er in den 1970er Jahren in seinem ersten kleinen

Restaurant (das bezeichnenderweise Le Pot-au-Feu hieß) in einem heruntergekommemem Pariser Vorort servierte, lange bevor ihm seine Kochkünste in Eugénie-les-Bains drei Michelin-Sterne bescheren sollten. Da ist Marcel Rouffs Lieblingsversion, mit pochierter Foie gras, die er 1924 in seinem berühmten »Feinschmeckerroman« *La Vie et la Passion de Dodin-Bouffant, Gourmet* (Modern Library) beschrieb. Da ist Mme. St. Anges ausführliches Kapitel über dieses Thema in ihrer 1927 erschienenen Bibel der traditionellen französischen Hausmannskost *(La Bonne Cuisine de Madame E. Saint-Ange,* Ten Speed Press). Und da sind noch tausend weitere Rezepte für *pot-au-feu* – um manche davon haben sich regelrechte Kultgemeinden geschart, die felsenfest davon überzeugt sind, ein ganz spezielles Stück Rindfleisch sei das einzig Wahre und somit ein Muss, während alle übrigen ein Ding der Unmöglichkeit seien und auf gar keinen Fall in Betracht kämen.

Dann muss das Mahl organisiert werden. Das Resultat ist fast immer ein logistisches Desaster. Es scheint, als benötigte man in der Küche fünf Paar Hände gleichzeitig, vor allem während der letzten Minute. Und selbst dann endet die Sache in der Regel meist damit, dass man nicht nur alles in der Küche, sämtliche Oberflächen sowie alle Töpfe und Pfannen, die man besitzt, sondern auch sich selbst, jedes einzelne Kleidungsstück, die Arme und den Kopf, mit Fleisch, Brühe und ausgelassenem Fett bekleckert.

Außerdem harrt eine Vielzahl technischer Fragen noch immer ihrer endgültigen Beantwortung: Soll man die Bouillon klären oder lieber trübe (und somit vielleicht voll würziger Fleischpartikel) lassen? Soll man mit kaltem oder mit kochendem Wasser beginnen? Wann soll man das Salz hinzufügen? Auch die Franzosen geraten sich wegen solcher Fragen regelmäßig in die Haare.

Nachdem wir ein paar Grundkenntnisse im Schlachterlatein erworben und, bis auf das Dessert, alles zusammenbekommen haben, was wir brauchen, kehren Frédérick und ich in ihr Haus am Pariser Stadtrand zurück. (Da ihr Ehemann, Pierre Hermé, zufälligerweise Frankreichs berühmtester Patissier ist, müssen wir uns wegen des Nachtischs keine Sorgen machen.) Gleich nach unserer Ankunft geben wir die Knochenstücke und das Beinfleisch mit sechs Litern Wasser in einen riesigen Suppentopf und setzen diesen auf eine nicht zu heiße Flamme. Die Stunde, die es braucht, bis das Ganze zu kochen beginnt, nutzen wir, um die anderen Fleischstücke und das Gemüse zurechtzumachen.

Und hier ist das Problem: Die Küchenweisheit in Frankreich, Italien und den Vereinigten Staaten stimmt weitgehend darin überein, dass man eine reichhaltige, schmackhafte Brühe und fades, sämtlichen Geschmacks beraubtes Fleisch erhält, wenn man mit kaltem Wasser beginnt und das Salz gleich zu Anfang hinzugibt. Verfährt man jedoch umgekehrt und gibt das Fleisch in kochendes Wasser, um es zu »versiegeln«, und fügt das Salz erst zum Schluss hinzu, so erhält man eine dünne, kraftlose Brühe. Dies ist ein zentraler Punkt, denn es ist die Brühe, auf die es in erster Linie ankommt – französische Autoren haben sie als die Seele der traditionellen Hausmannskost bezeichnet. Viele Rezepte – zum Beispiel das von Guérard und eins von Mme. St. Ange – verlangen, dass man die Brühe schon ein oder zwei Tage im Voraus zubereitet und ihr für den abschließenden dritten Gang des *pot-au-feu* eine neue Portion Fleisch und Gemüse hinzufügt. Frédérick und ich halten uns an einen brillanten Kompromiss, den Brillat-Savarin im neunzehnten Jahrhundert vorgeschlagen hat: Die Knochen und die Fleischstücke für die Bouillon kommen in kaltes Wasser; nach einigen Stunden werden die Fleischstücke und Gemüse hinzugefügt, die man später tatsächlich zu essen gedenkt. Und ein paar Stunden später, oder am darauffolgenden Tag, wird die erste, nunmehr graue und geschmacklose Portion Fleisch aus der Brühe entfernt und weggeworfen.

Man benötigt einen riesigen Topf und wird sehr viel Zeit damit verbringen, Fett und Schaum von der Oberfläche der kochenden Flüssigkeit abzuschöpfen, denn die Brühe und die Mehrzahl der Fleischstücke sollten am Ende vollkommen mager sein. Für welches Rezept man sich auch entscheidet, die Zubereitung eines *pot-au-feu* ist immer eine wahre Herkulesarbeit. Um sechs Uhr abends verabschiede ich mich von Frédérick, denn ich werde in Paris zum Dinner erwartet. Sie steht noch bis Mitternacht am Herd. Das jedenfalls erzählt sie mir später.

Die meisten noch offenen *pot-au-feu*-Fragen werden am folgenden Tag weitgehend geklärt, nachdem unser Freund Hervé This zum Abendessen eingetroffen ist. Hervé ist Frankreichs führender Autor (und die dortige Fernsehautorität) auf dem Gebiet der Kochwissenschaft. Er erklärt, er habe experimentell beweisen können, dass die Intensität des vom Fleisch auf die Brühe übergehenden Geschmacks kein bisschen davon beeinträchtigt wird, ob man mit kaltem oder mit kochendem Wasser beginnt – vorausgesetzt, das Fleisch wird über einen längeren Zeitraum gekocht.

(Heißes und kaltes Wasser wirken sich lediglich bei kurzer Kochzeit unterschiedlich aus.) Aber es gibt noch einen weiteren Aspekt dieses Problems. Beginnt man mit kaltem Wasser, so hat Hervé herausgefunden, wird die Bouillon am Ende golden und wunderbar transparent sein; andernfalls wird sie möglicherweise grau und trübe. Die Ursache dafür ist seiner Meinung nach eher eine mechanische als eine chemische – kräftig kochendes Wasser löst winzige Partikel von der Oberfläche des Fleisches ab.

Hervé hat einen Laborkolben, eine Vakuumpumpe und einen Satz Filter aus Papier beziehungsweise Glas mitgebracht. Heute Abend möchte er drei Methoden zum Klären der Brühe unter die Lupe nehmen: zuerst seine eigene, wissenschaftliche Technik; dann die uralte Methode der *bonne femme*, der traditionellen französischen Hausköchin, die aus Erfahrung weiß, dass bei einem sehr langen und behutsamen Köcheln die größeren Fleischpartikel auf den Boden des Topfes sinken, während die weniger sichtbaren Geschmacksspender in der Flüssigkeit schweben bleiben und wahrscheinlich für eine kräftig-würzige, aber trotzdem noch goldene Brühe sorgen; und schließlich die ausgeklügelte Technik der französischen Haute cuisine, bei der man die Brühe zum Schluss mit weißem Eiklar und manchmal auch mit zusätzlichem Fleisch und Gemüse noch etwa eine Stunde vor sich hin köcheln lässt.

Hervé, Frédérick und ich nippen von den drei auf diese Weise entstandenen Flüssigkeiten. Die *bonne femme* trägt eindeutig den Sieg davon, zumindest an diesem Abend. Die Haute-cuisine-Methode sorgt für eine herrlich klare, goldene Bouillon, die jedoch fade schmeckt, wenn lediglich weißes Eiklar verwendet wird, um die Fleischpartikel zu binden, die das Ganze sonst trübe gemacht hätten; fügt man Gehacktes und Lauch hinzu, um die Brühe zu würzen, so bekommt sie einen derben Geschmack – Hamburgerfleisch, das eine Stunde gekocht wird, kann nicht mit Haxen- und Beinfleisch konkurrieren, das zwei Tage vor sich hin köchelt. Hervés Laborfilter schneiden am schlechtesten ab, haben aber eine zweite Chance verdient: Einer seiner Filter ist verstopft von den Überbleibseln eines groß angelegten Tomaten-Consommé-Experiments, das er kürzlich im Elsass durchgeführt hat, der Heimat seiner Vorfahren.

Frédéricks Abendessen ist fantastisch. Den urtümlichen und überaus nahrhaften Geschmack von Rinderbrühe und Rübengemüse ergänzt Frédérick um Hors d'œuvres in Form weißer Keramikschälchen, gefüllt mit Gurken-Granité, kalter, schaumiger Gazpacho aus Tomaten und einer traumhaften Schweinefleisch-Pâté, die eine bei Bordeaux lebende Freundin von ihr herstellt. Pierre serviert zunächst einen süßen *vin de paille* und zum Rindfleisch einen kräftigen Morgon; und als Dessert zaubert er eine unglaublich köstliche Himbeer-Dacquoise mit Pistaziensahne auf den Tisch.

Frédérick ist jedoch fix und fertig. Das von uns auserkorene Zubereitungsverfahren halste ihr einfach zu viel Arbeit auf, nachdem die Gäste längst eingetroffen waren. Wieder zurück in New York lasse ich mir daher eine andere Methode einfallen – verteile ich die Arbeit auf drei Tage und kombiniere ich hier und da ein paar Schritte, so lässt sich fast alles im Voraus erledigen, zumindest auf dem Papier. Anschließend mache ich mich auf den Weg zu meinem Lieblingsschlachter in Greenwich Village, ausgestattet mit einem kleinen Stapel Kuh-Diagramme und den von mir ausgetüftelten mündlichen Beschreibungen der Rinderanatomie.

Wie oft habe ich nun schon diese deprimierende Expedition unternommen, bloß um herauszufinden, dass wir Amerikaner unsere Kühe in Stücke und Richtungen zerschneiden, die sich völlig von den französischen unterscheiden und es somit verhindern, dass wir ein Gericht, das wir in Frankreich gegessen haben, hier bei uns auf authentische Weise nachkochen können? Für einen *pot-au-feu* verwenden die Franzosen für gewöhnlich drei unterschiedliche Fleischstücke: ein mageres, ein gelatinöses sowie eins von der halbfetten Sorte. Unsere Fleischindustrie kennt alternative Verwendungszwecke für an sich hochwertige Schnittstücke, die entweder gelatinös oder fettig sind wie zum Beispiel Rinderbacken – sie landen im Hundefutter, im handelsüblichen Hamburgerhackfleisch oder, als tiefgefrorene Ware, in Lateinamerika.

Als Erstes bereite ich einen *pot-au-feu* mit den amerikanischen Schnittstücken zu, die den traditionell französischen am ehesten entsprechen. Das Resultat ist so lala. Vielleicht sollte ich ergänzend hinzufügen, dass diese beiden knappen Sätze das Resümee einer sich über mehrere Tage erstreckenden fruchtlosen Plackerei und der daraus resultierenden Frustration sind. Irgendwie sind die französischen Schnittstücke amerikanischer Kühe bei weitem nicht so saftig, wie ich sie aus Paris in Erinnerung habe. Nicht zum ersten Mal in meinem Leben muss ich als Hobbykoch wieder bei null anfangen. Mit Unterstützung meiner unermüdlichen Assistentin Kathryn produziere ich eine vierfache Dosis Bouillon und verbringe die folgende

Woche damit, jedes mir für diese Prozedur geeignet erscheinende Schnittstück amerikanischer Kühe auf kleiner Flamme zu kochen, jeweils in seinem eigenen Topf. Wir testen Querrippe, mit Knochen und entbeint, Vorderbein und Hinterhaxe, Unterschale und Oberschale, Schulterschmorbraten, Nackenschmorbraten und Hüftschmorbraten, das Falsche Steak, das aus dem zarten Brustfleisch geschnitten wird, und den guten alten Ochsenschwanz.

Es gibt drei Gewinner. Am saftigsten, köstlichsten und reichhaltigsten ist das nicht entbeinte Stück Querrippe; es entspricht beinahe der klassischen französischen *plat de côtes couvertes.* Wegen ihres einzigartigen Geschmacks und ihrer berühmten Form stehen auch die Scheiben vom Ochsenschwanz ganz oben auf meiner Liste. Und praktisch auf den letzten Drücker finde ich heraus, dass das aus dem Schwanzstück geschnittene amerikanische »tip steak« der französischen *plat de tranche* entspricht, einem unmittelbaren Nachbarn von Mme. St. Anges absolutem, den Mund wässrig machenden Lieblingsstück für einen *pot-au-feu*, dem *point de culotte!*

Die Resultate sind eine Gaumenfreude par excellence, und das einfache, ziemlich lange und sehr detaillierte Rezept, das bei all diesen Aktivitäten herauskam, folgt gleich im Anschluss. Bedauerlicherweise gibt es in diesem Winter keine Milz in New York City. Doch der Konvivialität sind keine Grenzen gesetzt – Trinken und Schmausen in geselliger Runde, üppig gefüllte Schüsseln und Teller, Freundschaft und Wiederbegegnung, Seufzer und Gelächter, alles rings um einen Topf auf dem Feuer.

Pot-au-feu

Normalerweise wird ein *pot-au-feu* im Verlauf eines zermürbend langen Tages zubereitet, serviert und gegessen, oder an zwei ziemlich anstrengenden Tagen. Das unten abgedruckte Rezept verteilt sich auf drei Tage, so dass sich Ihre Arbeit am Tag des Mahls – das große Problem bei jedem *pot-au-feu* – einigermaßen in Grenzen hält. Wo immer das Rezept eine Aufbewahrung im Kühlschrank verlangt, sollten Sie dies nicht wortwörtlich nehmen, es sei denn, Sie besitzen einen, der geräumig genug ist, um alles aufzunehmen. Derzeit herrscht Winter, und Sie können ohne Weiteres die Veranda oder den Keller benutzen, aber auch die Feuertreppe oder ein geöffnetes Fenster.

2 Ochsenschwänze, von Ihrem Schlachter in ca. 6 Zentimeter dicke Scheiben geschnitten
3,5 kg Rinds- und Kalbssuppenknochen von Haxe oder Knöchel (keine Markknochen), von Ihrem Schlachter in 5–7,5 Zentimeter dicke Stücke gehackt oder gesägt
9 Liter kaltes Wasser, und zusätzliches Wasser, das in einem abgedeckten Topf oder in einem Teekessel bei niedriger Temperatur warm gehalten wird, um verdampfendes Wasser ersetzen zu können
2–2,5 Kilo Bein- oder Haxenfleisch, vom Knochen geschält und in 5 Zentimeter dicke Würfel geschnitten
10 mittelgroße Lauchstangen
1 Bund Petersilie
4 Lorbeerblätter
3 Zweige frischer Thymian
3 Knoblauchzehen, geschält und leicht zerdrückt

1 Scheibe frische, geschälte Ingwerwurzel, ca. 1,5 Zentimeter dick
1 Stange Staudensellerie, falls erhältlich mit Blättern, gewaschen
4 mittelgroße Zwiebeln (von jeweils ca. 7,5 Zentimeter Durchmesser), geschält
9 Gewürznelken
grobkörniges Meersalz
schwarzer Pfeffer aus der Pfeffermühle
2 Prisen gemahlene Gewürznelken
2 Prisen geriebene Muskatnuss
2 Prisen gemahlener Zimt
1,8 bis 2 Kilo Rippenfleisch mit Knochen, vorzugsweise ein komplettes Stück Querrippe, ca. 25–30 Zentimeter lang
1,5 Kilo Schmorbraten aus dem Nacken, in einem Stück, oder, falls nicht erhältlich, aus der Hüfte
1 Huhn, 1,5–1,8 Kilo schwer, vorzugsweise aus Freilandhaltung
16 Scheiben Markknochen (jeweils 3–3,5 Zentimeter dick)
8 mittelgroße Mohrrüben
8 kleine Navetten oder Teltower Rübchen (von jeweils ca. 6 Zentimeter Durchmesser)
8 runde, ca. 0,5 Zentimeter dicke Scheiben Baguettebrot, geröstet, getoastet oder leicht in Butter angebräunt, als Einlage für die Brühe
16 große Scheiben französisches Landbrot, getoastet oder geröstet: 8 Scheiben davon für das Knochenmark vierteln, die restlichen halbieren und zum eigentlichen pot-au-feu servieren
ein paar Zweige Estragon und Kerbel, beides frisch

◗ Gewürze und Gewürzbeilagen:

1 oder 2 Schälchen grobkörniges Meersalz
Pfeffermühle oder Schälchen mit grob gemahlenem schwarzem Pfeffer
2 oder mehr verschiedene Senfsorten in Schälchen, darunter ein scharfer Dijonsenf und ein Körnersenf
Cornichons (die sehr sauren, kleinen französischen Gewürzgurken)
Meerrettichsauce und Grüne Sauce
nach Wahl: in Essig eingelegte Sauerkirschen, Johannisbeergelee oder Chutney

◗ Erforderliches Küchengerät:

2 normale Backbleche (oder 2 große, flache Bratpfannen) zum Anbräunen der Knochen
1 20-Liter-Suppentopf
Küchengarn
1 großer Teekessel oder ein 2-Liter-Topf mit Deckel
2 Packungen Gaze, insgesamt ca. 15 Meter lang
1 Schaumlöffel mit engmaschigem Drahtgeflecht
1 großes Küchensieb mit feinem oder mitteldichtem Drahtgeflecht
1 Topf oder 1 Schüssel von 8 Liter Fassungsvermögen (oder 2 kleinere)
1 große Schöpfkelle
8 Suppenteller
8 Essteller, vorzugsweise groß und tief
1 riesige oder 2 große Servierplatten
8 kleine Löffel oder Fischgabeln

TAG EINS *(Erforderliche Zeit: 10 Stunden. Arbeitszeit: 3 Stunden).* Den Backofen auf 230 °C vorheizen. Die Ochsenschwanzstücke abspülen, die 8 größten heraussuchen und in einer abgedeckten Schüssel mit kaltem Wasser in den Kühlschrank stellen. Die kleineren Ochsenschwanzstücke und die Suppenknochen etwa ½ Stunde braten oder so lange, bis sie eine schöne goldene Farbe angenommen haben, und sie dabei einmal wenden. Den Ofen ausschalten und Knochen und Ochsenschwänze in den Suppentopf geben, zusammen mit dem eventuell auf dem Boden der Bratpfanne zurückgebliebenen rötlich-braunen Bratensaft. Das Bein- oder Haxenfleisch hinzufügen und dann alles mit 9 Liter kaltem Wasser bedecken. Den Wasserstand auf einem hölzernen Fleischspieß oder Essstäbchen markieren. Das Ganze bei mittlerer Temperatur langsam zum Kochen bringen; dies kann bis zu einer Stunde dauern.

Unterdessen das Gemüse kochfertig machen. Die Lauchstangen quer durchschneiden, um den weißen Teil von den harten, dunkelgrünen Blättern zu trennen (den Schnitt so ansetzen, dass die Stangen an ihrem oberen Ende noch 3–5 Zentimeter leicht hellgrün sind). Die weißen Abschnitte in Plastikfolie einwickeln und in den Kühlschrank legen. Die Hälfte der dunkelgrünen Blätter wegwerfen; die übrigen putzen, waschen und mit einem Stück Küchengarn fest zusammenbinden. Die Stiele von dem Bund Petersilie abschneiden, waschen und auf die Lauchblätter legen, zusammen mit 3 der 4 Lorbeerblätter, dem Thymian, dem Knoblauch, der Ingwerwurzel und der Staudensellerie. (Die Petersilienblätter aufheben und anderweitig verwenden.) Alles mit einem großen Stück vorher gewaschener Gaze umwickeln, zu einem kompakten Bündel falten und fest mit Küchengarn verschnüren. Ein 60 Zentimeter langes Stück Garn an das Bündel knoten und außen etwa 30 Zentimeter über den Suppentopfrand herabhängen lassen, damit das Bündel später problemlos aus dem Topf entfernt werden kann – ein hilfreicher Kniff, der bei diesem Rezept noch des Öfteren zum Einsatz kommt.

Drei der geschälten Ziebeln mit jeweils drei Gewürznelken spicken.

Sobald das Wasser im Suppentopf zu kochen beginnt, die Temperatur herunterschalten, so dass das Wasser *mäßig intensiv* kocht; es sollte weder sprudeln noch leise vor sich hin köcheln. Das Ganze weitere 45 Minuten kochen lassen. Den an die Oberfläche steigenden schlierigen Schaum mit dem metallenen Schaumlöffel abschöpfen. (Ich empfehle, eine Schüssel mit warmem Wasser nahe dem Topf zu platzieren, um den Schaumlöffel zwischendurch ausspülen zu können.)

Nach 45 Minuten 3 Tassen kaltes Wasser in den Suppentopf gießen; dies sollte noch mehr Fett und Schaum an die Oberfläche befördern. Wenn das Wasser wieder zu kochen beginnt, so lange abschöpfen, bis es nichts mehr abzuschöpfen gibt, etwa ½ Stunde lang. Anschließend das Gazebündel mit den Kräutern und dem Gemüse, die Zwiebeln, 1 Esslöffel Salz, schwarzen Pfeffer (6–8 Drehungen der Pfeffermühle) und jeweils eine kräftige Prise gemahlene Gewürznelken, geriebene Muskatnuss und gemahlenen Zimt hinzugeben. Die Temperatur so weit herunterschalten, dass das Ganze sehr leise vor sich hin köchelt – also an der Oberfläche gerade noch ein leichtes Zittern (oder, wie der Franzose sagt, ein Lächeln) wahrzunehmen ist. Alles ohne Deckel 3 Stunden auf diese Weise kochen lassen.

In der Zwischenzeit die Markknochen abspülen und in eine Schüssel mit kaltem, leicht gesalzenem Wasser geben. Diese mit Plastikfolie abdecken und mindestens einen Tag in den Kühlschrank stellen; das Wasser während dieser Zeit dreimal wechseln.

Nach 2 Stunden einen Teekessel oder Topf mit 2–3 Litern kaltem Wasser füllen und auf eine niedrig eingestellte Flamme stellen; damit soll das im Suppentopf verdampfende Wasser ersetzt werden. Die Ochsenschwanzscheiben, das Stück Rippenfleisch und den Nackenschmorbraten aus dem Kühlschrank nehmen. Die Ochsenschwanzscheiben abgießen, noch einmal abspülen, in Gaze einwickeln und mit Küchengarn zu einem Bündel verschnüren. Die 2 anderen Rindfleischstücke an mehreren Stellen fest mit Küchengarn umwickeln, damit sie ihre Form behalten. Vergessen Sie nicht, diese drei Fleischpakete jeweils mit einem 60 Zentimeter langen Stück Küchengarn zu versehen!

Wenn die 3 Stunden vorbei sind, so viel kochendes Wasser hinzufügen, dass der ursprüngliche Pegelstand der Brühe wieder erreicht wird, wobei man sich an der Markierung auf dem Essstäbchen orientiert. Die eingewickelten und verschnürten Fleischstücke in den Topf geben. Die Temperatur aufdrehen, bis das Wasser mäßig intensiv zu kochen beginnt. Weitere 45 Minuten kochen lassen und, wie oben beschrieben, mehrmals Schaum und Fett abschöpfen; danach 3 Tassen kaltes Wasser hinzufügen; wenn die Brühe wieder zu kochen beginnt, abschöpfen, bis es nichts mehr abzuschöpfen gibt, etwa ½ Stunde lang. Anschließend die Temperatur so weit verringern, dass das Ganze während der nächsten 3 Stunden leise vor sich hin köcheln kann.

Nach 1 Stunde den Backofen auf 230 °C vorheizen. Das Huhn aus dem Kühlschrank nehmen. Eventuell vorhandene Innereien entfernen. Den Vogel innen und außen mit warmem Wasser abwaschen, trocken tupfen und mit der vierten geschälten Zwiebel und dem vierten Lorbeerblatt füllen. Das Huhn mit Küchengarn dressieren und, wie gehabt, einen langen Garnfaden anknoten. In eine kleine Bratpfanne setzen und für 25 Minuten in den Ofen schieben, bis die Haut Farbe anzunehmen beginnt und hier und da Fett und Säfte austreten. Das Huhn herausholen und den Ofen ausschalten. Das Huhn mit Küchenpapier abtupfen, um das ausgetretene Fett zu entfernen.

Wenn die Fleischstücke 2 Stunden in der Brühe vor sich hin geköchelt haben, das Huhn hinzugeben.

Eine Stunde später den Herd ausschalten und, wenn Sie so stark wie ich sind, den Suppentopf an einen kühlen Platz verfrachten. 15 schwarze Pfefferkörner hinzufügen und den Deckel auf den Topf setzen. Über Nacht auf Zimmertemperatur abkühlen lassen.

TAG ZWEI *(Erforderliche Zeit und Arbeitszeit: 2 Stunden).* Die drei Fleischpakete und das Huhn an ihren Garnfäden aus dem Suppentopf ziehen und beiseite legen. Das Gazebündel mit den Kräutern und dem Gemüse ebenfalls herausziehen und wegwerfen. Mit einer Küchenzange so viele Suppenknochen aus dem Topf entfernen, dass sich dieser problemlos anheben und kippen lässt. Das Küchensieb auf den 8-Liter-Topf (oder die Schüssel) setzen und mit 2 Schichten angefeuchteter Gaze auslegen. Den verbliebenen Inhalt des Suppentopfs durch das Sieb gießen. Knochen und feste Partikel wegwerfen. Den Suppentopf auswaschen und die abgegossene Fleischbrühe wieder hineinfüllen. Es sollten ungefähr 6 Liter sein.

Fleisch und Huhn vom Küchengarn befreien. Das Huhn in 8 Portionen zerlegen, nachdem man vorher die Haut und alle sichtbaren Fett- und Knorpelstellen entfernt hat. Mit den Fingern Fett und Knorpel von den Ochsenschwanzscheiben und vom Rippenfleischstück zupfen. Die Knochen aus dem Rippenfleischstück entfernen und es in 8 bis 10 Portionen zerschneiden. Die Hühnerfleischteile und das andere Fleisch jeweils mit einer doppelten Lage Gaze umwickeln und dann zurück in die Brühe legen. Abdecken und kühl aufbewahren.

Die Saucen und die Gewürzbeilagen zubereiten, abdecken und kühl aufbewahren.

TAG DREI *(oder die zweite Hälfte von Tag zwei; erforderliche Zeit und Arbeitszeit: 2 Stunden).* 75 Minuten vor Beginn des Abendessens den Suppentopf aus dem Kühlschrank holen oder von der Feuertreppe oder wo immer Sie ihn kühl aufbewahrt haben. Die dicke Fettschicht, die sich oben auf der Brühe gebildet hat, abheben und wegwerfen (oder aufheben, um damit French fries zu machen, indem man dieses Rinderfett mit der gleichen Menge Rapsöl mischt). Den Topf auf den Herd setzen und bei mittlerer Temperatur langsam zum Köcheln bringen, was bis zu 45 Minuten dauern kann. Sobald die gelatinierte Brühe flüssig zu werden beginnt, noch jeweils eine weitere kräftige Prise gemahlenen Zimt, gemahlene Gewürznelken, frisch geriebene Muskatnuss sowie schwarzen Pfeffer aus der Mühle (einige Drehungen) hinzugeben. Gegebenenfalls Schaum abschöpfen.

In der Zwischenzeit das Gemüse vorbereiten. Die harten, verfärbten äußeren Schichten des im Kühlschrank aufbewahrten Lauchs (die weißen und oben hellgrünen Stangen) entfernen und die Wurzelenden so knapp wie möglich abschneiden. Die hellgrünen Enden auf einer Länge von 5 Zentimeter aufschlitzen, um möglicherweise vorhandene Erde oder Schmutz auswaschen zu können. Die Lauchstangen mit Küchengarn zu einem Bündel verschnüren. Die Mohrrüben schälen und putzen und dann einmal längs und einmal quer halbieren. Die so entstandenen Stücke mit Küchengarn zu einem Bündel verschnüren. Die Navetten schälen und halbieren. Ein großes Stück Gaze abschneiden, in der Mitte zusammenfalten und dann so um die Lauchstangen, die Mohrrüben und Navetten wickeln, dass alles ein kompaktes Paket bildet. Dies dürfte nun ein günstiger Zeitpunkt sein, um die Scheiben des Baguettes und des französischen Landbrots zu rösten oder zu toasten.

Die Markknochen aus ihrem Kaltwasserbad holen und abspülen. An ihrer Außenseite befindliche Fett- und Knorpelstellen entfernen und die beiden Schnittflächen mit grobkörnigem Meersalz einreiben. Die Knochen anschließend in einen Kochtopf oder eine Bratpfanne geben, die gerade groß genug sind, dass sie diese in zwei Schichten aufnehmen können.

Sobald die Brühe zu köcheln beginnt, das Gemüsepaket hineingeben, die Temperatur reduzieren und alles ½

Stunde vor sich hin köcheln lassen. Nach 10 Minuten so viel heiße Brühe über die Markknochen löffeln, dass diese vollständig davon bedeckt sind. Das Ganze zu einem leichten, schwach zitternden Köcheln bringen, abdecken, 20 Minuten garen lassen, und dann die Temperatur auf null schalten. Nach weiteren 10 Minuten die Brühe noch einmal mit schwarzem Pfeffer aus der Mühle abschmecken (etwa 8 Drehungen). Die Suppen- und Essteller im Ofen bei niedriger Temperatur anwärmen. Hat das Gemüse ½ Stunde vor sich hin geköchelt, die Temperatur unter dem Suppentopf und unter dem Topf mit Markknochen auf null schalten. Jetzt kann gegessen werden!

Für den ersten Gang jeweils 1 Scheibe Baguettebrot in die angewärmten Suppenteller legen und jeweils ungefähr 1 Tasse Brühe daraufschöpfen. Jede Portion mit ein paar frischen Estragon- und Kerbelblättern garnieren und dann servieren. Dies dürfte das Köstlichste sein, was Sie seit Wochen zu sich genommen haben.

Für den zweiten Gang die Markknochen mit einer Küchenzange auf 8 kleine Teller verteilen und die obere Schnittfläche jedes Knochens mit etwas grobkörnigem Meersalz bestreuen. Auf jeden Teller ein oder zwei der geviertelten, getoasteten Landbrotscheiben legen und dann alles servieren, zusammen mit sehr kleinen Löffeln oder Gabeln. Ihre Gäste werden das Knochenmark herauslöffeln, wie Butter auf ihre Brotstücke streichen, je nach Geschmack noch etwas salzen und voller Wonne verspeisen.

Der dritte Gang ist der eigentliche *pot-au-feu*. Die Gewürzbeilagen und Saucen mit ein oder zwei Körben getoastetem Landbrot und einer Schüssel heißer Brühe auf den Tisch stellen. Die Gazepakete mit dem Rindfleisch, den Ochsenschwanzscheiben, dem Hühnerfleisch und dem Gemüse aus dem Suppentopf holen und aufschneiden. Alles auf 2 bis 3 Servierplatten anrichten und mit einigen Suppenlöffeln Brühe begießen. Die Servierplatten dann entweder auf den Esstisch stellen oder von Gast zu Gast tragen oder auf einem Anrichte- oder Büffettisch platzieren. Falls Sie eine Hilfe haben, können Sie auch jedem Gast einen Teller zusammenstellen, mit einer Auswahl von allem, die dann mit etwas Brühe begossen wird. Das übrige Fleisch und Gemüse auf einer Servierplatte anrichten, mit einem heiß angefeuchteten Küchenhandtuch bedecken, etwa 10 Minuten bei niedriger Temperatur im Backofen aufbewahren und dann an den Esstisch tragen, damit sich Ihre Gäste noch einen Nachschlag genehmigen können.

Dazu einen kräftigen Rotwein reichen.

Markknochen à la Steingarten

Als ich die Zubereitungsmethode für die gebratenen Markknochen, die Sky King, meinem unvergleichlichen Golden Retriever, so gut schmecken*, mit dem Rezept eines köstlichen Markknochen-Gerichts kombinierte, das ich in Michael Jordans Steakhouse in New York City kennen gelernt habe, ergab sich dabei ein alternatives, unorthodoxes und möglicherweise besseres Rezept für die Zubereitung

* Wer mehr darüber erfahren möchte, dem empfehle ich die Lektüre des Kapitels »Der Mann, der für seinen Hund kocht« in meinem Buch *Der Mann, der alles isst – Aufzeichnungen eines Gourmets* (Rogner & Bernhard bei Zweitausendeins, Berlin 2004), S. 252–263. (A. d. Autors)

des Markknochen-Gangs des *pot-au-feu*. Meine Freundin Frédérick hat es inzwischen übernommen.

Für jeden Gast 1 kompletten, 15–20 Zentimeter langen Markknochen kaufen. Jeden Knochen vom Schlachter der Länge nach durchsägen lassen, so dass jede der beiden Hälften auf der Markseite eben und auf der anderen rund ist. Die Knochenhälften mit der ebenen Seite nach oben dünsten oder mikrobewellen, bis das Mark gerade eben weich ist. Dann, unmittelbar vor dem Essen, unter dem heißen Grill anbräunen und mit grobkörnigem Salz bestreuen. Jedem Gast 2 Knochenhälften servieren und dazu Landbrot reichen.

Ein stacheliges Vergnügen

Das Ganze hatte so schön, so nett und harmlos angefangen, vor ein oder zwei Jahren. Wir waren in Südkalifornien, auf einer Party, deren kaltes Büffet von einem Sushi-Küchenchef namens Kawasaki stammte. Eine Freundin, die mit einem nahezu unfehlbaren Gaumen ausgestattet ist, reichte mir ein ovales Reisscheibchen, belegt mit einem Streifen hellgelbem Seeigelrogen. Es war ein Stück *uni sushi.* »Das ist das Beste, was du jemals gegessen hast«, sagte sie zu mir. Ich war skeptisch. Fast alle Seeigel, die ich bis dahin gekostet hatte, waren schleimig und klebrig gewesen. Sie hatten nach fauligem Seetang geschmeckt – ranzig, bitter und vor Jod strotzend –, selbst wenn sie erst wenige Minuten zuvor aus dem Meer geholt und aus ihrer kugelförmigen Schale direkt in meinen Mund gelöffelt worden waren.

Doch meine Freundin hatte, wie fast immer, vollkommen Recht. Der Rogen war fest, und er schmeckte süß und frisch – fast schon blumig, mit einem Aroma von Rosenblüten. Nein, ich binde Ihnen keinen Bären auf, und ich übertreibe auch nicht. Dieser Rogen zählte *definitiv* zum Besten, was ich jemals gegessen habe. Ich versuchte mich daran satt zu essen, doch der viele Sushi-Reis kam mir dabei leider in die Quere.

Und an jenem Tag nahm ich mir fest vor, dieses märchenhafte Meeresgetier in seinem nassen Versteck aufzuspüren. Ich rief Herrn Kawasaki an. Er war mir gern behilflich und erzählte mir, dass seine *uni* vor der Küste Südkaliforniens geerntet werden, in den Gewässern um San Diego, und dass er sie von einer Firma namens Catalina Offshore Products beziehe. Ich checkte die Website des berühmten Tsukiji-Fischmarkts in Tokio. Und tatsächlich, rote Seeigel aus Südkalifornien erzielen auf dem Weltmarkt die höchsten Preise – einmal abgesehen von den so genannten Japanese Whites, die, wie ich glaube, vor der Küste von Hokkaido beheimatet sind. Um ganz sicher zu sein, erkundigte ich mich bei etlichen japanischen Fischaufkäufern von der Ostküste, und sie bestätigten mir, die Seeigel von Catalina Offshore Products seien *die besten der Welt*. Ich bestellte ein paar Tragen mit Seeigeln aus Santa Barbara und Nordkalifornien. Ja, sie waren süß, doch die aus Santa Barbara hatten einen viel ausgeprägteren Jodgeschmack als die von Catalina, und die aus Nordkalifornien waren süß, aber auch fade und wässrig. Dies war natürlich kein streng wissenschaftlicher Geschmackstest. Die Seeigel, die entlang unserer Pazifikküste vorkommen, gehören alle derselben Spezies an, und deshalb müssen diese Geschmacksunterschiede an ihrer Nahrung liegen, insbesondere an den unterschiedlichen Seetangarten, die sie fressen, aber auch an der Art und Weise, wie man sie nach der Ernte behandelt.

Seeigel werden in allen Weltmeeren gefunden. An der Pazifikküste von Nordamerika und Mexiko, von Sitka, Alaska, bis hinunter zur Baja California, herrschen zwei Arten von Seeigeln vor – die exquisiten roten (die häufig so dunkel sind, dass man sie für schwarz halten könnte) und die kleineren purpurnen (die eigentlich eher lavendelfarben sind). In den Handel kommen vor allem die roten Seeigel. Sie heften sich an Felsen und vertilgen enorme Mengen Kelp, eine riesige Seetangart; sie starren vor langen, giftigen Stacheln und fürchten sich (falls diese Tiere, primitiv wie sie sind, überhaupt so etwas wie Furcht empfinden können) vor zwei natürlichen Feinden, dem Seeotter und dem Menschen. Im Unterschied zu den grünen, an der Nordatlantikküste von Amerika und Europa beheimateten Seeigeln (diese haben kürzere Stacheln, leben auf dem kiesigen Meeresgrund vor der Küste und werden für gewöhnlich mit schweren, den Meeresboden zerstörenden Schleppnetzen aufgelesen) werden die roten Pazifikseeigel einzeln per Hand geerntet, von Tauchern, die sie von ihren felsigen Wohnsitzen pflücken, in große Netzsäcke stopfen und an die Wasseroberfläche wuchten. Abgesehen von der technischen Apparatur zur Sauerstoffzufuhr – Seeigel-Boote verfügen über einen Kompressor und einen ungefähr 100 Meter langen gelben Schlauch, über den der Taucher mit Luft versorgt wird – hat sich die Jagd auf den Seeigel kaum verändert seit jenem Tag vor mehreren 1000 Jahren, an dem sich der erste frühzeitliche Mensch sagte, dass es sich lohne, sein Leben aufs Spiel zu setzen, um das Innere eines Seeigels verspeisen zu können. Vielleicht eiferte er ja einem Seeotter nach.

Ich rief bei Catalina Offshore Products an und arrangierte ein Treffen. Am nächsten Tag parkte ich mein Auto vor einem großen weißen, eingeschossigen Gebäude in einem Gewerbegebiet im Zentrum von San Diego. Dave Rudie – ein ehemaliger Taucher, der die Firma zusammen mit seiner Frau gegründet hat – machte mit mir eine Besichtigungstour durch seinen, wie ich fand, mustergültig geführten Betrieb. Allerdings fehlen mir die Vergleichsmaßstäbe, denn ich kenne keine anderen Betriebe, die Seeigel verarbeiten.

Es gibt zweiundzwanzig Taucher in San Diego, und sie alle verkaufen ihre Seeigel an Catalina Offshore Products. Die meisten Taucher kehren mit ihrem Fang am späten Nachmittag oder am frühen Abend in den Hafen zurück. Catalina lässt sein eigenes Boot (eins von der Sorte mit Anhängerrädern an der Unterseite) neben denen der Taucher anlegen und hievt die schweren, von Seeigeln überquellenden Körbe mittels einer Winde zu sich an Bord, wobei diese gleichzeitig gewogen werden. Zurück im Hauptquartier werden die Körbe dann in riesige Kühlwannen entleert, die mit Namensschildern versehen sind, so dass der Fang jedes Tauchers von dem seiner Kollegen getrennt bleibt, bis die gelben und orangefarbenen Rogenstreifen am darauffolgenden Tag entnommen, gesäubert, chemisch gefestigt und gekostet worden sind. Für die lebenden, unversehrten Seeigel, die sie anliefern, erhalten die Taucher, je nach Menge und Qualität des Rogens, zwischen 0,50 und 1,50 Dollar pro Pfund. An einem perfekten und arbeitsintensiven Tag kann ein Taucher bis zu 1500 Dollar verdienen – solche Tage sind jedoch eher die Ausnahme.

Ich schaute zu, wie ein Arbeiter die Schale mit einer in den Mund des Seeigels gestoßenen dreieckigen Klinge aufstemmte. Ich versuchte es selbst, bis ich den Bogen raus hatte, und konnte dann den frischen, süßen Rogen mit den Fingern essen, nur Sekunden, nachdem das Tier gestorben war oder, um der Wahrheit die Ehre zu geben, Sekunden, nachdem ich es getötet hatte. Das Tier selbst ist eine beinahe leere Kugel von fünf bis zwölf Zentimeter Durchmesser und von Stacheln übersät, die seine Spannweite im Pazifik auf fünfundzwanzig bis dreißig Zentimeter vergrößern können. Im Inneren der Schale sieht man fünf helle Streifen oder Stränge von gelbem oder orangefarbenem »Rogen«, die sternförmig angeordnet sind – der Seeigel ist ein Verwandter des Seesterns. Diese Streifen sind von winzigen Höckern überzogen und entlang ihrer Mittelachse eingefurcht, so dass sie kleinen Zungen ähneln – weshalb sie der Franzose auch *les langues* nennt.

Männliche Seeigel haben eher einen orangefarbenen Rogen, weibliche einen gelben, aber nicht immer. (Dave demonstrierte mir die richtige Methode zur Bestimmung des jeweiligen Geschlechts, doch ich möchte mich hier lieber nicht im Detail darüber verbreiten.) Die »Rogen«-Stränge sind in Wahrheit männliche oder weibliche Gonaden – Hoden und Eierstöcke. Wir bezeichnen diese als *Rogen*, weil dies hübscher klingt. An der Außenseite der Schalen ragen röhrenförmige Füßchen mit Saugnäpfen durch Reihen von winzigen Löchern, und dort befinden sich auch Greifzangen, die mitunter giftig sind. Beides kann nicht gegessen werden.

Überwacht wurde alles von Alex Castillo, dem Produktionsleiter, der eine Ausbildung bei japanischen Spezialisten genossen hat. Arbeiterinnen saßen in Reihen vor langen, flachen, mit Salzwasser gefüllten Tanks und säuberten den Rogen. Dieser wird anschließend durch ein mildes Konservierungsbad aus Kalialaun geschickt (eine Chemikalie, die auch zur Festigung von sauer eingelegtem Gemüse verwendet wird) und dann abgegossen, kühl gelagert und in sechs Güteklassen eingeteilt. Alex ist der maßgebliche Tester und Richter. Wir standen draußen vor dem kühlen Verpackungsraum und vertilgten einen himmlischen Rogenstrang nach dem anderen, wobei wir über deren jeweilige Vorzüge diskutierten. Inzwischen kann Alex den Geschmack einer Seeigelzunge voraussagen, indem er sie nur anschaut.

Die hölzernen Tragen werden noch am selben Nachmittag per Luftfracht ausgeliefert. Vor einigen Jahren, als die Japaner noch im Geld schwammen, ging der Löwenanteil von Daves Produktion an den Tokioter Großhandelsmarkt. Heute setzt er fünfundsiebzig Prozent in New York City ab, wo seine Ware derzeit den höchsten Preis erzielt.

Erstaunlicherweise ist eine Bestellung von perfektem Seeigelrogen, der feinsten Exemplare einer der berühmtesten Delikatessen der Welt, eine kinderleichte und relativ billige Angelegenheit. Ich höre mich an wie ein Propagandist aus einer Dauerwerbesendung im TV-Spätprogramm? Das ist mir egal! Dave Rudie verlangt achtundvierzig Dollar für 400 Gramm, also beinahe ein Pfund, verteilt auf fünf kleine Tragen. (Einige französische Rezepte verwenden die salzige Flüssigkeit aus dem Inneren der Schale, und deshalb kann man auch lebende Seeigel bestellen.) Catalina hat eine Website www.catalinaop.com und eine Telefonnummer (619-297-9797). Seeigelrogen können roh verzehrt, auf gekochten Reis gelegt oder gekocht werden. Während des letzten Jahres habe ich überall, wo ich gewesen bin, Seeigelgerichte bestellt, und die Gewinner sind: Nobus unvergleichliche Tempura, ein traditionelles sizilianisches Pastagericht und eine Art Wackelpudding, den Alain Ducasse in seinem großartigen Restaurant in New York City serviert. Die entsprechenden Rezepte verrate ich Ihnen später.

Sie können sich vorstellen, wie sehr ich darauf erpicht war, selber nach Seeigeln zu tauchen. Ich brannte förmlich darauf, sie einmal unter Wasser zu kosten! Da diese Idee, wann immer ich sie äußerte, für allgemeine Heiterkeit und spöttische Bemerkungen sorgte, überführte ich mein vages Ansinnen schon bald in den konkreten Plan, mit einem der in San Diego ansässigen Taucher hinauszufahren.

Dave Rudie machte mich mit Clifton Hawk bekannt. Cliff ist ein dunkelhaariger, gut aussehender, etwa vierzigjähriger Mann von mittlerer Körpergröße. In seiner Jugend war er ein preisgekrönter Schwimmer (er schwört, er sei zwischen seinem sechsten und zwölften Lebensjahr in einer berühmten Nudistenkolonie östlich von San Diego aufgewachsen), und mit achtzehn hat er begonnen, berufsmäßig nach Seeigeln zu tauchen. Im Unterschied zu anderen Tauchern, die ich kennen gelernt habe, ist es für ihn noch immer das Größte, jeden Arbeitstag damit zu verbringen, eigenhändig möglichst viele Seeigel erster Wahl zu pflücken. Einige davon bricht er unter Wasser auf und kostet sie an Ort und Stelle, um sich von ihrer Qualität zu überzeugen.

Meine Erinnerung an die nächsten paar Stunden ist ziemlich verschwommen, aus Gründen, die ich gleich schildern werde. Laut meinen Notizen und Fotos stachen wir von Dana's Landing in der Mission Bay in See und schaukelten etwa eine halbe Stunde lang bei kräftigem Seegang in Richtung Norden, bis wir die Höhe von La Jolla erreicht hatten und ungefähr drei Kilometer von der Küste entfernt waren. Ich erinnere mich noch daran, dass ich mir dachte, welch großer Kontrast es doch sei, in Sichtweite dieses legendären Tummelplatzes der Reichen und Schönen eine der primitivsten Formen des Jagens und Sammelns zu praktizieren. Doch wie Cliff anmerkte, leben Seeigel auf Felsen und fressen Kelp, und deshalb würden wir die Tiere genau an dieser Stelle finden.

Cliff warf den Anker, stieg in seine Tauchermontur (zu der auch Knieschützer und doppelte Handschuhe gehören), stellte den laut tuckernden Luftkompressor an und tauchte dann in fünfzehn Metern Tiefe durch den dichten braunen Kelpwald. Und ich war nun mutterseelenallein an Bord eines uralten, verwitterten, drei Kilometer vor der Küste ankernden Bootes. Meine einzigen Begleiter waren der Wind, dann und wann ein Pelikan, das Klatschen, mit dem sich der Bug gegen die heranrollenden Wellen stemmte, und die ersten Vorboten eines schweren Anfalls von Seekrankheit. Das Stadium der Übelkeit und des Schwindelgefühls hatte sich schon eingestellt, und die Symptome geistiger Verwirrung machten sich ebenfalls bemerkbar. Als Nächstes würde eine zunehmende Depression einsetzen und schließlich in der Überzeugung gipfeln, dass ich vor nichts zurückschrecken würde, um mich aus dieser verzweifelten Lage zu befreien. Ich hatte gutes Geld für dieses kleine runde, hinter mein Ohr geklebtes Scopolamin-Pflaster bezahlt, das mich angeblich gegen Seekrankheit schützte – ich würde den Hersteller verklagen, einen Musterprozess gegen ihn anstrengen und jede Menge Schmerzensgeld einstreichen. Diese Seeigeltaucherei ist ja so primitiv, dachte ich mir, so atavistisch.

Die Zeit verlangsamte sich fast bis zum Stillstand. Wäre der erste Mensch, der auf die Idee gekommen war, nach Seeigeln zu tauchen, heute noch am Leben, so hätte ich ihn mit bloßen Händen erwürgen können! Und dann verwandelte sich meine Wut in Panik. Cliffs Luftschlauch und sein kleines Gummifloß waren nicht mehr zu sehen. Wohin war er verschwunden? Wie lange würde ich dieses Martyrium noch ertragen können? Was wäre, wenn Cliff nie wieder auftauchte? Ich konnte mich kaum noch auf den Beinen halten. Die Zeiger meiner Uhr wollten nicht voranrücken. Ich spielte mit dem Gedanken, Cliffs albernen gelben Schlauch zu kappen und volle Kraft voraus in Richtung Ufer zu rasen. Ungelogen! Doch er hatte die Schlüssel mitgenommen.

Endlich tauchte er wieder auf, fröhlich lächelnd und vor Energie strotzend. Ich unterdrückte meinen Zorn, bis dieser verraucht war, während sich meine Seekrankheit nach und nach legte. Cliff hievte einen fünfunddreißig Kilo schweren Korb voll herrlicher, absolut perfekter Seeigel an Bord, und auf mein Drängen hin lichteten wir unverzüglich den Anker und fuhren zurück, ohne auch nur einen einzigen davon gekostet zu haben. Normalerweise würde ich jetzt nicht nur alles über seinen kombinierten Sonar- und GPS-Monitor wissen, in dem er Hunderte von ähnlich ergiebigen Tauchplätzen gespeichert hat, sondern auch alles über seinen mit technischen Raffinessen gespickten Taucheranzug, seinen Luftkompressor, seine Motorwinde, sein pinkfarbenes Gummifloß und all die anderen tollen Spielsachen, die jedes Männerherz höher schlagen lassen. Aber ich weiß nichts – außer, dass ich erst wieder klar denken konnte, als ich festen Boden unter meinen Füßen spürte.

Zwei Stunden später, im sicheren Hafen meiner eigenen vier Wände und gestärkt durch ein kleines Nickerchen sowie einen doppelten Whiskey, beeindruckte ich meine

Frau mit Seemannsgeschichten über Mannesmut und schier unglaubliche Gefahren, während ich meine La-Jolla-Seeigel öffnete. Und dann ging es ans Kochen.

Rezept **Linguine mit Seeigeln**

(von der Trattoria Piccolo Napoli)

Als ich vor einigen Wochen auf der Durchreise in Palermo weilte – ein Abstecher, den ich nur des Essens wegen gemacht hatte –, führte mich Mary Taylor Simeti (die gefeierte Autorin von *On Persephone's Island* (Vintage) und *Pomp and Sustenance* (Knopf)) in diese hervorragende, auf Meeresfrüchte spezialisierte Trattoria. Die dort servierten sizilianischen Nudelgerichte mit Meeresfrüchten mundeten ganz vorzüglich, insbesondere eine Version dieses traditionellen Seeigelgerichts. Zu jedem Pasta-Rezept für Seeigel gehören der Rogen, Olivenöl, Knoblauch und getrocknete Hartweizengrießnudeln; die meisten fügen noch gehackte Petersilie und schwarzen oder roten Pfeffer hinzu; manche enthalten außerdem noch Tomaten. Mary half mir dabei, die Details für die Linguine von Pippo Corona (der Besitzer der Trattoria) zusammenzubekommen, indem sie noch einmal sein Restaurant aufsuchte, lange nachdem ich Palermo bedauerlicherweise schon den Rücken gekehrt hatte. Ich möchte wetten, dass ich in der Sauce kleine Schnipsel von scharfen roten Peperoni erkannt und auch herausgeschmeckt habe. Pippo bestreitet dies, und sein Küchenchef hüllt sich in Schweigen.

2 Esslöffel Salz
250 Gramm getrocknete Linguine – dünne, flache, schmale Nudeln aus Hartweizengrieß (keine Eiernudeln)
3 Esslöffel hochwertiges Extra-Vergine-Olivenöl
2 Knoblauchzehen, geschält und in hauchdünne Scheiben geschnitten
200 Gramm sehr frischen, gesäuberten und abgetropften Seeigelrogen
½ Teelöffel sehr fein gehackte rote Peperoniflocken (nach Belieben)
2 Esslöffel sehr fein gehackte italienische Petersilie (also Schnitt- oder Blattpetersilie)

In einem 6- bis 8-Liter-Topf bei höchster Temperatur 4 Liter Wasser und das Salz zu einem sprudelnden Kochen bringen. In der Zwischenzeit, bevor das Nudelwasser zu kochen beginnt, das Öl und den Knoblauch in einem 4-Liter-Topf bei niedriger Temperatur allmählich erhitzen, bis der Knoblauch glasig wird, aber noch keine Farbe annimmt, etwa 10 Minuten lang. Den Seeigelrogen und die gehackten Peperoniflocken unterrühren; den Topf vom Herd nehmen.

Die Linguine in den großen Topf geben und, während das Wasser wieder zu kochen beginnt, die herausstehenden Enden mit einem hölzernen Kochlöffel unter Wasser drücken. Die Linguine bei hoher Temperatur etwa 6 Minuten sprudelnd kochen lassen. Nach 4 Minuten die Konsistenz der Linguine überprüfen, indem man eine davon kostet. Sie sollen noch spürbar fest sein – sie werden später noch weitergekocht; der harte, stärkehaltige Kern jeder Nudel soll gerade eben verschwunden sein. 1 Tasse des

Nudelwassers abschöpfen und beiseite stellen. Die Linguine abgießen.

Die abgetropften Linguine in den Topf mit dem Seeigelrogen geben. ½ Tasse des beiseite gestellten Nudelwassers hinzufügen. Alles bei mittlerer Temperatur 4 bis 5 Minuten kochen lassen; die Linguine mit 2 Gabeln durchrühren, um sie voneinander zu trennen und um sie mit der Sauce zu überziehen; den Topfboden hin und wieder mit einem Holzlöffel abschaben, um zu verhindern, dass der Seeigelrogen unten anbrennt. Gegebenenfalls noch etwas von dem beiseite gestellten Nudelwasser nachfüllen. Wenn die Sauce dick genug ist, um die Linguine zu überziehen, aber bevor sie zähflüssig und klebrig wird, sind Sie fertig. Mit Salz abschmecken und die Petersilie untermischen. Auf 4 angewärmte Pastateller verteilen. Reicht als Vorspeise für 4 Personen.

Rezept **Seeigel-Tempura**
(von Nobu)

Ein kleines Häufchen Seeigelrogen wird in ein würziges *shiso*-Blatt eingerollt, mit hauchdünnem, knusprigem *nori** umwickelt, in Tempurateig getaucht und anschließend frittiert. Wie so viele der Gerichte von Nobu ist auch dieses einfach, überaus schmackhaft und unverständlicherweise nirgendwo auf der Welt erhältlich außer in den weit verstreuten Außenposten seines Imperiums – Los Angeles,

* *nori:* eine wohlschmeckende Meeresalge, die auch zum Einwickeln von Sushi und Reisbällchen verwendet wird; sie kommt getrocknet oder geröstet in den Handel und wird vor Gebrauch gewässert. (A. d. Ü.)

New York City, London, Tokio, Aspen, Las Vegas und, demnächst, Miami und Paris. Toshio Tomita und Edwyn Ferrari zeigten mir, wie man es in New York zubereiten kann.

4 Tassen Baumwollsamen- oder Sojabohnenöl
2 getrocknete nori-Blätter, jeweils ca. 18 x 20 Zentimeter
10–20 shiso-Blätter
200 Gramm frische, gesäuberte Seeigelrogen
2 ½ Tassen fertige Tempurateig-Mischung (erhältlich in Gourmet-Spezialgeschäften, asiatischen Gemüseläden und der Asien-Abteilung mancher Supermärkte)
1 Eigelb
2 Tassen Eiswasser
Salz, Pfeffer, Zitronensaft

Das Öl in einer elektrischen Fritteuse oder einem hohen Kochtopf auf 180–195 °C erhitzen; das Öl sollte einen Pegelstand von ca. 7,5 Zentimeter haben.

In der Zwischenzeit die gezackten Ränder der beiden *nori*-Blätter entfernen. Jedes Blatt quer in 6 gleich große Streifen von mindestens 3 Zentimeter Breite schneiden. Einen Streifen *nori* so auf die Arbeitsplatte legen, dass eine der Schmalseiten zu Ihnen weist. Ein großes *shiso*-Blatt so auf den *nori*-Streifen legen, dass sich das Stielende unten befindet und die Blattspitze von Ihnen weg weist; oder 2 kleinere *shiso*-Blätter, die in entgegengesetzten Richtungen nach außen weisen und sich in der Mitte des *nori*-Streifens überlappen. In jedem Fall sollte das *shiso* fast 2,5 Zentimeter über die Ränder des *nori* hinausragen. Einen gehäuften Esslöffel Seeigelrogen auf das *shiso*-Blatt (oder die *shiso*-Blätter) geben und alles in *nori* einwickeln. Die Endkante des *nori* mit einem Klacks Tempurateig versiegeln. Das Ergebnis wird ein Zylinder sein, bei dem aus beiden Enden *shiso* und *nori* hinausragen. Mit den übrigen 11 Streifen auf die gleiche Weise verfahren.

In einer tiefen 3- bis 4-Liter-Schüssel das Eigelb gründlich mit dem Eiswasser verrühren. 2 Tassen Tempuramehl in die Schüssel geben und alles locker miteinander vermischen. Dies geschieht mit Essstäbchen, jedes Mal ein paar Schläge, wobei man immer etwas Mehl vom Schüsselrand in die Wasser-Eigelb-Mischung bugsiert. Am Ende sollte kein trockenes Mehl auf der Teigoberfläche zu sehen sein, aber der Teig sollte außen noch immer von einem Ring trockenen Mehls umgeben sein und viele kleine Mehlklumpen aufweisen. Den Finger in den Teig tauchen – anschließend sollte er leicht von einer dünnen, kleine Klumpen enthaltenden Flüssigkeit überzogen sein. Den Teig möglichst schnell verwenden; nach einer ½ Stunde verliert er die erforderliche Konsistenz.

Die Seeigelpäckchen im restlichen Tempuramehl wälzen und mit Essstäbchen in den Tempurateig tauchen und dann behutsam ins heiße Öl plumpsen lassen. Jeweils 2–3 gleichzeitig frittieren, bis sie schön knusprig sind, aber noch nicht allzuviel Farbe angenommen haben, etwa 90 Sekunden lang. Die Temperatur des Öls konstant halten. Die Tempuraröllchen auf einem Rost abtropfen lassen. Mit kleinen Dipschalen servieren, die Salz, schwarzen Pfeffer und Zitronensaft enthalten. Ergibt 12 Stück und reicht als kleiner Appetitanreger für 4–6 Personen.

Royale vom Seeigel mit Hummer-Velouté

(von Alain Ducasse und Didier Eléna)

Mein heißester Anwärter für das beste Gericht des neuen Millenniums ist dieser von einem cappuccinoartigen Hummerschaum gekrönte Seeigelpudding und die dazu servierte samtige Suppe oder *velouté* vom Hummer. Als Didier Eléna, Ducasses rechte Hand, mir demonstrierte, wie man beides zubereitet, wurde ich wieder einmal daran erinnert, dass in der Haute cuisine nichts einfach ist. Der (auch *flan* oder *royale* genannte) Pudding als solcher ist ein Kinderspiel, doch er erfordert nicht nur eine Hummerbouillon, sondern auch rohen, unbefruchteten Hummerrogen. Es ist die Art von Wochenendprojekt, die ich früher, bevor ich mich als Food-Autor betätigte, so sehr geschätzt habe – etliche Stunden für die Hummerbouillon und eine weitere Stunde für den Pudding und die Suppe, beides Gaumenfreuden par excellence. Ich fragte Ducasse, ob er und Didier dieses Gericht tatsächlich selbst erfunden hätten. »In der Haute cuisine gibt es keine neuen Erfindungen mehr«, sagte er. »Das Wissen ist inzwischen allgemein verfügbar. Entscheidend ist, was man daraus macht.« Der Mann hat gut reden.

◗ Für die Hummerbouillon:

4 lebende weibliche Hummer, jeweils ca. 550 Gramm schwer
6 Esslöffel Extra-vergine-Olivenöl
½ Zwiebel mittlerer Größe (von ca. 7,5 Zentimeter Durchmesser)
½ Mohrrübe
1 Stange Staudensellerie

½ Fenchelknolle
3 Tomaten mittlerer Größe, entkernt
6 Knoblauchzehen, ungeschält und zerdrückt
1 knappe Tasse Cognac
2 Tassen Weißwein
1 Esslöffel Tomatenmark
3 Scheiben Zitrone
1 Stängel Basilikum

Für den Seeigel-Flan:
70 Gramm Seeigelrogen
¼ Tasse Vollmilch
1 Ei
1 Prise Zucker
1½ Teelöffel roher, den Hummern entnommener Rogen

Für die Hummer-Velouté:
1 Tasse Schlagsahne
1 Esslöffel Butter
2 Esslöffel geschlagene Schlagsahne
Salz und schwarzer Pfeffer
2 Teelöffel fein gehackter Kerbel

Zuerst die Hummerbouillon zubereiten. Dies kann schon einen Tag im Voraus erledigt werden. Die Franzosen zerlegen ihre Hummer bei lebendigem Leib. Sind Sie genauso beherzt oder herzlos wie die Franzosen, so fackeln Sie nicht lange und reißen den Hummern die Scheren und Schwänze aus. Sind Sie zarter besaitet, so betäuben Sie alle 4 Hummer, indem Sie sie in einer oder mehreren Papiertüten für 1 Stunde ins Gefrierfach Ihres Kühlschranks stecken. Holen Sie die Tiere eins nach dem anderen heraus und stoßen Sie ihnen ein schweres Messer oder Hackbeil in den Körper, vom Kopf bis hinunter zu dem Gelenk, wo der Schwanz anfängt; dies wird sie auf der Stelle töten. Anschließend drehen Sie ihnen die Scheren und Schwänze ab. (Sollte Ihnen selbst das zu viel sein, so können Sie sie nach der üblichen Methode in einem großen Topf dämpfen, allerdings nur so kurz, dass sie sich lediglich partiell rot färben und gerade eben zu zappeln aufhören, also etwa 2 bis 4 Minuten.)

Die Scheren und Schwänze in den Kühlschrank legen. Die Körper jeweils in zwei Hälften schneiden und mit einem kleinen Löffel den Rogen abschaben und in eine kleine Schüssel füllen. (Der unbefruchtete Rogen ist die schwarze oder dunkelgrüne Substanz, die die Körperschale innen auf beiden Seiten bedeckt und sich korallenrot färbt, wenn sie gekocht wird; der hellgrüne Glibber nahe dem Zentrum der Körperaushöhlung ist die Hummerleber.)

Zwiebel, Mohrrübe, Sellerie, Fenchel und Tomaten in mittelgroße Würfel von ca. 5 Millimeter Seitenlänge hacken. Den Knoblauch und das Gemüse mit 3 Esslöffeln des Olivenöls in einem schweren Kochtopf bei mittlerer Temperatur dünsten. Die Temperatur ein wenig reduzieren und alles ohne Deckel leise vor sich hin köcheln lassen und gelegentlich umrühren, bis Zwiebel und Sellerie glasig werden, aber noch keine Farbe annehmen, etwa 10 Minuten lang.

In der Zwischenzeit die 4 Hummerkörper mit einem Hackbeil in größere Stücke zerlegen – was eine ziemliche

Sauerei verursachen kann. Die Hummerstücke mit 3 Esslöffeln Olivenöl in einer schweren Bratpfanne bei mittlerer Hitze anschmoren, bis die Schalen einen Röstgeruch verströmen und eine entsprechende Farbe aufweisen, etwa 10 bis 15 Minuten lang. Während die Stücke vor sich hin schmoren, sie abwechselnd umrühren und mit einem Stein- oder Holzstößel weiter zerstampfen.

Nach Ende der angegebenen Garzeiten das Gemüse in die schwerere Pfanne mit den Hummerschalen umfüllen. Den Cognac hinzugeben und alles bei mittlerer Temperatur erhitzen und dabei ständig umrühren, bis nur noch etwas von der Flüssigkeit auf dem Pfannenboden übrig geblieben ist (gegebenenfalls den Pfannenboden abschaben, damit unten nichts anbrennt). Den Weißwein hinzufügen und auf die halbe Menge reduzieren; gelegentlich umrühren. Das Tomatenmark untermischen und alles 10 Minuten vor sich hin köcheln lassen. So viel Kalbs- oder Hühnerbrühe (oder Wasser) einfüllen, dass der Flüssigkeitspegel mindestens 5 Zentimeter oberhalb der Schalen und des Gemüses liegt. Alles ohne Deckel bei mittlerer Temperatur 25 Minuten kochen lassen – nicht länger.

(Nutzen Sie diese freie Zeit, um die beiseite gestellten Schwänze und Scheren der Hummer zuzubereiten: ein Essstäbchen oder Tafelmesser zwischen Schale und Fleisch jedes Schwanzes schieben, damit sich dieser nicht krümmen kann, und auf die übliche Weise 9 Minuten dämpfen. Nach 2 Minuten die Scheren hinzugeben. [Dabei die Zeit abziehen, die die Schwänze und Scheren möglicherweise schon im Dampftopf verbracht haben.] Sobald die Stücke gar sind, sie mit Eiswasser abschrecken und im Kühlschrank zwischenlagern.)

Ist die Hummerbrühe fertig, wird sie durch ein feinmaschiges Sieb – am besten ein Spitzsieb aus Edelstahl – in eine neben dem Herd platzierte Schüssel gegossen; die Zitronenscheiben und den Basilikumstängel hinzugeben und 15 Minuten in der Flüssigkeit ziehen lassen, so dass die Aromen auf die Brühe übergehen. Alles durch ein Sieb in einen Suppentopf füllen und bei mittlerer Temperatur auf etwa die Hälfte reduzieren (also auf knapp 2 Tassen Flüssigkeit). 2 ½ Esslöffel Hummerbouillon für den Flan abschöpfen und beiseite stellen; der Rest wird für die Velouté benötigt.

Und nun zum Seeigelflan: Den Ofen auf 120 °C vorheizen. In einer 1-Liter-Schüssel Seeigelrogen, Milch, Ei, Zucker, Hummerrogen und die beiseite gestellte Hummerbouillon verrühren und auf Zimmertemperatur kommen lassen. Mit einem Handmixgerät durchquirlen, bis sich alles gut vermischt hat. Das Gemisch gleichmäßig auf 4 Espressotassen verteilen, jeweils etwa ¼ Tasse. (Die Menge dürfte auch für 5 Espressotassen reichen.) Die Tassen in eine kleine Bratpfanne setzen; so viel kochendes Wasser einfüllen, dass es die halbe Höhe der Tassenseiten erreicht. Ungefähr 25 Minuten im Ofen backen, bis der Pudding gerade eben zu stocken beginnt; er wird noch weitergaren, nachdem er aus dem Ofen geholt wurde. Sticht man probehalber einen Zahnstocher in einen der Puddings, irgendwo zwischen Tassenrand und -mitte, so darf daran nichts haften bleiben.

Die Velouté: Während der Flan in seinem Wasserbad gebacken wird, 4 kleine, flache Suppenschalen anwärmen. 2 der beiseite gelegten Hummerschwänze schälen und in jeweils 8 Scheiben schneiden. (Die beiden anderen

Schwänze aufbewahren für einen köstlichen Hummersalat, zwei Hummerbrötchen oder für was auch immer.) Die Hummerbouillon in einem 1- bis 2-Liter-Topf bei mittlerer Temperatur zum Köcheln bringen. Gleichzeitig die Schlagsahne in einem kleinen Topf bei mittlerer Temperatur und unter ständigem Umrühren auf die Hälfte reduzieren. Die reduzierte Sahne, die Butter und die geschlagene Schlagsahne unter die Hummerbouillon ziehen. Mit Salz und Pfeffer abschmecken. Passen Sie auf, dass Sie nicht in Ohnmacht fallen!

Die Suppe mit einem Handmixgerät bei mittlerer Temperatur durchquirlen, bis sich an der Oberfläche ein blasiger Schaum bildet (was am schnellsten erreicht wird, wenn man das Mixgerät schräg hält, so dass der Quirl nur halb eingetaucht ist). Den Schaum mit einem Suppenlöffel abschöpfen und auf die 4 Tassen mit dem gebackenen Pudding verteilen, so dass diese so aussehen, als wären sie mit Cappuccino gefüllt. In jedes der 4 angewärmten Suppenschälchen 4 Scheiben Hummerfleisch geben und eine gute ½ Tasse Velouté um sie herum gießen. Mit Kerbel garnieren. Die Suppe zusammen mit der Seeigel-Royale servieren. Reicht für 4 Personen.

Im Häppchenhimmel

Schon der erste Bissen war eine Offenbarung, und ich wusste auf der Stelle, dass mir in kulinarischer Hinsicht die traumhaftesten vierzehn Tage bevorstanden, die ich seit langem erlebt hatte. Wir saßen an der Bar des Restaurants Santa Maria in der Comerç 17 in Barcelona. Der erste Snack auf der Speisekarte waren *xips*, und als uns diese serviert wurden, entpuppten sie sich als frisch frittierte Chips aus Kartoffeln oder irgendeinem anderen Knollen- oder Wurzelgemüse. Für mich stand fest, dass eine Kultur, deren Abendessen mit Xips begann, genau nach meinem Geschmack war, und gleichzeitig erkannte ich, dass die mir bei früheren Aufenthalten in Barcelona so undurchschaubar erschienene katalanische Sprache im Grunde keine grammatischen, sondern lediglich orthographische Tücken aufweist. Bei Licht betrachtet ist das Katalanische ziemlich einfach: *Comerç*, die Straße, in der wir uns befanden, bedeutet Kommerz, *tomàquet* Tomate, *anxois* Anchovis und so weiter. Vermutlich aus Verschleierungsgründen verwenden die Katalanen ein »x«, wo jeder normale Mensch ein »ch« erwarten würde – wie bei *xampany*, was Champagner bedeutet. Und dies ist nur ein Beispiel.

Zahllose Geisteswissenschaftler und auch Robert Hughes, in seinem vorzüglichen Buch *Barcelona* (National Geographic), behaupten das genaue Gegenteil und verfechten die These, die ich gerade so elegant und schlüssig widerlegt habe. In A.R. Radcliffe-Browns 1958 erschienenem Standardwerk *Method in Social Anthropology* (University of Chicago Press) heißt es: »Aus den vielen lateinischen Dialekten entwickelten sich die heutigen romanischen Sprachen – Französisch, Provenzalisch, Italienisch, Katalanisch, Kastilisch, Portugiesisch.« Wen glaubt er damit hinters Licht führen zu können? Allerdings räume ich ein, dass mich bestimmte katalanische Wörter noch immer ratlos machen – einmal verspeiste ich arglos einen ganzen Teller voll *Carpaccio vom Fohlen*, nur um hinterher zu meinem Entsetzen zu erfahren, dass die Vokabel *poltre* auch für Sprungpferd stehen kann. Ich werde Ihnen nichts weiter darüber erzählen, außer, dass es von seinem Geschmack und von seiner Konsistenz her so fein und zart wie Kalbfleisch war. Ich schätze, es war nicht schlechter als ein *Carpaccio vom Sprungpferd*.

Zudem bestand die handgeschriebene Speisekarte im Santa Maria ausschließlich aus Snacks und kleinen Gerichten – eine überaus angenehme Art, sich den Magen zu füllen. Man kann sagen, dass gut die Hälfte der spanischen Gastronomie auf Snacks basiert oder, wie man dort sagt, auf *tapas*. Dies sind Appetithappen auf kleinen Tellern (oder an Spießchen, auf Brotscheiben oder einfach nur Finger food), die die Spanier zu Sherry, Wein oder Bier vor dem Mittag- und Abendessen oder auch an Stelle dieser Mahlzeiten verzehren, eine Tradition, die vor 150 Jahren im südspanischen Andalusien aufkam – doch buchstäblich jedes Wort dieser Definition kann angefochten werden. Manche glauben, die Tapas seien mindestens doppelt so alt. Puristen stellen sich auf den Standpunkt, dass Tapas allein solche Speisen seien, die man *im Stehen* an einer Bar verzehrt, aber niemals im Sitzen, niemals mit Messer oder

Gabel und auch niemals von einem Teller. Die verschiedenen Regionen Spaniens haben ihre jeweiligen Spezialitäten und auch ihre eigenen sozialen Gepflogenheiten, was den Verzehr von Tapas betrifft: Manche favorisieren einen Tapas-Bummel, der mehrere Stunden dauern und an die Stelle des Abendessens treten kann (dabei zieht man von Bar zu Bar und genehmigt sich in jeder die besten Häppchen). Andere wiederum beharren darauf, dass den Tapas ein richtiges Mittag- oder Abendessen folgen müsse. *Tapa* bedeutet Deckel oder Kappe und bezieht sich auf einen alten Brauch (den garantiert noch niemand mit eigenen Augen gesehen hat), dem zufolge Wein oder Sherry in einem Glas serviert wird, das mit einer Scheibe Brot oder Schinken abgedeckt ist – oder eben mit einer Untertasse, auf der diese oder jene Appetithäppchen liegen.

Tapas zählen nicht zu den traditionellen Spezialitäten Barcelonas. Für Colman Andrews, der 1988 mit seinem Buch *Catalan Cuisine* (Harvard Common Press) für viele von uns Pionierarbeit leistete, waren Tapas »nicht mehr als eine kulinarische Fußnote der katalanischen Küche«. Andererseits schreibt Colman, dass einige der in Barcelona betriebenen Tapas-Bars bereits vor zwei Generationen eröffnet wurden. Inzwischen bezeichnet der Begriff alles Mögliche. Die Speisekarten schicker Restaurants titulieren ihre Hors d'œuvres pauschal als Tapas; junge Küchenchefs wie Paco Guzman vom Santa Maria stellen ihre Speisekarten ausschließlich aus Tapas zusammen – möglicherweise nach dem Vorbild von Ferran Adrià, dem führenden Küchenchef Spaniens und vielleicht Europas und, ein oder zwei Jahre lang, sogar der Welt. Als ich das letzte Mal im El Bullí speiste, Adriàs erstaunlichem Restaurant in Roses an der Costa Brava, zwei oder drei Autostunden nordwestlich von Barcelona, da bestand mein Mahl aus insgesamt sechsunddreißig kleinen Gerichten (die jeweils auf einem Scherz, einem Gag oder einer technischen Novität beruhten, aber dennoch allesamt vorzüglich mundeten), darunter ein Risotto *à la milanese*, bei dem die Reiskörner durch auf die entsprechende Größe zurechtgeschnittene kalte Sojabohnenkeime ersetzt worden waren, etliche Gerichte, deren Garnierung aus einem mysteriösen heißen Gelee bestand, sowie einige würzig-pikante Eiscremes. (Aber kann er auch kochen? Das Kaninchenragout war, ohne Scherz, das mit Abstand köstlichste, das ich jemals genossen habe. Es war, wie bei Tapas allgemein üblich, nur eine Spatzenportion, doch das Rezept ist extrem aufwändig – und der einzige Gag daran waren die als Tellerdekoration dienenden kleinen Rauten aus heißem grünem Apfelaspik.)

Die Tapas in Barcelona sind die besten von ganz Spanien, denn die Zutaten der katalanischen Meeresküche suchen ihresgleichen – die köstlichsten Anchovis, zahllose Arten der süßesten Venus- und Herzmuscheln, die winzigsten Fische zum Braten und Marinieren, die zartesten Miesmuscheln, verführerische Exoten wie *percebes* und *espardeñas* (Entenmuscheln und Seegurken), schneeweißer Klippfisch (entsalzt und roh verspeist, gedämpft oder pochiert in Öl oder Wasser), winzige, blutjunge Cephalopoden, herrlich kross gebraten und in üppigen Haufen serviert, zerbrechliche weiße Shrimps, entweder roh oder knusprig gebacken, sowie andere Krustazeen von sagenhafter Qualität – Gambas, Langustinen und Langostinos, *cigalas* und *cigalitos* –, deren rosarote Schalen einfach *à la plancha*, also auf dem heißen Blech, geröstet und bronziert werden, ein Gaumenkitzel, wie er im Buche steht. (Und dabei ist es unerheblich, dass die Katalanen diesen Begriff als *planxa* buchstabieren.) All dies wird ergänzt durch Delikatessen aus dem Rest des Landes, vor allem durch *jamón ibérico* – ein dunkelroter Schinken, der auch *jabugo* genannt wird (nach der Stadt in Südwestspanien, wo er hergestellt wird), oder *pata negra* (nach den schwarzen Klauen einer der fünf Schweinerassen, aus denen er hergestellt wird). Dies ist der feinste und teuerste Schinken der Welt – mindestens vierundzwanzig Monate gereift, ausgesprochen fest und von süßem Geschmack, mit einem dezenten Hautgout von Gärung und Ranzigkeit – und in den Vereinigten Staaten leider noch immer mit einem strikten Importverbot belegt.

Ich fragte mich, wie viele Wochen ich wohl in Barcelona verweilen müsste, bis ich des dortigen Essens überdrüssig wäre – bis es mich nicht mehr zu überraschen und zu entzücken vermochte. Schließlich servierte jede Tapas-Bar in Barcelona Xips!

Die Unterlage der meisten Tapas in Barcelona ist *pa amb tomàquet*, Tomatenbrot. Dazu nimmt man ein Stück Brot, entweder ein längs halbiertes Baguette oder eine Scheibe rundes Bauernbrot, und reibt mit einer Tomatenhälfte über die Schnittfläche des Brotes, bis diese eine rötlich-rosarote Fabe angenommen hat. Anschließend wird das Ganze mit Salz bestreut und mit etwas Olivenöl beträufelt. Wer will, kann das Brot vorher auch toasten. Am besten eignet sich eine Tomate mit viel Fruchtfleisch rings um die Samenkerne, denn dies ist der aromatischste Teil, und außerdem macht er das Brot nicht matschig. *Pa amb tomàquet* ist überaus köstlich, vor allem als Beilage, die zu oder mit der eigentlichen Tapa-Spezialität verzehrt wird. Ferran Adrià verwendet für sein *pa amb tomàquet* natürlich keine banalen roten, sondern weiße Tomaten.

In fast jeder guten Tapas-Bar von Barcelona beginnt man mit *pa amb tomàquet* und entweder prallen Anchovis oder *jamón ibérico*, den beiden einfachsten und delikatesten Snacks der Stadt. Darüber hinaus hat jede Bar ihren individuellen Charakter. Einige haben sich auf Konserven spezialisiert – Dosen und Gläser mit vorzüglichen und teuren konservierten Meeresfrüchten und Gemüsen (ja, Dosen und Gläser – eine Kunstform, die in den USA mehr oder weniger unbekannt ist). Andere sind berühmt für ihre feinen, frischen und rohen Zutaten und deren unkomplizierte, aber meisterhafte Zubereitung. Manche werden von jungen Küchenchefs betrieben, die sich einen Namen machen wollen, indem sie traditionelle Gerichte auf eine völlig neue Weise zubereiten – so wie man es von jungen, aufstrebenden Küchenchefs in allen saturierten Wohlstandsgesellschaften kennt. Weiter unten finden Sie eine kommentierte Liste mit einer Auswahl der besten Tapas-Bars von Barcelona. Die Hälfte davon hat sich in dem El Born genannten Stadtviertel angesiedelt, einem mittelalterlichen Bezirk, in dessen Gassen es heute von Geschäften, Galerien, Bars und Restaurants wimmelt.

Zu Hause in New York City war mein *pa amb tomàquet* ein Bombenerfolg. (Wie sich herausstellte, ist ein von etlichen Küchenchefs in Barcelona bevorzugtes Olivenöl hier bei uns ziemlich preiswert erhältlich; es heißt Unió und kann unter www.tienda.com in 3-Liter-Kanistern à 27,00 Dollar bestellt werden.) Es gab natürlich keinen *jamón ibérico.* Und selbst die Anchovis waren anfangs ein Problem. Die meisten Connaisseure favorisieren die dicht an dicht in Dosen gepackten und zwischen Salzschichten konservierten Anchovis – die heute fast überall bei uns erhältlich sind. Diese erfordern jedoch eine Menge Arbeit, wie mir wieder bewusst wurde, als ich Juan-Carlos in der kleinen Küche des El Xampanyet über die Schulter schaute. Jeder einzelne Fisch muss abgespült, längs aufgeschnitten, entgrätet und ein weiteres Mal abgespült werden. Sollte er noch immer zu salzig sein, kann er in Wasser eingeweicht werden, doch dies beeinträchtigt unter Umständen den Geschmack; stattdessen zeigte mir Juan-Carlos, dass die Anchovis, wenn man sie etwa eine Stunde liegen lässt, zusätzliches Salz absondern, das dann kurz abgespült werden kann. In krassem Widerspruch zum allgemeinen kulinarischen Konsens behauptet der Food-Autor Mark Bittman, dass sich dieser Aufwand nicht lohne, und empfiehlt die in Öl eingelegten, tafelfertigen Anchovis, die in kleinen Gläsern in den Handel kommen.

Wer hat nun Recht – Mark oder die gesamte katalanische Nation? In Katalonien haben die Katalanen Recht: Ihre besten in Salz eingelegten Anchovis sind groß, üppig und fleischig. Hier bei uns steht die Sache eher fifty-fifty. Meine Assistentin Elizabeth und ich kauften und kosteten jede hier erhältliche Sorte eingesalzener Anchovis (die Mehrzahl davon in großen, runden Dosen) und jede qualitativ hochwertige Sorte in Öl eingelegter Anchovis (in Gläsern oder kleinen, flachen Dosen). Dann verbrachten wir ein paar unvergessliche Tage mit dem Verzehr von Anchovis, die wir entweder pur oder auf mit Tomate beriebenen Brotscheiben zu uns nahmen. Von den in Salz Eingelegten schmeckte uns die Sorte Agostino Recca aus Sizilien am besten; man bekommt sie in manchen Dean & DeLuca-Feinkostläden, abgefüllt in 600-Gramm-Dosen (Nettogewicht) à 15,99 Dollar. Von den in Öl Eingelegten waren L'Escala aus Spanien die besten; erhältlich unter www.tienda.com in 100-Gramm-Gläsern (Nettogewicht) à 7,50 Dollar. Diese beiden Sorten waren saftiger, größer und köstlicher als alle anderen, mochten sie nun in Salz oder in Öl eingelegt sein. Ein abschließendes Stechen zwischen diesen beiden Spitzenreitern endete unentschieden.

Unsere Suche nach exzellentem Klippfisch war weniger erfolgreich. Die benötigten Stücke müssen nicht nur ziemlich dick sein (größere eingesalzene Kabeljaue oder Dorsche schmecken einfach besser), sondern auch makellos weiß und vollkommen intakt; sie müssen angenehm riechen und dürfen weder Flossen noch Haut aufweisen (so hat man zu Hause weniger Arbeit, obwohl manche moderne Rezepte auch von der Haut Gebrauch machen). Keines der sieben Stücke *bacallá*, die wir in New York City auftreiben konnten, reichte auch nur annähernd an diejenigen heran, die ich von La Boqueria, Barcelonas berühmtem Markt, mitgebracht hatte – obwohl ich den (aus Island stammenden) Boqueria-Klippfisch in meinem Hotelzimmer und auch bei der Rückreise im Flugzeug nicht gerade pfleglich behandelt hatte.

Meeresfrüchte von der Ausnahmequalität und von dem niedlichen Miniaturformat, wie man sie in Barcelona genießen kann, sucht man in den USA vergeblich. Ja, bei uns gibt es herrliche Hummer, Austern und Krabben, doch jedes Mal, wenn ich von Spanien nach Hause zurückkehre, kommen mir unsere einheimischen Shrimps, Venusmuscheln und Miesmuscheln wie ein schaler Ersatz vor (bis mich wieder der Hunger übermannt). Kalmare und Tintenfische beginnen ihr Leben auch in unseren Küstengewässern als winzige Babys, doch die hiesige Fischindustrie meint, es sei unwirtschaftlich, sie zu fangen. Und uns fehlen alle Mitglieder der Langustinenfamilie. Vor diesem Hintergrund scheint es unmöglich, hier die frischen Meeresfrüchte-Tapas nachzuempfinden, wie sie im Cal Pep (die Tapas-Bar am Anfang der unten folgenden Liste) serviert werden. Und es hat mich auch erhebliche Mühe gekostet, die Konserven ausfindig zu machen, importierte oder einheimische, die ungefähr denen entsprechen, die im (ebenfalls unten aufgelisteten) Quimet & Quimet verwendet werden.

Dank unserer halbwegs erfolgreichen Rekonstruktion einiger der fantastischen *montaditos*, die Joana Perez im Quimet hinzaubert, werden in meinem Mund dennoch Erinnerungen an Barcelona wach. (Ein *montado* ist ein kleines Sandwich; ein *montadito* ist folglich noch kleiner, vielleicht weil es nicht zusammengeklappt, sondern als Einzelscheibe serviert wird.)

Hier sind einige Grundzutaten für eine zünftige Tapas-Schlemmerei:

- Die besten (die größten und fleischigsten) in Salz oder Öl eingelegten Anchovis, die Sie auftreiben können. (Dieses Thema wurde bereits weiter oben erörtert.) *Bocarones*, blutjunge weiße Anchovis, in Essig und Öl mariniert, sind auch für sich genommen eine Delikatesse.

◗ Hochwertige Sardinen und *sardinillas* aus der Dose. Die nach meinem Geschmack bislang besten Sardinen sind Sardines d'Argent (Connétable) und A's do Mar, beide bei Dean & DeLuca erhältlich; *sardinillas*, winzige Sardinen, sind in den USA nach wie vor Mangelware.

◗ Gesüßte Tomaten, hausgemacht: 4 reife, mittelgroße Tomaten (von jeweils ca. 5 Zentimeter Durchmesser, insgesamt etwa 1 Pfund) blanchieren und schälen und anschließend in ca. 1 Zentimeter große Würfel hacken, abtropfen lassen, mit 1½ Teelöffel Zucker und ¼ Teelöffel Salz vermischen (und, nach eigenem Ermessen, einem Hauch Oregano, vorzugsweise frischem) und dann zum Eindicken 5 Minuten bei mittlerer Temperatur vor sich hin köcheln lassen; gelegentlich umrühren. Vollständig abkühlen lassen.

◗ *Mojama*, getrockneter Thunfisch (in Form kastanienbrauner Blöcke unter www.tienda.com zu bestellen). Paste aus sonnengetrockneten Tomaten. Cornichons (kleine, extrem saure Gewürzgurken aus Frankreich, inzwischen fast in jedem Supermarkt erhältlich) – fein gehackt, in etwa 3 Millimeter große Stücke. Konservierte Miesmuscheln, sehr fest, weder mehlig noch matschig – meiden Sie die von Escuris! Klippfisch. Schwarze Oliven-Tapenade*. Heringskaviar (der in den USA nur schwer aufzutreiben ist; nehmen Sie stattdessen einen anderen eingesalzenen,

* *Tapenade:* mediterraner Brotaufstrich, eine Creme aus pürierten entkernten schwarzen Oliven, Olivenöl, Zitronensaft, Kapern, Senf, Zucker, Gewürzen (und gelegentlich auch Cognac); der Begriff leitet sich von *tapeno* ab, dem provenzalischen Wort für Kaper. (A. d. Ü.)

kräftig schmeckenden schwarzen Fischrogen). Gutes spanisches Olivenöl – zum Beispiel Unió.

Nun stehen wir vor unserer Küchenarbeitsplatte, die sich mit einem Mal in eine Tapas-Bar verwandelt hat, vollgestellt mit kleinen Schüsseln und Gläsern, die all die Köstlichkeiten enthalten, aus denen wir unsere Montaditos zusammenstellen werden. Es fehlt nur noch das passende Brot. In Manhattan bekommt man jede Menge vorzüglicher Brotlaibe, doch wir benötigen etwas anderes. Joana verwendet spezielle Brötchen aus einer Bäckerei weiter unten in ihrer Straße – ein extrem trockenes, luftiges, festes, aber auch krümeliges Brot, das das Gewicht der übereinandergelegten Zutaten eines Montaditos problemlos zu tragen vermag und das sich, sobald es im Mund angelangt ist, unverzüglich und vollständig auflöst. Wer hätte dieses Problem vorausahnen können? Als wir es mit einem guten, weichen, elastischen Baguette versuchten, reagierte dieses wie ein Trampolin, und der Belag unseres Montaditos hüpfte mir nichts, dir nichts von seiner Unterlage und verteilte sich kreuz und quer über den Küchenfußboden. Zur Zeit experimentieren wir mit einem billigen, luftigen Brot, das wir im Ofen bei niedriger Temperatur austrocknen lassen. Ich habe bislang noch nie versucht, ein minderwertiges Brot zu simulieren, doch ich werde vor nichts zurückschrecken, um hier in New York City so fantastisch essen zu können, wie ich es in Barcelona getan habe.

Einige der besten Tapas in Barcelona

CAL PEP, Plaça de las Olles 8

In El Born. Gerammelt voll, Jubel, Trubel, Heiterkeit, und ein Essen von atemberaubender Qualität – die feinsten, frischesten Meeresfrüchte und Pilze (sowie *butifarra* – katalanische Schweinswürste – und Rindfleischspezialitäten), einfach, aber mustergültig zubereitet, *à la plancha* oder köstlich in der Pfanne gebraten. Abends muss man in der Regel bis zu einer Stunde anstehen, um einen Platz an der Bar zu ergattern, wobei man die Wartezeit mit ein paar Gläsern Wein oder Bier überbrückt. Dann nimmt man an der Bar Platz und genehmigt sich einen Teller voll *tallerines* – etwa 100 Stück davon –, die plattesten, kleinsten und köstlichsten Mollusken des Universums; außerdem noch eine gemischte Pfanne mit klitzekleinen weißen Shrimps, Tintenfischen und *sardinillas* sowie süße, zarte *cigalitos*, die kurz in ihren Schalen und zusammen mit Zwiebeln gedünstet werden. Das beste Lokal seiner Art.

CATA 1.81, Carrer de València 181

Durchgestyltes, ultramodernes Ambiente für kleine Portionen von ausnahmslos köstlichen, per Hand zubereiteten Speisen, viele davon katalanische und spanische Gerichte mit einem extravagant-originellen Anflug: große, mit *bacallà* und Hummus gefüllte Ravioli, marinierte Thunfischmedaillons, angebraten von allen Seiten bis auf eine, mit Feigen und Nüssen gefüllte Schweinsfüße, sautierte Foie gras mit einer fabelhaften Tomaten-Zitronen-Marmelade und eingekochtem Pedro-Ximinez-Sherry, ein köstlicher Hamburger aus frischem Schweinefleisch *ibérico.* Es gibt drei lange Tische für größere Gruppen und ein paar andere, über das Lokal verstreute Plätze, wo ein oder zwei Personen essen können – einen Snack, eine Auswahl kleiner Gerichte oder auch ein komplettes *menu dégustation**.

ESTRELLA DE PLATA, Plaça de Palau 13
An der Peripherie von El Born. Exzellente Küche und brillante Ideen von Didac Lopez, modern und traditionell, luxuriös und schlicht: Anchovis oder *jamón ibérico* auf mit Tomate beriebenem Baguette, sautierte Foie gras mit eingekochtem Portwein, die teuerste Tapa in diesem Lokal (5,00 Dollar), Schwertmuscheln oder *sepietas* (Zwergtintenfische) *à la plancha*, großzügig bemessene, am Spieß gegrillte Würfel vom Bauch des Bluefin-Thunfischs (*ventresca*), gebratene, mit Schneckeneiern und Ossietrakaviar gefüllte Artischockenherzen, winzige, auf andalusische Art mit Bohnen gedünstete Kalmare, saftige Schnecken mit Yakitori-Sauce, gegrillte *espardeñas* mit einem Püree aus weißen Bohnen, ein himmlischer Schaum aus weißem Spargel und erstaunlich süße Miesmuscheln, von der nahe gelegenen Küste, auf gebratenem Seetang. Eine lange, wunderschöne Bar und dazu noch etliche kleine, runde, hohe Tische – und die junge Nuria Trujilo hat die Aufsicht über alles.

QUIMET & QUIMET, Poeta Cabanyes 25
Dieses winzige Tapas-Lokal – ein paar kleine, hohe Stehtische und eine kaum nennenswerte Bar – ist der berühmte Tempel der *conservas*, mit einer schier unglaublichen Viel-

* *menu dégustation:* auch *menu Rabelais* genannt, ein aus acht Hauptgängen bestehendes Menü der Nouvelle cuisine. (A. d. Ü.)

falt erstklassiger Fisch- und Gemüsekonserven. (Wie andere von der Menschheit ausgetüftelte, erfolgreiche Versuche zur Konservierung von Lebensmitteln – Käse, Schinken et cetera – avancieren auch diese Produkte zu völlig neuen, unvergleichlichen Gaumenfreuden; am ausgefallensten fand ich Dosen mit in Rebhuhnfett gedünsteten Filets vom Bluefin-Thunfisch.) Vater und Sohn Quimet werden von Schwester Joana noch in den Schatten gestellt mit ihrem insgesamt fünfzig Montaditos umfassenden Repertoire, darunter mit getrüffeltem Honig beträufelter Räucherlachs; eine Scheibe Klippfisch auf gesüßten Tomaten, bestrichen mit schwarzer Oliven-Tapenade und gekrönt von gehackten Cornichons; konservierte Miesmuscheln und Heringskaviar auf gesüßten Tomaten; Makrele und gehackte Cornichons auf einer Schicht Trockentomatenpaste; und getrockneter Thunfisch *(mojama)* oder drei Sardellen auf gesüßten Tomaten.

SANTA MARIA, Comerç 17
Erfindungsreiche und köstliche kleine Teller in El Born – frittierte Aubergine mit Tomaten und einer Tahin-Creme; gebackene Froschschenkel; exzellentes Brot (in Spanien eine Seltenheit), das mit exzellenten Anchovis belegt wird; Salate (ebenfalls eine Seltenheit), darunter einer aus eingelegter Roter Bete; *mojama* mit Zwiebeln; roter Reis aus der Camargue mit Langustinen; vorzügliche, in den Vereinigten Staaten völlig unbekannte Käsesorten; und eine an Adrià erinnernde Foie-gras-Eiscreme in einem Parfait mit Kartoffelcreme und Ei auf Röstbrot! Das Dekor des Lokals ist eine Mischung aus Zweckmäßigkeit und hipper Industrieruine. Obwohl das Santa Maria eher ein Restau-

rant als eine Tapas-Bar ist, wird dort alles in kleinen Portionen serviert; man kann einen Snack zu sich nehmen, aber auch ein opulentes Mittag- oder Abendessen.

EL XAMPANYET, Montcada 22
Im Herzen von El Born. Dem Namen nach eine Champagner-Bar, 1929 eröffnet, und immer Hochbetrieb. Überspringen Sie die schlappen kleinen Pizzas und Pasteten und fragen Sie Juan-Carlos nach seinen interessantesten Gerichten – geräucherter Thunfisch in Öl, süße sonnengetrocknete Tomaten in gekräutertem Olivenöl, Schinken oder Rindfleisch, geräuchert und eingesalzen, Venusmuscheln mit Pfeffer und Zitrone, Konserven (darunter mit den eigenen Tentakeln gefüllte und in Scheiben geschnittene Kalmare), Würfel von mariniertem *bacallà* und die besten – üppigsten, fleischigsten, köstlichsten – Anchovis der Stadt.

Anmerkung: Die Preise in all diesen Bars und Restaurants sind vernünftig; mit Ausnahme der luxuriösesten Kreationen kosten alle Gerichte zwischen 3,00 und 5,00 Dollar. Ich entdeckte und erkundete diese Lokale bei Reisen, die ich in den Jahren 2000 und 2002 unternahm, und wurde dabei nicht nur von Alberto und Ferran Adrià tatkräftig unterstützt, sondern auch von unserer hochgeschätzten Julia Reed, Amanda Hesser, Nuria Trujilo vom Estrella de Plata, Charles Abelard, der das Restaurant Comerç 24 betreibt, Santi Olivella vom Cata 1.81, Elizabeth Luard und Gerry Dawes.

Gefundene Eier

»Es gibt dreizehn Arten, auf die man Eier zubereiten kann«, sagte Didier Elena zu mir, als wir bei ihm in der Küche standen. *»Oeufs sur le plat, oeufs frits, oeufs pochés, oeufs mollets, oeufs cocottes, oeufs moulés, oeufs à la coque, oeufs brouillés, oeufs durs, omelettes und oeufs froids«*, fuhr er fort, und damit meinte er Spiegeleier, gebackene Eier, verlorene Eier, weich gekochte Eier (fünf bis sieben Minuten), Eier im Kasseröllchen, in der Form gebackene und anschließend gestürzte Eier, sehr weich gekochte Eier (drei Minuten), Rühreier, hart gekochte Eier, Omeletts und kalte, von fleischig-kristallenem Aspik umhüllte Eier. Um auf dreizehn Zubereitungsarten zu kommen, fügte er noch zwei Gerichte hinzu, die ohne Eier undenkbar wären: Soufflés, sowohl süße wie würzig-pikante, und die im Wasserbad aufgeschlagene, Sabayon oder Zabaglione genannte Weinschaumcreme.

»Genau genommen gibt es 422 Arten, auf die man Eier zubereiten kann«, erklärte Didier. Die meisten davon sind Abwandlungen der gerade genannten dreizehn Grundzubereitungsarten. Didier verwies mich auf Louis Saulniers erstmals 1914 in Paris erschienenes *Le Répertoire de la Cuisine* (Barron), ein Kompendium mit über 6000 Namen von Gerichten und kurzen Rezeptbeschreibungen, die den damaligen Stand der feinen französischen Küche dokumentieren (die angesichts der derzeit in den USA grassierenden Frankophobie als feine »Freedom-Küche« tituliert werden müsste, analog zu den in »Freedom fries« umgetauften French fries). Ich besitze dieses Buch, habe mich allerdings noch nie näher damit befasst, und so hat mich daran immer am meisten erstaunt, wie die Franzosen (hoppla, die Angehörigen des »Freedom-Volkes«) es schaffen konnten, sich 6000 unterschiedliche Namen für irgendeine Sache auszudenken. Doch obwohl sie sage und schreibe 422 Eiergerichte erfunden haben, sind die Franzosen (siehe oben) nie auf etwas so Wunderbares wie die »Tausendjährigen Eier« gekommen. Diese stammen natürlich aus China, und sie werden hergestellt, indem man Enteneier mit einer Paste aus Salz, Holzasche, Kalk und schwarzem Tee bestreicht und sie dann, zusätzlich mit Reishülsen ummantelt, in großen Keramikgefäßen eingräbt und 100 Tage unter der Erde ruhen lässt – ich vermute, sie sehen danach so aus, als seien sie tatsächlich 1000 Jahre alt. Tausendjährige Eier können eine echte Delikatesse sein. Abpellen, vierteln und mit einem Dip aus Soja, Essig, Reiswein und gehacktem Ingwer servieren.

Mir schwebte indes etwas weniger Ausgefallenes vor: die Zubereitung eines schlichten Omeletts. Ich hatte Didier gebeichtet, dass ich bei null anfangen müsste, da ich noch nie ein akzeptables Omelett hinbekommen hätte. Doch nun war ich Manns genug, mich dieser Herausforderung zu stellen. Saulnier listet fünfundachtzig Omelettvarianten auf, die von *Américaine*, *Andalouse* und *Archiduc* bis zu *Turque*, *Vichy* und *Victoria* reichen. Diese unterscheiden sich lediglich dadurch, womit sie gefüllt und zuweilen auch belegt oder garniert werden. Zu den am verführerischsten klingenden gehört das mit Waldschnepfenfleisch und schwarzen Trüffeln gefüllte und von einer pikanten Wildsauce begleitete Omelett *Brillat-Savarin* – und nicht zu vergessen das *Durand*, bei dem zuerst in Butter gedünstete Pilze und Artischockenböden unter die Eimasse gezogen werden; und zum Schluss wird das Omelett dann um Spargelspitzen gerollt und mit einer Tomatenglasur versehen.

Meine Ziele waren bescheidener. Ich wollte lediglich lernen, wie man das einfachste kleine Omelett machte. »Die Zubereitung eines Omeletts ist eine sehr leichte und gleichzeitig überaus schwierige Angelegenheit«, erzählt uns Saulnier. »Das Ganze muss geschwind vor sich gehen, und auch hier macht nur Übung den Meister.« Jaja, das sagen sie alle. Was ich brauchte, war eine praktische Demonstration, und Didier Elena schien mir dafür die perfekte Wahl. Mit seinen einunddreißig Jahren ist Didier – ein begnadeter Koch mit einer streng klassischen Ausbildung – Küchenchef des Restaurants Alain Ducasse (im New Yorker Hotel Essex House), einer der feinsten gastronomischen Adressen der Stadt. Ich rief ihn an, trug ihm mein Anliegen vor, und er willigte sofort ein. Ich sollte mich eine Woche später in der Küche des Ducasse einfinden.

In der Zwischenzeit nahm ich mir noch einmal meine Kochbücher vor. Omeletts können süß oder würzig-pikant sein, flach oder zu einem Oval gefaltet. Mich interessierte die würzig-pikante, ovale Variante. Diese wird für gewöhnlich als *einfaches Omelett* bezeichnet und aus verquirlten Eiern gemacht, die man kurz in heißer Butter brät und dann zu einem hübschen, kompakten Paket formt.

Das ideale einfache Omelett ist zart, leicht (fast schon luftig), feucht (aber nicht mehr flüssig) und auf natürliche Weise süß. Meine Omeletts sind bislang immer zäh und gummiartig gewesen, manchmal auch fest, trocken und ein wenig bitter vom allzu starken Anbräunen – das offizielle einfache Omelett sollte überhaupt nicht angebräunt sein oder allenfalls ein bisschen.

Die meisten Kochbücher, die besten elementaren französischen Kochbücher – Julia Child, Madeline Kamman, Richard Olney – verlangen, dass man mit sehr hoher Temperatur beginnt, etwas Butter schmelzen lässt, die geschlagenen Eier hinzugibt und diese entweder eine Weile durchrührt (unter Berücksichtigung aller möglichen Rührtechniken und -muster) oder zu einem flachen Pfannkuchen stocken lässt und dann vorsichtig die Ränder anlupft, damit die noch rohe Eimasse seitlich abfließen kann. Zum Schluss schlägt man die eine Hälfte über die andere oder rollt das Ganze zusammen oder klappt es drittelweise übereinander. Um das auf diese Weise entstandene Paket aus der Pfanne zu befördern, gibt es eine offizielle Methode, der zufolge man mit der Faust auf den Pfannenstiel schlagen soll. Keine dieser Techniken hat jemals bei mir funktioniert, nicht ein einziges Mal!

Manche Omeletts werden lockerer gemacht, indem man die Eidotter vom Eiklar trennt, Letzteres steif schlägt und dann unter das verquirlte Eigelb zieht. Manche Leute fügen den geschlagenen Eiern noch einen Schuss Sahne, Milch oder Wasser hinzu oder auch ein paar Butterstückchen. Die meisten Kochbücher empfehlen die Verwendung einer gut eingebratenen Eisenpfanne, die ausschließlich für Omeletts benutzt werden soll und niemals gewaschen werden darf.

Etwa zu dieser Zeit unterhielt ich mich mit dem Fernsehproduzenten Geoffrey Drummond, und dieser lieh mir freundlicherweise ein uraltes televisionäres Liebhaberstück – eine Aufzeichnung der legendären Omelett-Folge aus Julia Childs* früher, von WGBH in Boston ausgestrahlten Fernsehsendung *The French Chef*. Julia demonstriert darin, wie man ein perfektes kleines Omelett zubereitet, ohne zusätzliche Gerätschaften – indem sie verblüffenderweise nichts weiter tut, als die Pfanne zu schwenken. Ich habe dies ein einziges Mal versucht – und frage mich jetzt, ob es einem Küchenherd schaden kann, wenn sich eine Pfanne voll geschmolzener Eier über ihn ergießt und alles von oben bis unten verklebt. Bei Julia sieht das Ganze wie ein Kinderspiel aus.

Das Thema Ei begann mich immer mehr zu faszinieren. Da ich ein unsystematischer und leicht ablenkbarer Rechercheur bin, verschlang ich ganze Bände mit Informationen zu diesem Thema, die nichts oder nur am Rande mit der Omelettproblematik zu tun hatten. Manche dieser Informationen erwiesen sich dennoch als überaus nützlich:

1. Was ihr Inneres betrifft, ist es gehupft wie gesprungen, ob Eier eine weiße oder eine braune Schale haben. Südamerikanische Araucana-Hennen legen Eier mit wunderschönen pastellfarbenen Blau- und Grünschattierungen. Manche sind auch rosafarben. Auf dem Union Square Greenmarket hier in Manhattan kann man am Stand von Windfall Farms solche Eier erstehen, doch zu der Stunde,

* Julia Child (1912–2004): als Kochbuchautorin und vor allem als Fernsehköchin – die, wie es in einem 1969 in deutscher Übersetzung erschienenen amerikanischen Kochbuch heißt, »mit ihrem Fernsehprogramm *The French Chef* ein gerngesehener Gast in Millionen Wohnungen war« – eine Institution der amerikanischen Esskultur, die vom Magazin *TIME* im August 2004 wie ein Politiker oder Filmstar mit einem ganzseitigen Nachruf bedacht wurde. (A. d. Ü.)

wo ich über den Markt zu schlendern pflege, sind sie meist schon ausverkauft – es scheint, als gingen sie weg wie warme Semmeln. Wie ich gelesen habe, soll es auch dunkelgelbe Eier geben, aber bislang habe ich noch nie eins gesehen. Warum sollte man sich mit weißen oder braunen Eiern begnügen?

In ihrem vorzüglichen Buch *Cookwise* (Morrow) schreibt Shirley Corriher, das Ei eines Huhns habe die gleiche Farbe wie seine Ohren. Ich bezweifle zwar, dass Hühner Ohren haben, doch ich werde Shirleys Behauptung bei der nächsten sich bietenden Gelegenheit überprüfen. Sie meint, dazu müsse man zuerst die Federn beiseite schieben.

2. Wissen Sie, wie man ein rohes Ei am besten öffnen kann? Ich schon. Sie schlagen das Ei vorsichtig mit der Seite auf Ihre Küchenarbeitsplatte. Dann drehen Sie es um und öffnen es mit Ihren Daumen. Sie müssen also nicht den Rand einer Schüssel oder die Kante Ihrer Arbeitsplatte benutzen, denn beides drückt bloß Schalenpartikel ins Innere und bekleckert obendrein noch alles mit Ei.

3. Die finstere Redewendung »Man kann kein Omelett machen, ohne Eier zu zerschlagen« stammt nicht vom Vorsitzenden Mao. Sie stammt von den Angehörigen des »Freedom-Volkes« – seit mindestens 1859 gebrauchen sie das Sprichwort »On ne saurait faire une omelette sans casser des oeufs«.

4. Man kann die Frische eines Eis überprüfen, indem man es mit der Seite auf den Boden einer mit kaltem Wasser gefüllten Schüssel legt. Bleibt es einfach dort liegen, so ist es nestfrisch. Richtet es sich ungefähr in einem Winkel von 45° nach oben auf, so ist es eine Woche alt. Steigt es an die Oberfläche, so ist es höchstwahrscheinlich verdorben. Warum? Der von den Geflügelhändlern als Luftkammer bezeichnete Hohlraum im flacheren Ende eines Eis dehnt sich mit der Zeit aus. Die Schale eines Eis wird von 6000, 8000 oder 17 000 mikroskopisch kleinen Poren perforiert (die Zahlenangaben differieren von Buch zu Buch). Da die Eier Feuchtigkeit und etwas von dem im Eiweiß aufgelösten Kohlendioxid abgeben, dringt Sauerstoff in sie ein, und die Lufkammer wird größer; und deshalb richtet sich das Ei im Wasser auf oder steigt nach oben. Aber soll ich allen Ernstes glauben, dass jemand tatsächlich diese vielen Poren unter dem Mikroskop gezählt hat, eine nach der anderen?

5. Die Wahrscheinlichkeit einer durch den Verzehr von Eiern hervorgerufenen Salmonelleninfektion ist äußerst gering. Die US-Seuchenbehörde CDC teilt uns mit, dass im Nordosten der Vereinigten Staaten, wo es die meisten von Salmonellen befallenen Hühner gibt, auf 10 000 Eier lediglich ein infiziertes kommt. Wie viele Eier müsste man vertilgen, bis die Chancen bei fünfzig Prozent stehen, dass man ein infiziertes Ei erwischt? Mittels der statistischen Methoden, an die ich mich noch vage von meiner College-Zeit erinnere, lande ich bei der Zahl von 6931 Eiern, also fast zwanzig Jahre lang täglich ein Ei! Und die Gefahr geht von zu kurz oder gar nicht gekochten Eiern aus. Man müsste demnach 6931 nicht ausreichend gegarte Eier verzehren – bei nicht ausreichend gegartem Hühnerfleisch ist die Wahrscheinlichkeit einer Salmonelleninfektion 1000 Mal höher.

6. Darf eine Henne ihre Eier behalten, nachdem sie sie gelegt hat, so hört sie mit dem Eierlegen auf, sobald sich eine gewise Zahl angesammelt hat, und dann wartet sie darauf, dass ihre Küken zu schlüpfen beginnen. Entfernt man die Eier, so wird sie unablässig weitere legen. In unseren modernen Eierfabriken haust die Mehrzahl der Legehennen in quadratischen Käfigen von nur knapp zwanzig Zentimeter Seitenlänge. Ein einziger Arbeiter kann 100 000 Käfighennen versorgen, aber lediglich 15 000 frei auf dem Boden eines Stalls oder einer Produktionshalle herumlaufende Hennen. Die Population einer durchschnittlichen, kommerziell gehaltenen Herde beziffert sich auf 1 000 000 Legehennen. Ich für meinen Teil kaufe ausschließlich Eier aus Freilandhaltung.

7. Eier zählen zu den nahrhaftesten Naturprodukten auf Erden, denn sie sind (wie Harold McGee in *On Food and Cooking* (Scribner) erläutert) regelrecht dazu prädestiniert, als Nahrungsmittel zu dienen. Sie stärken und ernähren das Küken auf die gleiche Weise, wie Milch und Samenkörner das Kalb und den Sämling unterstützen. Die Ernährungswissenschaftler sind jedoch geteilter Meinung, was die Gefahren des Verzehrs von Eiern betrifft. Der Eidotter strotzt von Cholesterin. Ein Teil davon wird in körpereigenes Cholesterin – das Cholesterin in unserem Blutkreislauf – umgewandelt, wenn wir ein Ei verzehren. Die American Heart Association empfiehlt, dass wir unsere tägliche Cholesterinzufuhr auf unter 300 Milligramm beschränken. Der Dotter eines großen Eis enthält etwa 213 Milligramm Cholesterin; extragroße Eier enthalten sogar noch mehr. Beherzigte man die Richtlinie der AHA, so dürfte man wöchentlich ungefähr zwei Omeletts verzehren und müsste sich ansonsten weitgehend vegetarisch ernähren.

Ich halte dies für völlig überzogen. Und ich kann es auch begründen. Haben Sie einen niedrigen Cholesterinspiegel, so müssen Sie sich nicht darum scheren, wie viel Cholesterin Sie mit Ihrer Nahrung zu sich nehmen. Liegt Ihr Cholesterinspiegel jedoch über 220, so bleibt Ihnen nichts weiter übrig, als jegliches Cholesterin aus ihrer Nahrung zu verbannen – oder entsprechende Pillen zu schlucken. Ich persönlich bevorzuge die Pillen. Sie gewähren mir die Freiheit, das zu essen, was ich will. Man wäre verrückt, täte man etwas anderes. Im Übrigen scheinen die wissenschaftlichen Untersuchungen, auf die sich die AHA beruft, inzwischen überholt zu sein; je mehr wir herausfinden, um so deutlicher erkennen wir, wie sehr sich die Menschen in ihren Reaktionen auf das, was sie essen, voneinander unterscheiden.

8. Werden Eier in diesem mit eiförmigen Einbuchtungen versehenen Fach in der Kühlschranktür aufbewahrt, so bewirkt dies zweierlei: Zum einen werden die Eier zwanzig bis dreißig Mal täglich (in meinem Fall 100 Mal) durchgeschüttelt, und zum anderen können sie ohne die schützende Hülle des Eierkartons leicht Kühlschrankgerüche absorbieren.

9. Unser Haushuhn stammt von einem malaysischen, vielleicht aber auch indischen Dschungelvogel ab. Es verbreitete sich schnell über den gesamten Erdball – wegen der großen Beliebtheit von Hahnenkämpfen, nicht weil die Menschen Hühnersalat goutierten. Die Arena, in der ein Hahnenkampf stattfindet, heißt auf Englisch »Cockpit«. Als ich vor vielen Jahren wieder nach Manhattan zurückzog, befand sich ein Cockpit im Keller des Hauses auf der gegenüberliegenden Straßenseite. Die zunehmende Innenstadtbesiedlung durch wohlhabende Bevölkerungsschichten hat die Spuren der hispanischen Kultur in unserem Viertel jedoch nach und nach ausgelöscht.

10. Eier werden entsprechend den Standards des U.S. Department of Agriculture in Güteklassen eingestuft. In den Handel gelangen nur Eier der Katgorien AA und A; Eier der Kategorie B werden in der Nahrungsmittelindustrie verarbeitet. Die Klassifizierung erfolgt, kurz nachdem die Eier gelegt worden sind; deshalb erlaubt sie keinerlei Rückschlüsse auf die Frische. Die Qualität der Eier wird ermittelt, indem man sie mit einer starken Lampe »durchleuchtet« – dabei sucht man nach (harmlosen) Blutklümpchen und etwaigen Rissen in der Schale und überprüft außerdem die Dichte und Klarheit des Eiklars sowie die Festigkeit des Dotters. Die beiden letztgenannten Qualitäten sind unabdingbar für Spiegeleier und pochierte Eier; für Rühreier und Omeletts genügen die preiswerteren Eier der Kategorie A. Frische ist allerdings für den Geschmack nicht ganz unerheblich.

Obwohl ich gern noch eine weitere Woche mit dieser faszinierenden Lektüre verbracht hätte, bezweifelte ich, ob mir das angelesene Wissen letztlich dazu verhelfen würde, ein perfektes Omelett zu machen. Die Zeit für meine praktische Lektion bei Didier war gekommen.

Es war früher Nachmittag, noch sieben Stunden bis zur Abendessenszeit, und dennoch herrschte in der Küche des Ducasse bereits Hochbetrieb. Didier – groß, dunkelblond und wohlgenährt – schnappte sich eine schwarze Eisenpfanne mit relativ hohen, abgerundeten Seiten, platzierte sie am Rand der heißen, metallenen Herdplatte, füllte sie bis zur Hälfte mit grobkörnigem Salz und schwenkte sie gelegentlich hin und her. Nach etwa einer halben Stunde kippte Didier das Salz bis auf einen kleinen Rest weg und rieb das Innere der Pfanne kräftig mit einem Küchenhandtuch aus. (Wie ich später zu Hause herausfand, führt diese Prozedur zu einer feinen, sauberen, glatten und somit idealen Pfannenoberfläche.)

Seiner monegassischen Heimat zu Ehren gab Didier statt Butter Olivenöl in die Pfanne, schob diese auf eine etwas heißere Stelle der Herdplatte und verquirlte dann etwa eine halbe Minute lang zweieinhalb Eier (aus Freilandhaltung, von der Four Story Hill Farm in Pennsylvania) mit etwas Salz und Pfeffer sowie zusätzlichem Olivenöl. Dann tröpfelte er etwas von der Eimasse in die Pfanne, um deren Temperatur zu überprüfen. Als die Tropfen beinahe auf der Stelle fest wurden, machte Didier sich ans Werk und goss auf einen Schlag die gesamte Eimasse in die Pfanne, schob die Pfanne ruckartig mit einer Hand hin und her, während er alles mittels einer flach an den Pfannenboden gehaltenen Gabel kräftig in kleinen Kreismustern durchrührte, bis sich kleinere Klumpen oder Gerinnsel zu bilden begannen, wobei das unablässige Bewegen der Pfanne dafür sorgte, dass die Eimasse gleichmäßig stockte. Er ließ alles einen kurzen Moment ruhen, und dann begann er damit, die gestockte Eimasse mit der Rückseite seiner Gabel und von ihm weg aufzurollen. Die Eier ließen sich nicht wie ein Teppich in einem Stück aufrollen, sondern mussten vorsichtig umgeklappt werden, häufig an mehreren Stellen entlang der Linie. Hin und wieder formte Didier die beiden seitlichen Enden der Rolle so nach, dass das Omelett schön rechtwinklig war, also genau die Form erhielt, die er und seine Lehrmeister als die mustergültige erachten. Als nur noch zwei Zentimeter zum Aufrollen übrig waren, kippte Didier den von ihm aus gesehenen hinteren Rand der Pfanne auf einen schräg gehaltenen, angewärmten Teller und ließ das Omelett dann auf diesen hinabgleiten.

Und dann kam der Moment der Haute cuisine. Didier legte ein sauberes Küchenhandtuch über das Omelett und drückte und quetschte es hier und da. Das Ergebnis war ein Omelett von idealer Form, sozusagen der Inbegriff eines Omeletts – ebenmäßig, stolz aufgebläht, etwa sechzehn Zentimeter lang und 6,5 Zentimeter breit, mit rechteckigen Kanten und nirgendwo einer Stelle, wo noch ein Fleck oder Tropfen Öl oder flüssiges Ei zu erkennen war. Wie wir im Handumdrehen herausfanden, war es leicht, süß und sehr gut essbar.

Würde es mir gelingen, diese Omelett-Lektion erfolgreich in die Tat umzusetzen? Oder würde ich auch diesmal wieder kläglich scheitern?

»Ein schlampiger Handwerker schiebt die Schuld auf sein Werkzeug«, murmelte ich nicht ohne Ironie vor mich hin, als ich die Verkaufsräume der J. B. Prince Company auf der East 31st Street in Manhattan betrat, um dort nach einer Omelettpfanne Ausschau zu halten, wie sie Didier benutzt hatte. Ich schiebe die Schuld immer auf mein Werkzeug. Meine schlampige Arbeit dient mir jedenfalls als Vorwand für die ständige Vergrößerung meiner küchenbezogenen Spielzeugsammlung. Ich verließ den Laden mit drei Eisenpfannen, einer sehr teuren aus einer Gusslegierung, und zwei sehr preiswerten, aus Stahlblech gepressten; keine davon entsprach der von Didier, doch alle hatten sie am oberen Rand einen Durchmesser von zweiundzwanzig

Zentimeter und am Pfannenboden einen von achtzehn Zentimeter, und alle waren sie vier Zentimeter hoch oder etwas höher, was laut Didier die Standardmaße für eine Ein-Personen-Omelettpfanne sind.

Wie ich von meiner zwanzig Jahre alten amerikanischen Bratpfanne aus Gusseisen weiß, kann es ein ganzes Jahr dauern, bis eine Pfanne so gut eingebraten ist, dass in ihr nichts mehr haften bleibt. Doch ich wollte nicht ein Jahr lang warten, bis ich mein nächstes Omelett zubereiten konnte. Also nahm ich meine drei neuen Pfannen, wusch sie gründlich aus, pinselte sie mit Pflanzenöl ein, legte sie eine Stunde, auf einem Backblech mit den Böden nach oben, in den 180 °C heißen Backofen und ließ sie dann über Nacht im Ofen auskühlen. Ich hätte lieber warten sollen! Am nächsten Tag verband sich die Eimasse dermaßen fest mit dem Metall, dass sie weder gefaltet noch gerollt werden konnte – tatsächlich ließ sie sich noch nicht einmal aus der Pfanne kratzen oder schaben. Es war der richtige Moment für Didiers Salztrick – sobald ich irgendwann einmal die Zeit dazu haben sollte.

Stattdessen holte ich meine kleine, antihaftbeschichtete Pfanne hervor und setzte diese, wie Didier es getan hatte, auf eine *mittelhoch* eingestellte Flamme. Und heureka! Fortan wurden meine Omeletts immer besser und besser.

Solange die Pfanne antihaftbeschichtet und so klein war, dass sich die Eimasse nicht völlig darin ausbreiten konnte und auf der Stelle gerann, und solange die Flamme auf eine gute, kräftige mittelhohe Temperatur eingestellt war, fand ich es zunehmend schwieriger, ein wirklich schlechtes Omelett zu fabrizieren. Wie man in den meisten wissenschaftlichen Büchern nachlesen kann, produziert bei niedrigeren Temperaturen gerinnendes Protein zartere Klumpen; und fügt man der Eimasse einen Schuss Wasser oder Sahne hinzu, so wird das Omelett noch zarter sein. Der wesentliche Grund, aus dem die alten Rezepte eine sehr hohe Temperatur verlangen, besteht vermutlich darin, dass man auf diese Weise verhindern wollte, dass die Eimasse am Pfannenboden haften bleibt.

Und vielleicht hat das viele Üben ja auch ein wenig geholfen. Inzwischen mache ich Omeletts einfach so zum Spaß, immer wenn ich eine freie Minute habe, und bediene mich dabei diverser Kombinationen der Methoden, die im unten abgedruckten Rezept näher erläutert werden. Gelegentlich experimentiere ich auch mit sehr hohen Temperaturen, doch dann muss ich mich am Herd abhetzen, als ginge es um mein Leben – ein Arbeitstempo, das mit meinem Naturell im Grunde nicht zu vereinbaren ist. Und wenn ich jetzt noch eine Waldschnepfe in die Finger bekäme und eine deftige Sauce …

Einfaches Omelett

Rezept

1–2 Esslöffel gute, frische, ungesalzene Butter, nach Möglichkeit auf Zimmertemperatur erweicht
3 große oder extragroße Hühnereier von beliebiger Farbe
¼ Teelöffel feines Salz
frisch gemahlener schwarzer Pfeffer, ca. 2 Umdrehungen der Pfeffermühle
1 Esslöffel Wasser oder Sahne, nach Belieben
1 Esslöffel kalte Butter

◗ Erforderliches Küchengerät:
1 schwere, antihaftbeschichtete Bratpfanne von 22 Zentimeter Durchmesser am oberen Rand oder 18 Zentimeter Durchmesser am Boden; 1 Schüssel von 1 bis 2 Liter Fassungsvermögen; 1 Essgabel

1. Die Pfanne bei sehr niedriger Temperatur erwärmen. 1 bis 2 Esslöffel weiche Butter hineingeben und langsam und vollständig schmelzen lassen.

2. In der Zwischenzeit die Eier in die Schüssel schlagen. Salz und Pfeffer hinzugeben und, nach Belieben, Wasser oder Sahne und gegebenenfalls den Rest der weichen Butter. (Harold McGee meint, die hinzugegebene Flüssigkeit sorge für ein zarteres Omelett, da sie den Gerinnungsvorgang verlangsamt, indem sie die im Eiklar enthaltenen Proteine trennt; Didier zeigte mir einen Trick, bei dem er ein Ei mit ein paar Esslöffeln Wasser verquirlte und daraus ein großes, luftiges, aber ausgesprochen fade schmeckendes Omelett zubereitete.)

3. Die Eier ca. 30 Sekunden kräftig mit der Essgabel durchrühren (was ungefähr 40 Gabelschlägen entspricht). Man kann auch einen Schneebesen benutzen, aber fast alle Experten warnen davor, die Eier zu schaumig zu schlagen, denn dadurch wird das Protein über Gebühr ausgedünnt.

4. Unterdessen die Hitze unter der Pfanne auf eine mittlere bis mittelhohe Temperatur erhöhen und die geschmolzene Butter hin und wieder schwenken, bis sie beinahe den Punkt erreicht hat, wo sie braun zu werden beginnt. (Dies macht die Butter herrlich aromatisch; ihre Temperatur dürfte für ein schönes, langsames Garen eine Spur zu hoch sein, doch bei lediglich mittlerer Temperatur wird die Pfanne auf der Stelle auskühlen.) Die Eimasse noch ein- oder zweimal durchschlagen und dann unverzüglich in die Pfanne gießen.

5. Die Eier in der Pfanne durchrühren. Dafür gibt es viele Methoden. Probieren Sie einfach alle aus! Das macht Spaß! Gerinnt die Eimasse nicht so schnell, wie sie sollte, drehen Sie die Hitze etwas höher – die Eimasse sollte nach mindestens 30 bis 40 Sekunden gar sein. Das Ganze ist allerdings wesentlich leichter, wenn man mit einer niedrigeren Temperatur beginnt.

a) Sobald sich die Eimasse über den Pfannenboden verteilt hat, die Gabel flach gegen den Boden halten und in großen Kreisbewegungen durch die Eimasse führen; am äußeren Rand beginnen und die Gabel in immer kleiner werdenden Kreisen bis zur Mitte führen. In etwa 20 Sekunden hat man vier oder fünf dieser spiralförmigen Rührbewegungen absolviert, und die Eier sind für den nächsten Schritt bereit. *Oder ...*

b) Die Eimasse einen Moment in der Pfanne ruhen lassen. Sobald sie an den Rändern zu stocken beginnt, einen Holzlöffel nehmen und, an einer beliebigen Stelle des Randes beginnend, einen bereits garen Abschnitt zur Mitte hin ziehen (wodurch noch rohe Eimasse seitlich abfließen kann). Anschließend den Löffel am Rand entlang führen und nach etwa 60° des Kreises einen weiteren Abschnitt nach innen ziehen. Dies muss geschwind vor sich gehen: in den 20 bis 30 Sekunden, in denen sich die Eimasse in sehr feuchte, größere Klumpen verwandelt, muss der Rand insgesamt zweimal auf die beschriebene Weise mit dem Löffel ringsum bearbeitet werden. Dabei sollte die Pfanne gleichzeitig hin und her bewegt werden. Dies ist die

Methode von Mme. Romaine de Lyon, dem berühmten, alteingesessenen Omelett-Restaurant in Manhattan, wo mir John Benson, einer der Miteigentümer, vor zwei Wochen freundlicherweise eine fünf Omeletts umfassende Lehrstunde erteilte. *Oder* …

c) Man befolgt Didiers Methode (die, nebenbei bemerkt, auch die von Escoffier ist): Die Eier unverzüglich durchrühren, indem man mit der (flach an den Pfannenboden gehaltenen) Essgabel kräftige, kleine Kreisbewegungen vollführt und die Pfanne dabei hin und her bewegt, damit sich die Eimasse gleichmäßig verteilen kann. Ein- oder zweimal mit der Gabel durch den äußeren Rand der Eimasse fahren, um zu verhindern, dass die Kanten vorzeitig gar werden. Mit dem Rühren aufhören, wenn die Eimasse noch relativ feucht ist und sich darin noch keine größeren Klumpen gebildet haben.

6. Nun ist es an der Zeit, das Omelett zu formen, indem man es aufrollt oder zusammenfaltet. Um das Omelett aufzurollen, schiebt man den vorderen Rand des Kreises aus gestockter Eimasse über etwa ein Viertel des Pfannenbodens in Richtung Mitte und lässt alles für ein paar Sekunden ruhen. Dann rollt man, mit der Rückseite der Gabel, den vorderen Rand vorsichtig auf, und zwar von sich weg und jeweils um knapp 1½ Zentimeter. Die gestockte Eimasse lässt sich möglicherweise nicht entlang in einer geraden Linie aufrollen. Aber keine Bange! Rollen Sie das Ganze jeweils in Teilabschnitten auf. Hören Sie auf, wenn es bis zum hinteren Rand nur noch 2 oder 2½ Zentimeter sind.

Um das Omelett zusammenzufalten, machen manche Leute nichts weiter, als die Pfanne artistisch zu schwenken.

Doch selbst im Mme. Romaine de Lyon verwenden die Köche einfach einen Spachtel, mit dem sie das vordere Drittel des Omeletts zur Mitte hin umklappen und das Ganze dann noch ein weiteres Mal umfalten. Ob man es aufrollt oder zusammenklappt, die Pfanne muss am Schluss in einem Winkel von 45° gekippt werden, wenn man deren hinteren Rand auf einen in der anderen Hand befindlichen, ebenfalls schräg gehaltenen Essteller setzt. Das Omelett so schieben oder schütteln, dass sein hinteres (2 ½ Zentimeter langes) Ende über den Pfannenrand auf den Teller herabhängt. Dann mit einer schnellen, ruckartigen Bewegung die Pfanne fast völlig über den Teller kippen, so dass das Omelett auf diesen fällt und sich dabei so dreht, dass die Faltnaht nach unten weist.

7. Ein sauberes Küchenhandtuch (oder Papiertuch) über das Omelett legen und es dann mit den Händen zu einem schön kompakten, ebenmäßigen Paket formen, wobei man gleichzeitig eventuell noch zurückgebliebene Flüssigkeit abtupft (Butter, rohe Eimasse oder Wasser, das aus dem Eiklar ausgetreten ist, weil man das Omelett zu lange hat garen lassen).

8. Die kalte Butter auf eine Gabel spießen und über die Oberfläche des Omeletts gleiten lassen, um es glänzend und noch schmackhafter zu machen.

Die angegebenen Mengen reichen für 1 oder vielleicht auch 1½ Personen.

Der Junge, der ein Soufflé aß

Nun haben wir es schwarz auf weiß. Es war kein Traum von mir, keine bloße Einbildung, keine Selbsttäuschung, kein Hirngespinst. Den Beweis dafür fanden wir im Internet bei einer Buchhandlung in San Francisco: eine auf den 23. Juli 1960 datierte Speisekarte des Hotels Plaza Athénée in Paris, aus jenen Tagen, als das Plaza Athénée noch das Plaza Athénée und Paris Paris war, was es nach wie vor ist.

Ich war damals noch ein junger Spund und dinierte gemeinsam mit meinen Eltern und meiner jüngeren Schwester im mondänen Speisesaal jenes weltberühmten Grandhotels. Es dürfte allerdings eher Ende Juni gewesen sein. Unsere Zimmer waren riesig und von Sonnenlicht durchflutet, die Tapeten waren blassgold-rosafarben, und statt Einbauschränken gab es dort große, antike Kleiderschränke oder, wie meine Eltern sie nannten, »Armoires« mit einem dunklen, glänzenden Furnier aus wunderschön gemasertem Wurzelholz. Und wenn man sich in das hoch über dem Boden gelegene Bett fallen ließ, versank man etwa dreißig Zentimeter tief in einem üppigen Polster aus Daunen. In der weitläufigen Lobby kümmerte sich ein halbes Dutzend wie für ein Staatsbegräbnis gekleideter stellvertretender Empfangschefs um die Gäste, assistiert von einem Dutzend Pagen, Jungen in meinem Alter, die in den knapp sitzenden Uniformen von Spielzeugsoldaten steckten, weiße Handschuhe und kleine runde, mit scharzem

Gummiband am Kinn befestigte Käppis trugen und in strammer Habtachtstellung darauf warteten, die trivialsten Aufträge zu erledigen. Mein Vater war ein wohlhabender Anwalt, und der Dollar regierte die Welt. Das beste Abendessen in Paris – zu jener Zeit ohne Frage das beste Abendessen in der westlichen Welt – kostete fünfzehn Dollar, wenn nicht weniger.

Der Speisesaal war hell und prächtig, mit hohen Decken, aufwändigen Stuckverzierungen und dekorativen Blumenschalen. Auf Anrichten türmten sich Obst, gemischte Salate und klassische Desserts, und die Esstische waren mit gestärktem Leinen und edlem Kristall gedeckt. Welch perfektes Ambiente, um einen Teenager dazu zu inspirieren, sein Leben fortan der Entdeckung kulinarischer Köstlichkeiten zu widmen! Aber nicht diesen Teenager. Dieser Teenager, also meine Wenigkeit, kam ganz nach seinem Vater. Seinetwegen hätte man uns am Abend zuvor im Tour d'Argent beinahe vor die Tür gesetzt, als er sein Rindfleisch gut durchgebraten bestellte und sich keines Besseren belehren lassen wollte. Trotz ihrer ausgeprägten Vorliebe für Salate waren meine Mutter und meine Schwester in puncto Essen wesentlich experimentierfreudiger. Etwas, das man von mir nicht sagen konnte. Und so bestellte ich mir zum Mittagessen im Plaza Athénée … ein Lammkotelett.

Der Oberkellner fiel aus allen Wolken. Ein Lammkotelett? Und das bei meinem ersten Aufenthalt in Paris? Er wollte mir stattdessen eine der größten Spezialiäten der legendären Küche des Plaza servieren. Ob ich Soufflés mochte? Ja, vor allem die mit Schokolade. Ob ich Hummer mochte? Ja, schon, solange man mir den Anblick ihrer toten Knopfaugen ersparte oder ich ihre grässlichen Scheren nicht anfassen musste. Fantastisch!, rief er aus. Dann muss der junge Herr unser berühmtes *Soufflé de homard Athénée* probieren!

Ich befürchtete, mir könnte von diesem berühmten Gericht übel werden – geschmolzene Eier reizten mich immer zum Würgen. Was wäre, wenn ich bloß die Kruste hinunterbekam und den übrigen Kram nicht dezent entsorgen konnte? Unser Essen wurde aufgetragen. Der Kellner fuhr tief in das unglaublich hohe Soufflé hinein, zog das von einer glänzenden, rötlich-braunen Sauce triefende Fleisch eines halben Hummers hervor und arrangierte es auf meinen Teller. Dann langte er ein weiteres Mal hinein und servierte mir einen großzügig bemessenen Löffel voll luftiger Soufflémasse. Und zum Schluss krönte er das Ganze mit einem krossen, goldbraunen Stück Kruste.

Ich piekte von allem ein bisschen auf meine Gabel und schob es mir in den Mund. Etwas dermaßen Köstliches hatte ich noch nie in meinem Leben gegessen! Obwohl ich im weiteren Verlauf unserer Bildungsreise des Öfteren wieder auf Lammkoteletts zurückgriff, hatte mir der Oberkellner des Plaza Athénée eine Tür zu einem schier grenzenlosen Spektrum subtiler Genüsse aufgestoßen. Nein, ich war damals kein Asket oder Kostverächter. Es verhielt sich eher so, dass ich stets auf die gleichen Genüsse zurückkam, die meist ziemlich banal und mir in der Regel schon von Kindesbeinen an vertraut waren. Heute stelle ich mir manchmal vor, der Oberkellner des Plaza Athénée sei mein Schutzengel gewesen, ein göttliches Wesen, das auf die Erde gesandt worden war, um mich aus meinem gewohnten Trott herauszureißen.

Das Soufflé selbst offenbarte die süßen Geschmacksnuancen der frischesten Eier – von der nicht restlos gegarten, noch halbwegs flüssigen Portion am Grund des Gerichts über die schön gare, festere Schicht in der Mitte bis hinauf zur köstlich krossen Kruste –, mit nur einem Hauch von Käse. Die großen, darunter befindlichen Hummerfleischstücke waren allesamt süß und, soweit ich mich erinnere, saftig. Es war jedoch die Sauce, die ich nicht vergessen kann, deren Geschmack ich nach all den Jahren noch immer auf meiner Zunge verspüre – ein Geschmack, der zum Köstlichsten zählt, was die europäische Küche zu bieten hat, und der von den Schalen und anderen bei der Verarbeitung von Hummern, Garnelen, Langusten und sogar Krabben anfallenden Resten beziehungsweise Abfällen stammt. Werden diese bei hoher Temperatur in etwas Olivenöl angebraten, wobei sie zunächst eine tiefrote und dann eine geröstete Färbung annehmen, so entwickeln sie einen geradezu betörenden Geschmack, der anschließend mit Butter, Gemüse, Tomaten, Cognac, Weißwein und Brühe kombiniert, konzentriert und verfeinert wird.

Dies ist nicht nur der Geschmack der Hummer-Bisque* und der unglaublichen, aus Garnelen gemachten und zu Hechtklößchen gereichten Sauce Nantua, sondern auch der formidablen Langusten-Suppe, mit der Michel Guérard in den späten 1970er Jahren aufwartete, sowie diverser mediterraner französischer Fischsuppen, darunter Versionen der Bouillabaisse (bei denen man zu Anfang kleine, in den örtlichen Küstengewässern gefangene und *estrilles* genannte Krabben sautiert) – ein Geschmack, der den be-

**Bisque:* Cremesuppe aus pürierten Krustentieren, Weißwein, Cognac und Crème fraîche. (A. d. Ü.)

rühmten Fischsuppen Spaniens oder Italiens fehlt. Es ist die Essenz der cremigeren Sauce à l'Américaine und des Hummers à l'Américaine, und es ist diese Sauce, die, auf diese oder jene Art zubereitet, die meisten Hummer-Soufflés würzt. Und als ich diesen Geschmack einmal gekostet hatte, wusste ich auf der Stelle, ich würde ihn nie mehr vergessen können. Ein Jahrzehnt später, als ich aus Spaß zu kochen begann und mir nicht nur gewisse Grundkenntnisse angeeignet, sondern auch einen Ehrgeiz entwickelt hatte, der den eines Wochenend-Hobbykochs übertraf, da nahm ich mir sofort die Hummer-Bisque vor. Julia Childs Rezept, im ersten Band ihres *Mastering the Art of French Cooking* (Knopf), ist sehr schön und das beste, das ich bislang ausprobiert habe. Man muss sich allerdings darauf einstellen, stundenlang mit zunächst lebenden und dann toten Hummern und deren scharfen, spitzen Schalen herumzuhantieren; jemand riet mir, die Schalen mit einer Küchenmaschine zu zerhacken, doch dies führte lediglich dazu, dass etliche Modelle auf dem Küchenmaschinenfriedhof landeten. Am Ende gelang es mir aber, diesen Hummer-Hummerschalen-Öl-Knoblauch-Tomaten-Geschmack hinzubekommen.

Ich begann, Rezepte für *le soufflé de homard Athénée* zu sammeln, probierte jedoch keines davon aus. Jacques Pépin hätte die verlässlichste Quelle in dieser Angelegenheit sein müssen – er erlernte das Kochhandwerk Mitte der 1950er Jahre in der berühmten Küche des Plaza Athénée –, doch die zwei oder drei von ihm publizierten Rezepte sind alle verschieden! Zwei davon verlangen, dass man das Soufflé in einer flachen Gratinform bäckt, aber war mein allererstes Soufflé Athénée nicht hoch gewesen?

Und sogar etwas wacklig? Oder spielte mir meine Erinnerung einen Streich?

Als ich kürzlich an den bevorstehenden Silvesterabend dachte und an diese kleine, kultivierte Art von Dinner-Party, die einen schönen Kontrast bilden würde zu meiner üblichen Gepflogenheit, mich an diesem Abend sinnlos zu betrinken und dann über den Times Square zu wandern, da sagte ich mir: Dies ist die ideale Zeit, um die Sache mit dem Hummer-Soufflé ein für allemal in den Griff zu bekommen. Und sollte mir dies gelingen, so könnten alle Leserinnen und Leser ihre eigene, wahnsinnig kultivierte, aber dennoch opulente Dinner-Party veranstalten – dazu muss man lediglich vier Hummer erstehen und zehn Stunden in der Küche verbringen.

Und, ist es mir gelungen?

Schreibe ich gerade diesen Artikel?

Rein theoretisch ist ein Soufflé keine große Sache. Man beginnt mit einer dicken Grundsauce, für gewöhnlich einer Béchamelsauce, also einer mit Milch aufgekochten Mehlschwitze, unter die drei, fünf oder neun Eigelb gerührt werden. Anschließend wird das Ganze auf eine spezifische Weise aromatisiert (zum Beispiel mit Schokolade, Käse, Himbeerpüree oder dem unvergleichlichen Geschmack von gerösteten Hummerschalen, Olivenöl, Tomaten und Knoblauch). Dann schlägt man das Eiklar so lange schaumig, bis es voll kleiner Löcher und Blasen ist und von alleine stehen kann, zieht es unter die Grundsauce und bäckt alles fünfzehn bis dreißig Minuten, je nach Größe oder Form der verwendeten Backform. Es handelt sich um eine spektakuläre und heikle Kreation, denn ein Soufflé misslingt noch häufiger als ein gegrilltes Steak.

Die Art und Weise, wie es aufgeht und über den Rand der Backform steigt, ist beeindruckend; es kann wunderbar leicht und gut schmecken; es kann aber auch völlig in sich zusammensacken, sobald man davon zu essen beginnt. Bei aufwändigeren Versionen wird irgendeine Köstlichkeit unter der Soufflé-Mischung versteckt, und man bereitet eine Sauce zu, die direkt in das gare Soufflé und auch über jede servierte Portion gegossen wird. In diesem Sinne gehört das Soufflé de homard Athénée in die Kategorie der aufwändigsten Aufläufe, die es gibt.

Der erste Schritt bestand wie immer darin, mich bei den Hymans, Philip und Mary, kundig zu machen, einem schon seit langem in Paris lebenden amerikanischen Ehepaar, das in der Geschichte der französischen Kochkunst bestens bewandert ist und darüber derzeit einen Leitfaden für die Buchreihe Oxford Companion verfasst. »Soufflés dieser oder jener Art«, schrieben sie mir zurück, »gibt es seit dem 18. Jahrhundert, doch Joseph Favre erhebt den Anspruch, das Hummer-Soufflé erfunden zu haben (um 1890 herum). Sein Rezept unterscheidet sich jedoch völlig von dem, das wir heute kennen. Es handelt sich dabei eher um eine leichte Hummer-Mousseline, die in einem Bain-marie (im heißen Wasserbad) in einer Soufflé-Form gebacken wird.« Wie bei Fisch-Mousselines üblich, handelt es sich um gehacktes und zerstampftes Hummerfleisch, das mit ungeschlagenem Eiklar verrührt und dann behutsam gebacken wird, bis es ein wenig aufgegangen ist. Der große französische Küchenchef Auguste Escoffier ersann 1907 ein ähnliches Rezept; zum Backen füllte er die Mousseline wieder in die Hummerschalen zurück. Was wir heute als Hummer-Soufflé kennen, kam in den 1930er Jahren auf und war Mitte der 60er Jahre weit verbreitet, sagen die Hymans. Sie bezweifeln, dass es im Plaza Athénée erfunden wurde, und sie besitzen auch kein Rezept dafür. Ich stand also wieder ganz am Anfang.

Schritt zwei bestand darin, das mir schon immer sehr vielversprechend erschienene Rezept aus Louisette Bertholles *Les Recettes Secrètes des Meilleurs Restaurants de France* (Albin Michel) auszuprobieren. (Louisette Bertholle war eine der beiden Koautorinnen, die Julia Child bei ihrem Kochbuchklassiker *Mastering the Art of French Cooking* unterstützten.) Das Jahr 1972 markierte das Ende einer Epoche. Die davor liegenden Jahre des zwanzigsten Jahrhunderts waren vom großen Escoffier und seinen Methoden dominiert worden; doch nun wich sein Einfluss dem der Nouvelle cuisine. Bertholles Buch und die darin enthaltenen Rezepte resümieren den zu diesem historischen Wendepunkt herrschenden Zustand der französischen Küche.

Viele Stunden nachdem wir mit der Zubereitung von Bertholles Version des Soufflé de homard Plaza Athénée begonnen hatten, ging unsere Kreation im Ofen auf – oder sie versuchte es zumindest. Aufgeregt zählte ich die Sekunden, die es noch dauern konnte, bis ich wieder ins Jahr 1960 zurücktransportiert wurde, zu jenem unglaublichen Moment in Paris. Wie sich herausstellte, musste ich noch weiter auf dieses Déjà-vu-Erlebnis warten. Unser Soufflé war klitschig und schwer, die Sauce war irgendwie falsch, und das Hummerfleisch, das wir auf dem Boden der Form verteilt hatten, bevor die Soufflé-Mischung eingefüllt wurde, erwies sich als übergar und schmeckte, je nachdem, welchen Bissen man zu sich nahm, entweder gummiartig oder mehlig.

Schritt drei: Wir wandten uns an das Management des Plaza Athénée in Paris. Ja, das Soufflé de homard war tatsächlich *die* Spezialität des Hauses gewesen. Aber, hélas, ein schriftliches Rezept dafür hatten sie nicht. Wir erkundigten uns nach Lucien Diat, dem großen Küchenchef, der 1936 für das Plaza zu arbeiten begann, aber vermutlich nicht mehr unter uns weilt. Er ging im April 1960 in den Ruhestand, nur wenige Monate vor meiner kulinarischen Epiphanie, und wurde durch M. Monnier ersetzt, dem dann acht Jahre später M. Plet folgte – zwei Männer, über die kaum etwas bekannt ist. Dann kam Claude Barnier, der an diesem Wendepunkt der französischen Haute cuisine damit beauftragt wurde, die Speisekarte des Plaza zu modernisieren.

Auf das Hummer-Soufflé wollte Barnier jedoch nicht verzichten. Als wir bei Nexis nach Zeitungsartikeln über das Soufflé suchten, das mein Leben verändert hatte, fanden wir heraus, dass Barnier 1985 nach New York City gekommen war, zusammen mit Frank Cozzo, dem Präsidenten der Hotelkette, und das legendäre Gericht im dortigen Plaza Athénée eingeführt hatte. Die Hotelleitung hat keine Aufzeichnungen über Barniers Besuch; der für sein Elefantengedächtnis bekannte Geschäftsführer wusste jedoch zu berichten, dass Frank Cozzo ans San Domenico Palace Hotel in Taormina, Sizilien, gewechselt war. Auf der Suche nach Frank Cozzo brachten wir die transatlantischen Telefonkabel zum Glühen. Der ersehnte Erfolg schien zum Greifen nahe. Ja, Cozzo war Direktor des San Domenico gewesen, doch er hatte sich zwei Jahre zuvor verabschiedet, ohne eine Nachsendeadresse zu hinterlassen.

Ein Gespräch mit einer Freundin, der in Sacramento lebenden, preisgekrönten Kochbuchautorin Elaine Corn, erinnerte mich wieder daran, dass Lucien Diat einen Bruder gehabt hatte, Louis Diat, der lange Zeit Küchenchef im New Yorker Ritz-Carlton gewesen war. Dieser Diat hatte auch regelmäßig Beiträge für das Magazin *Gourmet* verfasst und das 1961 erschienene *Gourmet's Basic French Cookbook* (framercy) geschrieben, das, wie Elaine mir erzählte, seine Version von Luciens berühmtem Soufflé enthielt. Elaine faxte mir eine Kopie des Rezepts, und das Buch stöberten wir wenig später in einem Antiquariat auf. Der Schleier begann sich zu lüften. In den frühen 1950er Jahren reiste Louis nach Paris; Lucien kochte für ihn und seine Freunde. Er legte die Hummerfleischstücke auf den Boden porzellanener Soufflé-Formen – eine todsichere Methode, um Hummerfleisch zu ruinieren. War es tatsächlich dieses Gericht gewesen, das Lucien oder sein damals seit drei Monaten amtierender Nachfolger für mich gekocht hatte?

Mich beschlich ein mulmiges Gefühl. Was wäre, wenn sich eines der berühmtesten Gerichte des letzten Jahrhunderts als ein Schwindel erwies – als ein falscher und fragwürdiger Ausgangspunkt meines Lebens als Esser?

Schritt vier bestand darin, die diversen Rezepte von Julia Child und Jacques Pépin auszuprobieren, die diese entweder gemeinsam oder im Alleingang geschrieben hatten. Der erstaunliche Jacques Pépin – gibt es jemanden in den Vereinigten Staaten, der mehr über die französische Küche weiß als Jacques und der sein Wissen so bereitwillig weitergibt wie er? – dürfte die beste und glaubwürdigste

Quelle sein. Vor kurzem sagte er in einem Interview über seine Zeit im Plaza Athénée: »Wir waren dort insgesamt fünfzig Köche, und ich garantiere Ihnen, dass nach wenigen Jahren jeder von uns in der Lage war, das Hummer-Soufflé so zu machen, wie es dort gemacht wurde, und dass man hinterher nicht herausschmecken konnte, wer von uns es gemacht hatte – und das war auch das Ziel.« Doch welche von Jacques' gedruckten Versionen des Rezepts ist nun die richtige? Die früheste, die ich finden konnte, erschien 1975 in *A French Chef Cooks at Home* (Simon & Schuster) – man gart (übergart) die Hummer unter dem Soufflé und verwendet eine niedrige Gratinform, produziert also nicht das hohe Soufflé, an das ich mich aus meiner Jugend erinnere.

Ich rief Jacques an. Sein Gedächtnis ist genauso beeindruckend wie sein Charme. Im Plaza Athénée servierte man das Soufflé in einer silbernen, »Escoffier« genannten Form – rechteckig, fünf Zentimeter tief, zwanzig Zentimeter lang und zehn Zentimeter breit; in der häuslichen Küche dürfte dies einer normal großen Gratinform entsprechen. Der Boden des »Escoffier« wurde mit Hummer und Sauce à l'Américaine gefüllt, und darüber ließ man dann die Soufflé-Mischung im Ofen aufgehen.

Inzwischen bereitet Jacques das Gericht jedoch völlig anders zu. Er dämpft den Hummer separat und kombiniert ihn dann zur Essenszeit mit den beiden anderen Bestandteilen, dem Käse-Soufflé und der Sauce à l'Américaine. Ich verglich sämtliche Versionen von Jacques und Julia und verfasste anschließend mein eigenes Rezept. Uns gefiel Jacques' prächtig aufgegangenes, fast käseloses Soufflé, doch wir gaben Julias Sauce den Vorzug, wenn auch nur um Haaresbreite. Und mir gefällt es besser, wenn der Hummer noch kürzer gedämpft wird. Was das Servieren des Gerichts betrifft, schlagen beide eine neue, einfache Form vor: Das schön gedämpfte Hummerfleisch wird in große Suppenteller gelegt und mit Sauce bedeckt; dann wird beides mit einer kräftigen Portion des Soufflés gekrönt und aufgetragen. Etwas Köstlicheres kann es nicht geben. Mir läuft das Wasser nur so im Munde zusammen, während ich hier sitze, an einem Tisch in Neu-Delhi, Indien, und diesen Artikel noch einmal überarbeite, um ihm den letzten Schliff zu verpassen. Ziehen Sie los und besorgen Sie sich ein paar Hummern! Sofort! Doch dann wurde mir bewusst, dass ich eine Art Plagiat beginge, wenn ich mir die besten Teile der Rezepte von Julia und Jacques herausgriff und kurzerhand zu einem neuen verschmolz, wie gut es auch schmecken mochte. Deshalb sollten Sie diese Arbeit lieber selbst erledigen. Nehmen Sie einfach die milde Soufflé-Mischung aus Jacques' *Complete Techniques* (Black Dog and Leventhal) oder aus der mit *La Méthode* übertitelten Originalausgabe, den Hummer aus Julias *Cooking with Master Chefs* (Knopf), die Sauce von einem der beiden und die von Julia vorgeschlagene Art des Servierens. Oh, und dämpfen Sie den Hummer nicht länger als neun bis zehn Minuten. Das absolut köstliche Resultat entspricht keineswegs dem Soufflé de homard, das ich als Junge im Plaza Athénée genossen habe. Der wahre Gral ist, zumindest bis auf Weiteres, im Nebel der Zeit verschollen. Doch unser Rezept ist möglicherweise noch besser als das Original.

In der Zwischenzeit werde ich Ihnen von einem Hummer-Soufflé erzählen, das mindestens genauso fabelhaft und, einmal abgesehen von der Béchamel-Grundsauce und den gerösteten Hummerschalen, zugleich völlig anders ist.

In einem Zustand totaler Konsternation, womöglich noch im Taormina-Stadium meiner Recherchen, rief ich Didier Eléna an, den stellvertretenden Küchenchef von Alain Ducasses Restaurant im New Yorker Essex Hotel, und fragte ihn, ober er vielleicht das berühmte Rezept des Plaza Athénée in petto habe. Nein, antwortete er, aber warum kommen Sie nicht einfach rüber und experimentieren mit mir ein bisschen herum?

Als ich am folgen Nachmittag bei ihm aufkreuzte, hatte Didier bereits alles für die Zubereitung von drei unterschiedlichen Soufflés vorbereitet. (Sein Stellvertreter, Sylvestre Wahid, schlug das benötigte Eiklar per Hand – eine beeindruckende Darbietung – und es schwoll auf magische Dimensionen an, mit winzig kleinen Blasen, ganz wie aus dem Lehrbuch und wie ich es mit meinem teuren Elektromixer nie hinbekomme.) Alle drei Soufflés basierten auf einer Béchamelsauce mit untergerührten Eidottern. Eins wurde mit einer butterigen Mousse aus rohem Hummerfleisch gewürzt und war am Ende rosafarben; eins wurde mit einem intensiven Hummer-Jus gewürzt (einer kräftigen Hummer-Bouillon) und war am Ende braun; und der Sieger und absolute Champion war mit Hummerfleisch- und Trüffelstücken durchsetzt und am Ende von weißlicher Farbe. Als es gebacken war, bohrte Didier ein Loch in die Oberfläche und goss die köstlichste Sauce hinein, die man sich vorstellen kann. »Soufflés dieser Art waren in den siebziger Jahren der letzte Schrei«, sagte Didier, um mir bewusst zu machen, was für ein alter Knacker ich bin. Doch alle in der Küche Anwesenden drängten sich um die Gratinform, um einen Löffel von einem der köstlichsten Gerichte zu ergattern, die sie jemals gegessen hatten.

Das Rezept ist sehr detailliert – wie auch meine Version des Jacques-Julia-Originals. Es findet sich unter www.recipes.egullet.org.recipes/r806.html.

Schwein gehabt!

Soll ich Ihnen verraten, was das größte Problem ist, wenn man zu Hause ein Zweiunddreißig-Kilo-Schwein brät? Nun, man kann es nicht hochheben! Ist das Schwein schlaff und nass, so wird dieses Unterfangen noch schwieriger, und ist es obendrein noch fettig, so kann man die Sache im Grunde vergessen. Letzten August habe ich eins gebraten, als Geburtstagsgeschenk für meine Frau, die damals ein Alter erreichte, bei dem ich mich im Jahr zuvor einen ganzen Tag lang damit befasst hatte, das Für und Wider eines Sprungs aus dem Fenster abzuwägen. Ich kann mich nicht mehr erinnern, welche Seite schließlich die Oberhand behielt.

Das zweitgrößte Problem besteht darin, in einer amerikanischen Stadt ein Schwein dieser Größe aufzutreiben, und das drittgrößte, einen Backofen zu finden, in den ein solches Borstenvieh hineinpasst. Meiner Frau war bis dahin noch gar nicht bewusst gewesen, dass ein Zweiunddreißig-Kilo-Schwein genau das war, was ihr Herz begehrte, doch sie leistete mir erstaunlich wenig Widerstand. Offensichtlich hat nur ein Mann das Bedürfnis, die Courage und die Inspiration, ein so ehrgeiziges Projekt in Angriff zu nehmen. Es liegt in unseren Genen, in unserer geschlechtsspezifischen Erinnerung, ja, es ist seit Urzeiten unser Wunsch und Wille, im großen Stil zu kochen. So steht es auch in der *Cambridge World History of Food:*

»Erlegtes Wild, insbesondere Großwild, wird häufig von der gesamten Gemeinschaft geteilt, während gesammelte Nahrungsmittel eher im familiären Rahmen konsumiert werden. … [Es bestehen] tief in der Menschheitsgeschichte verwurzelte Zusammenhänge zwischen Männern und der Jagd, zwischen der Jagd und hohem gesellschaftlichem Ansehen, zwischen dem zur Strecke gebrachten Wild und Freigebigkeit sowie stolzer Zurschaustellung. [Wild zu erbeuten] erfordert eine größere Anstrengung und mehr Geschick als das Sammeln oder Ernten pflanzlicher Nahrungsmittel, und seine Beschaffer wurden daher häufig mit anerkennender Aufmerksamkeit belohnt, die sich von *subtiler Verehrung bis zu sexuellen Gefälligkeiten* erstreckte … [Hervorhebung von mir].«

In den Vereinigten Staaten ist unser archaisches Bedürfnis, große, in einem Stück gebratene Tiere zu teilen, auf den traditionellen Thanksgiving-Truthahn begrenzt, der jedoch himmelweit von dem entfernt ist, was Anthropologen als die »Megafauna« der Vorgeschichte bezeichnen. Ich habe schon immer das Bedürfnis verspürt, mich der Megafauna zu widmen, aber nie gewusst, wie ich dies anstellen sollte.

Und dann, vor sechs Monaten, kam endlich der Durchbruch. Mein Freund Sam Sifton, der bei der *New York Times* für die Food-Rubrik zuständig ist, rief mich an, um mir, wie er es gelegentlich tut, eine seiner »unglaublichen« Entdeckungen mitzuteilen. »Du musst dir unbedingt diese Website ansehen! Okay? Fertig? Also: L-A, C-A, J-A, und dann China.« Es folgten ein paar Nachfragen meinerseits, und nachdem alle Fehler korrigiert waren, tauchte es mit einem Mal auf: La Caja China – was auf Spanisch »Die chinesische Kiste« bedeutet –, unter www.lacajachina.com. Doch was genau verbarg sich dahinter? »Ich ruf dich zurück«, sagte ich zu Sam.

Wie Sie selbst nachprüfen können, ist eine Caja China (in etwa KA-cha-TSCHIE-nah ausgesprochen) eine Sperrholzkiste auf Rädern. Sie ist mit Edelstahl ausgekleidet und verfügt über zwei metallene Griffe, ähnlich wie eine Schubkarre. Die Kiste selbst ist groß und rechteckig, 120 Zentimeter lang sowie sechzig Zentimeter breit und hoch. Dies ist das geräumigste von drei Modellen – es bietet Platz für ein Schwein von bis zu fünfundvierzig Kilo Gewicht. Man muss die Kiste selbst montieren – aber so kostet einen das Ganze auch nur 250 Dollar, ohne Versandkosten, ohne Schwein.

Auch wenn es einem anfangs komisch vorkommen mag, wird der Brennstoff oben auf dem Gerät platziert. Zuerst legt man das Schwein auf den Boden der Caja China. Dann verschließt man die Kiste oben mit einem großen Metallblech, auf dem anschließend ein kräftiges Holzkohlenfeuer entfacht wird. Und nach exakt drei Stunden und vierzig Minuten ist Ihr riesiges Schwein tafelfertig! Für Schweinefreunde, für Freunde aller großen gebratenen Tiere, für alle Fans der Megafauna bedeutet »tafelfertig« außen kross, knusprig und deftig-pikant und innen saftig, zart und mild.

La Caja China wird in Miami von einem aus Vater und Sohn bestehenden kubanisch-amerikanischen Familienunternehmen produziert. Die Website ist in zwei Sprachen gehalten, Englisch und Spanisch, aber nicht Chinesisch. Das Adjektiv *china* bedeutet »chinesisch«, steht hier aber für rätselhaft, wunderbar, magisch. Ein Fünfundvierzig-

Kilo-Schwein in drei Stunden und vierzig Minuten zu braten, grenzt, aus kubanischer Sicht, an ein Wunder.

Ich rief Sam an und sprach mich gegen die Caja China aus. Es handelte sich dabei im Grunde nur um eine Backgrube auf Rädern, erklärte ich ihm. Ja, ihre Aufnahmekapazität war größer als die der Backöfen in meiner oder seiner Küche, de facto größer als die aller für den Hausgebrauch bestimmten Küchenherde. Doch das entscheidende Manko schien mir der folgende Sachverhalt: In der Caja China wird das jeweilige Bratgut hermetisch vom Brennstoff, also der Holzkohle, isoliert. (Die Hitze strahlt durch den Deckel nach unten auf das Schwein.) Und daher würde ein Schwein, seine Haut und sein Fleisch, nicht besser schmecken als ein Schwein, das man in einem großen Gas- oder Elektroherd briet – ihm würde der markante Beigeschmack des bitteren Rauches fehlen, das würzige Holzkohlenaroma. Sam schien mir beizupflichten. Ich konsultierte Mike Mills, einen der großen amerikanischen Barbecue-Köche. »Unten in den Südstaaten«, sagte er, »bezeichnet man so eine Bratkiste als Cajun-Mikrowelle. Sie erfüllt ihren Zweck bestens – aber mit einem echten Barbecue lässt sich dies natürlich nicht vergleichen.« Natürlich nicht.

Und dennoch zog es meinen Laptop während der folgenden Wochen wundersamerweise immer wieder ins Internet zu www.lacajachina.com. Ich rief Sam an. Er hatte sich bereits eine Caja China gekauft, sie zusammengebaut und darin eine Schweineschulter gebraten (der er vorher eine Orangensaft-Knoblauch-Marinade injiziert hatte). Das Resulat sei fabelhaft gewesen, sagte er, kross und saftig. Ich zog ihn auf, weil er sich mit einer mickerigen Schweineschulter begnügt hatte – etwas, das vermutlich weniger wog als ein großer Truthahn. Und genau das war der springende Punkt. Würziges Holzkohlenaroma hin, würziges Holzkohlenaroma her, die Caja China übte auf uns beide einen geradezu unwiderstehlichen Reiz aus – die Verheißung einer Erfüllung der prähistorischen Bestimmung unseres Geschlechts, unserer genetischen Veranlagung, komplette Exemplare der Megafauna mittels loderndem Feuer zu brutzeln und mit stolzgeschwellter Brust vor versammeltem Klan zu präsentieren.

Ich rief bei La Caja China in Miami an und löcherte Roberto Guerra mit Fragen. Ich konnte mich nicht entscheiden. Doch am Ende schlug ich zu. Bis zum großen Geburtstag meiner Frau im August waren es noch fünf Tage. Ich hatte ein paar hübsche Geschenke besorgt, doch mir fehlte noch ein richtiger Knüller. Und, was noch wichtiger war, ein plausiblerer Vorwand für ein dermaßen gigantisches, kostspieliges und womöglich dem Hausfrieden abträgliches Kochprojekt würde sich mir so bald nicht wieder bieten. Ich wurde an jenem Nachmittag drüben in San Diego erwartet – wo wir uns vor kurzem, nach dem Verkauf unseres Eigenheims eine Bleibe gemietet haben, um vom derzeitigen Tiefstand des Marktes zu profitieren. Binnen einer sehr angenehm verlaufenden und äußerst effizienten Stunde klärte ich die Angelegenheit mit meiner Frau, wobei ich die gewaltigen Dimensionen unseres Vorhabens geschickt herunterspielte, gab meine Bestellung bei Roberto auf, erstellte eine Liste von vierzig Freunden, die als Klan fungieren sollten, organisierte zwei Hilfskräfte für die Party an sich und entwarf eine Einkaufsliste, die alle Eventualitäten berücksichtigte, darunter das partielle oder auch totale Versagen der Wunderkiste. Nachdem ich mein brandneues, fantastisches Kasumi-Schneidemesser (mit wellenförmiger Damaszenerklinge) eingepackt hatte – um unser Westküstenbesteck tipptopp in Ordnung zu halten, pflegt meine Frau es nämlich über Nacht kunterbunt durcheinandergewürfelt in der Küchenspüle einzuweichen, bevor sie es dann in die Spülmaschine stopft –, brach ich zum Flughafen auf.

Im Auto zog ich die Einkaufsliste hervor und blieb gleich an der ersten Zeile hängen: »Ein großes Schwein«. In Gedanken ließ ich noch einmal sämtliche Optionen an mir vorbeiziehen. Ich habe Kontakte zur Barbecue-Welt, doch meine Kontaktpersonen verwenden in der Regel Schweine, die in den engen Ställen inhumaner Mastfabriken vor sich hin vegetieren – Fleisch, das ich zu meiden versuche, es sei denn, jemand schiebt mir einen Teller mit echtem Barbecue direkt unter die Nase. Ich hätte Bill Niman von der Niman Ranch anrufen können, vermutete aber – zu Recht, wie sich später herausstellte –, dass diese Kooperative von Schweinezüchtern, der hauptsächlich Familienfarmen aus dem Mittleren Westen angehören, nicht in der Lage sein würde, mir auf die Schnelle ein Schwein zu liefern. Als die Zufahrt zum JFK Airport in Sicht kam, wusste ich, mir blieb keine andere Wahl, als meinen alten Freund Paul Bertolli mit dieser Sache zu behelligen.

Paul ist jemand, der sich mit Schweinen bestens auskennt. Als Küchenchef und Miteigentümer des Restaurants Oliveto in Oakland, Kalifornien (vorher war er zehn Jahre lang Alice Waters' Küchenchef im Chez Panisse), lässt er sich dort jeden Montag ein bis zwei Schweine anliefern, die er eigenhändig zu köstlichen Würsten, Prosciutto und

Salumi verarbeitet. Pauls fabelhaftes neues Buch, *Cooking by Hand* (Clarkson Potter), enthält ein ebenso umfangreiches wie informatives Kapitel zum Thema Schwein. Paul war außer Haus. Ich hinterließ ihm eine Nachricht – okay, einen Hilferuf – und bestieg das Flugzeug.

Am nächsten Vormittag, als die Sonne vergeblich die Nebelschleier zu durchdringen versuchte, die, im Widerspruch zu San Diegos sorgfältig kultiviertem Ruf, regelmäßig die Küste verhüllen, meldete sich Paul am anderen Ende der Leitung. Da ihm mein mangelndes Organisationstalent bereits bekannt war, verlor er kein Wort darüber, sondern kam gleich zur Sache. Normalerweise bezieht er seine Schweine über die Niman Ranch, doch angesichts meines dringenden Notfalls rief er Don Watson an, einen Farmer in Calistoga, am nördlichen Ende des Napa Valley. Watson bot an, am nächsten Tag eines seiner feinen, jungen Freilandschweine in Yuba City schlachten und per Lastwagen zum Oliveto bringen zu lassen. Dort würde Paul das Tier dann für die Caja China vorbereiten, indem er es vorne komplett aufschnitt, die Rippen entlang der Wirbelsäule und weiß der Himmel, wo sonst noch, zersägte, damit das Tier flach liegen konnte. Er würde auch den Kopf und die Füße entfernen, das Schwein in eine riesige Picknick-Kühlbox packen und bei U.P.S. anrufen. Er brauchte nur noch mein Einverständnis.

Ich gab ihm mein Einverständnis. Das Geburtstagsschwein meiner Frau würde einen Tag vor dem Großereignis bei uns eintreffen. Ein paar Stunden nach meinem Telefonat mit Paul traf die in zwei Pappkartons verpackte Caja China ein. Am Abend saßen meine Frau und ich auf unserer, wie sie es hochtrabend zu nennen beliebt, Vorderterrasse, die eigentlich nur eine kleine Eingangsveranda ist, und machten uns daran, das Ding zusammenzubasteln. Die Caja besteht aus zweckdienlichen Materialien, und ihr Design ist schlicht und elegant. Die Montageanleitung ist klar und präzise, besonders für jemanden wie mich, der dazu gezwungen wurde, auf der High School die Fächer Werken und Technisches Zeichen zu belegen. (Was haben sie sich bloß dabei gedacht?) Fast alle Teile der Kiste müssen mit langen Schraubenbolzen verbunden werden, die durch vorgebohrte Löcher gesteckt und mit Flügelmuttern festgezogen werden. Unser Modell hatte schlecht gebohrte Löcher, und wir mussten die Schraubenbolzen mit einem schweren, nicht mitgelieferten Hammer gewaltsam durch sie hindurchschlagen. Roberto Guerra ist sich dieses Problems bewusst, und er verspricht, die Caja werde zu der Zeit, wo Sie diesen Artikel lesen, einem höheren handwerklichen Standard genügen. Ich glaube ihm – die Guerras machen einen durch und durch ehrlichen Eindruck. Stunden später, als wir die Caja montiert hatten, rollten wir sie in der Gegend herum, um einen ebenen Standort für sie zu suchen. Die Auffahrt, obgleich nicht völlig eben, kam diesem Ideal noch am nächsten.

In der Zwischenzeit weihte Paul Bertolli mich in sein schweinekundliches Fachwissen ein: Man brät ein Schwein nicht einfach so. Man muss es erst vorbereiten. Man muss es nähren, auch wenn es bereits das Zeitliche gesegnet hat. Auf jeden Fall muss man es einpökeln, denn dadurch wird sein Fleisch schmackhafter und saftiger. Paul schwört auf eine Konzentration von drei Prozent Salz und zwei Prozent Zucker, bezogen auf das Gesamtgewicht des im Schwein enthaltenen Wassers, der Pökelflüssigkeit und der Eiswürfel (Letztere werden benötigt, wenn man keine überdimensionale Kühlbox besitzt, es sei denn, man möchte an einer Fleischvergiftung sterben). Ich befürchte, dies erfordert Algebra. Obgleich sie beim Technischen Zeichnen und dem anderen Kram unabdingbar waren, sind meine Algebrakenntnisse eher bescheiden. Deshalb schickte mir Paul ein von ihm entworfenes Excel-Spreadsheet. Das Ziel besteht darin, ein Gleichgewicht von Salz und Zucker zwischen dem im Schwein enthaltenen Wasser und dem Wasser um es herum zu erzielen. (Außerdem wird man die Pökellake zusätzlich würzen wollen – mit Gemüse, Zitrusfrüchten, Gewürzen und Kräutern.) Ohne menschliche Eingriffe kann dies ein tagelanges Bad in der Pökellake erfordern, vor allem bei den großen, dichten Muskelpartien – den Hinterkeulen und den Schultern. Und an diesen Stellen muss die Pökellake injiziert werden; auf Pauls Empfehlung hin kaufte ich eine große Spritze mit einer Kanüle, die entlang ihres Schafts vielfach perforiert war. Von mir aus konnte es losgehen.

Das Schwein traf in seiner weißen Plastik-Picknick-Kühlbox ein, die auch als Eiskiste bezeichnet wird, obwohl sich darin kein Eis befand. Ich wuchtete das Ganze zu unserem Carport – heißt es nicht so? – zwischen Auffahrt und Garage, hob das Schwein aus der Kühlbox, spritzte erst die Kühlbox aus und dann das Schwein ab, legte das Schwein anschließend wieder in die Kühlbox hinein und bedeckte es mit gut elf Kilo Eiswürfeln, der Hälfte des für die Pökellake berechneten Gewichts. Paul hatte den Kopf nicht vergessen und ihn separat in eine schwere, transparente Plastiktüte gepackt, die ich respektvoll im Gefrierfach verstaute.

Zu sagen, ich hob es heraus und legte es wieder hinein, bringt nicht zum Ausdruck, welche Sisyphusarbeit es ist, so ein Schwein hochheben zu wollen. Zuerst rutschte es mir aus den Händen und plumpste zurück in die Kühlbox. Nachdem ich dann mit der Trial-and-Error-Methode herausgefunden hatte, wie und wo man es anfassen musste, hüpfte es aus der Kühlbox heraus und klatschte auf den Zementboden. Als meine Frau von der Arbeit nach Hause kam, schafften wir es schließlich gemeinsam, das widerspenstige Tier auf einen langen Plastiktisch zu hieven, den wir in der Garage fanden. Anschließend verpasste ich seinen größeren Muskelpartien mehrere Injektionen Pökellake. Zum Schluss wuchtete ich es mit einem mächtigen, jede Menge Lake verspritzenden Platscher in die Kühlbox zurück.

Fast einen Tag später, als wir uns auf die Ankunft unserer Gäste vorbereiteten, legten wir das Schwein auf den Plastiktisch und steckten es zwischen zwei mitgelieferte Drahtroste, die wir mit vier ebenfalls mitgelieferten S-Haken straff miteinander verbanden. Das Schwein streckte nun alle viere von sich. Wir ließen das Abtropfblech auf den Boden der Caja herab und legten das gewaltige weiße Tier darauf, mit der Hautseite nach unten. Voller Aufregung, aber auch mit einer gehörigen Portion Angst, befestigten wir den Deckel, im Grunde nur ein weiteres Abtropfblech, am oberen Ende der Kiste, legten einen Metallrost darüber, schütteten insgesamt siebeneinhalb Kilo Holzkohlenbriketts darauf, beträufelten diese mit Anzündflüssigkeit und hielten ein brennendes Streichholz daran. Die Flammen loderten beinahe bis zum Holzdach unseres Carport empor. Normalerweise nehme ich zum

Grillen nur hochwertige Holzkohle aus purem Hartholz und verwende auch niemals Benzin oder was immer diese Dosen enthalten mögen, um das Feuer zu entzünden. Doch die mitgelieferten Instruktionen, die auch noch einmal in Rot und Blau und in Englisch und Spanisch auf die Sperrholzseiten der Caja geprägt sind, sprechen eine eindeutige, unmissverständliche Sprache – und da ein komplettes Schwein auf dem Spiel stand, wollte ich es nicht riskieren, auch nur ein Jota davon abzuweichen. Außerdem würden die von den Briketts und vom Petroleum ausgehenden übel riechenden Dämpfe mit dem in seinem fest verschlossenen Sperrholzgrab schlummernden Schwein ja nie in Kontakt kommen.

Als eine Stunde verstrichen war, schütteten wir vier Kilo Holzkohle nach. In Unkenntnis meines mangelnden Organisationstalents begannen unsere Gäste einzutrudeln. Ja, dies war genau die Zeit, zu der wir sie eingeladen hatten, doch bis das Schwein tafelfertig war, sollte es noch geraume Zeit dauern. Eine weitere Stunde verstrich. Wir schütteten noch mehr Holzkohle nach. Der herrliche Duft von Schweinebraten drang bereits durch kleine Ritzen in der Caja und erfüllte nicht nur unsere Auffahrt, sondern auch die dahinter liegende Straße, eine Sackgasse, die am Rand eines pittoresken Canyons endet. Da ich nicht genügend darauf geachtet hatte, die Caja auf einer vollkommen ebenen Fläche zu parken, flossen die Säfte des Schweins an der, wie wir annahmen, niedrigsten Ecke des Abtropfblechs über den Rand und trieften auf die Auffahrt, wo Sky King, unser unvergleichlicher Golden Retriever, und ein Nachbarshund uns tatkräftig beim Saubermachen unterstützten.

Unterdessen ging die Sonne über der Caja China und unseren immer ungeduldiger werdenden Gästen unter. Die Dinge näherten sich ihrem dramatischen und mühsam erkämpften Höhepunkt. Endlich war der Moment gekommen, wo wir die Caja öffnen und nach drei Stunden zum ersten Mal einen Blick auf unser gebratenes Schwein werfen konnten. Es war einfach unglaublich, ein atemberaubender Anblick, die Schultern und Hinterkeulen dunkel und von Saft strotzend, die Rippen karamellisiert und bereits im Begriff, sich voneinander zu lösen. Als wir das Schwein umdrehten, war die riesige, seinen Rücken bedeckende Hautfläche noch immer feucht, weich und von einem rosafarbenen Weiß. Nur dreißig Minuten später war sie dann goldbraun gebrutzelt und herrlich knusprig.

Wenig später lag das Schwein auf dem Plastiktisch, mit der Hautseite nach oben und von den Drahtrosten befreit. Unsere Gäste waren völlig baff. Ich stand am Keulenende, ließ mein Kasumi im schwindenden Tageslicht aufblitzen und machte mich daran, unser Exemplar der Megafauna zu zerlegen. Die krosse Haut ließ sich in großen Streifen abziehen. An etlichen Stellen begann das Fleisch bereits von den Knochen zu fallen. Ich trennte die beiden Keulen und die beiden Schultern ab und entfernte die beiden zarten Filetstränge entlang des Rückgrats; einer der Gäste übernahm die Aufgabe, eine der Schultern zu tranchieren, während ich mich dem mittleren Abschnitt widmete und die Rippen in Form kleiner gebratener Schweinekoteletts herauslöste. Die Gäste wurden dazu ermuntert, sich nach Lust und Laune über die noch an den Knochen verbliebenen Fleischfitzel herzumachen. Und Sky King durfte sich an dem Schweineschwanz gütlich tun.

Wir hatten den abgetropften Bratensaft des Schweins in eine große Schüssel umgefüllt, und in der Küche assistierte mir ein anderer Gast, indem er das Fett abschöpfte, wobei am Ende die konzentrierteste, köstlichste, süßeste und fleischigste Schweinebrühe herauskam, die man sich vorstellen kann. Die Hälfte davon wurde in eine weitere Schüssel umgefüllt und mit der gleichen Menge Mojo Criollo vermischt, einer aus sauren Orangen, Kumin, Salz, Knoblauch, Pfeffer und Oregano bestehenden scharfen Sauce nach einem Rezept von Roberto Guerra. So konnten unsere Gäste unter zwei Saucen wählen. Die meisten zogen die Mojo Criollo dem puren Bratensaft vor, den ich schon für sich genommen geradezu ambrosisch fand. Dazu reichten wir außerdem noch kubanische Sandwiches – die dicke, krosse Haut und das saftige Schweinefleisch werden zusammen in etwa fünf Millimeter große Stücke gehackt, auf halbierte Brötchen gehäuft und mit pikanter Mojo Criollo gewürzt. Mir fiel wieder die anthropologische Literatur ein, und so bereitete ich mich darauf vor, die gesamte Bandbreite wohlverdienter Belohnungen, von *subtiler Verehrung bis zu sexuellen Gefälligkeiten* [Hervorhebung von mir], entgegenzunehmen, musste mich dann aber mit Ersterer begnügen.

Verglichen mit dem archaischen Kitzel und dem sinnlichen Vergnügen, ein Zweiunddreißig-Kilo-Schwein zu braten, kamen mir die folgenden Tage öde und leer vor. Dies ist ein Happy End, das noch seiner Vollendung harrt. Der Nachbar von gegenüber, ein Architekt, hat eine pfiffige Vorrichtung konstruiert, die dafür sorgt, dass unsere Caja nun vollkommen waagerecht steht. Wir haben darin inzwischen nicht nur etliche Lämmer, sondern auch ein Zicklein gebraten, obwohl diese Tiere möglicherweise klein genug waren, um halbiert auf unseren neunzig Zentimeter langen Barbecue-Grill zu passen, was ich demnächst versuchen möchte. Roberto Guerra hat eine metallene Räucherkiste ersonnen, die man in die Caja hängen kann, und an Thanksgiving habe ich diese erfolgreich eingesetzt. Als ich Sky King das letzte Mal einen Napf mit Trockenfutter vorsetzte, schaute er mich voller Verachtung an – der mächtige Megakoch, den er einmal verehrt hatte, war wieder zu einem gewöhnlichen Sammler und Supermarktkunden geworden.

Publikationshinweis

Die in diesem Band versammelten Texte entstanden im Zeitraum 1988 bis 2004 und wurden in den amerikanischen Magazinen *Vogue* und *HG* veröffentlicht.

Brotarbeit: November 1990; *Überlebensrezepte:* April 1993; *Ein gesunder Appetit:* November 1997; *Die Reifeprüfung:* Juli 1992; *Fette Zeiten, magere Zeiten:* Oktober 1991; *Da haben wir den Salat!:* Juni 1988; *Des Truthahns Kern:* November 1992; *Wasser:* Mai 1991; *Taro! Taro! Taro!:* Februar 1998; *Schokoladenträume:* Februar 2001; *Es muss auch manchmal Kaviar sein:* März 2001; *Supergans!:* Dezember 2000; *Topfguckereien:* Dezember 1997; *Ein stacheliges Vergnügen:* August 2001; *Im Häppchenhimmel:* August 2002; *Gefundene Eier:* Mai 2003; *Der Junge, der ein Soufflé aß:* Dezember 2003; *Schwein gehabt!:* Februar 2004